JN440607

시민정치론 강의: 시티즌십

참여사회연구소
연 구 총 서

시민정치론 강의 CITIZENSHIP

시티즌십

키이스 포크(Keith Faulks) 지음
이병천·이종두·이세형 옮김

아르케

【번역용어 일러두기】

1. citizenship은 흔히 '시민권', '시민성' 등으로 번역되기도 한다. 그러나 이 개념은 권리뿐 아니라 책임도 포함하고 있기 때문에 시민권이라고 번역하는 것은 적절하지 않다. 또한, 시민성이라고 번역하면 지나치게 개념이 모호해지거나 확장될 수 있다. 여기에서는 '시티즌십'으로 그대로 음역하였다.
2. 저자는 이 책에서 duty를 법적인 강제성을 띤 책임으로, obligation을 타인에 대한 연대감과 감정이입에 따른 자발적인 책임으로 설명한다. 따라서 통상 duty와 obligation은 모두 '의무'라고 번역됐으나, 여기서 책임의 두 개념을 각각 '의무'와 '책무'로 구분하여 번역한다.
3. 'nationality'는 민족성, 국가, 국적 등으로 다양하게 번역될 수 있다. 공화주의 혹은 공동체주의와 연관되어서는 '민족성'으로, 시티즌십의 범위와 관련된 법적인 의미에서는 '국적'으로 번역했고, 문맥상 주권국가의 성격과 관련해서는 '국가성'으로 각기 다르게 번역했다.
4. governance는 일반적으로 통치 다스림 등으로 번역된다. 그러나 근래 정치학과 행정학에서는 governance의 단위와 영역이 국가의 단위에 그치지 않고 지역적 혹은 세계적 차원으로 다층화되고 있는 것을 고려하여 그대로 음역하여 거버넌스로 번역하는 경우가 많다. 특히 5장에서 저자는 이 개념을 자주 사용하고 있는 것으로 보인다. 따라서 역자는 governance가 일반적인 의미로 쓰인 곳에서는 통치로 그렇지 않은 곳에서는 한결같이 거버넌스로 번역하였다.

들어가며

이 책을 집필하기 시작한 날, 영국 정부는 의무적인 시티즌십 교육을 학교에 도입하겠다고 발표했다. 그날 저녁에 이 정책의 장점과 위험성에 대한 토론을 텔레비전에서 보다가 나는 이 책의 집필에 대한 어떤 자극을 받게 되었다. 시티즌십은 하나의 유행어가 되었다. 그러나 미심쩍은 평을 받은 다른 많은 사상과 마찬가지로 이 단어는 종종 잘못 이해되고 있다. 토론자 중에는 저명한 정치가들도 포함되어 있었지만, 나는 그들이 어떻게 그처럼 시티즌십에 대해 잘못 이해할 수 있는지 충격을 받았다. 따라서 이 주제에 관해 책을 집필하기에는 좋은 시기인 것으로 보인다. 마치 우리 자녀들에게 가르치기 시작하는 것처럼!

이 책에서 나는 시티즌십의 개념을 둘러싼 최근의 논쟁과 논의에 대해 이론적 개관을 제시했다. 키 아이디어Key Idea 시리즈*의 목적에 유념하면서도,

---

* KEY IDEA는 Routldegd 출판사의 시리즈로서, 사회학과 사회과학에서의 주요 개념, 이슈, 토론, 그리고 논쟁을 다루고 있다. 이 시리즈는 공동체, 권력, 일, 성, 불평등, 이익과 이데올로기, 계급, 가족 등과 같은 사회과학의 중심적 주제들에 대해 권위 있는 평론을 제공하고자 한다. 이를 위해 각 시리즈는 형식에서 문헌 조사보다는 독창적인 견해가 담겨 있는 평론을 추구하며, 각각의 주제에 대해 활발하고 참신한 접근법을 채택하고 있다.

독자들이 '요약의 망망대해'에 빠지지 않도록 노력했다. 이 주제와 관련된 연구 문헌의 양은 현재 대단히 방대하다. 이 문헌 중 어떤 것은 시티즌십이 가진 유행어의 지위를 이은 것이며, 어떤 것은 오늘날의 사회적·정치적 문제와 관련성을 가진 사상으로서 시티즌십의 중요성을 반영한 것이다. 따라서 이런 훌륭한 연구 업적을 모두 다 검토한다는 것은 불가능한 작업이 될 것이다. 그 대신 각 장에서 특정한 논의 경향을 선택하고, 시티즌십에 대한 나 자신의 견해를 밝힐 것이다. 이런 접근방법은 역사적이거나 비교적이라기보다는 대부분 개념적이다. 그리고 논의를 구체적으로 설명하려고 사용하는 사례들은 내가 가장 잘 아는 사회로부터 추출된 것이다. 그렇지만, 시티즌십이 지역적 문제뿐만 아니라 세계적 문제를 해결하는 데 결정적인 역할을 한다고 믿는 내 생각이 특히 제6장에서 분명해질 것이다. 제1장은 개념에 대한 개관과 함께 책의 구조와 논리를 중심으로 설명한다. 따라서 독자들은 제1장에서부터 시작하는 것이 좋을 것이다.

이 책을 집필하는 동안 나는 많은 친구와 동료로부터 충분한 도움을 받는 행운을 누렸다. 특별히 스티비 할로스, 존 호프만, 조 라베츠, 알렉스 톰슨 그리고 로버트 깁에게 감사한다. 이들은 지난 몇 년 동안 기꺼이 시티즌십에 대한 내 생각을 듣고 비판해주었다. 수잔 그레이에게도 역시 감사한다. 그녀는 내가 이 작업을 위해 읽어야 할 엄청난 양의 자료를 수집해주었고, 매우 유능한 교정자로서 수고해주었다. 마지막으로 루트리지출판사의 모든 분들에게 감사드리며, 특히 나를 많이 도와준 마리 셜로에게 감사한다.

오랫동안 나를 위해 헌신해 오신 부모님께 감사드리며, 이 책을 그분들께 바친다.

차례
CITIZENSHIP

제1장

시티즌십의 개념

시티즌십citizenship이 지닌 호소력은 매우 보편적이다. 급진주의자들과 보수주의자들은 똑같이 자신들의 정책을 뒷받침하는 데 시티즌십이라는 표현을 이용할 수 있다고 생각한다. 이는 시티즌십이 개인주의적인 요소들뿐만 아니라 집단주의적인 요소들도 갖고 있기 때문이다. 자유주의자들은 시티즌십이 제공하는 권리가 개인들에게 자신들의 이익을 자유롭게 추구할 수 있는 공간을 마련해 준다는 이유에서 시티즌십을 높이 평가한다. 또한, 개인은 정치적 형태로서의 권리 덕분에 공통의 통치제도들을 형성하는 데 참여할 수 있다. 그래서 시티즌십은 각자의 삶을 꾸려가는 개인들 사이에 협력을 일으키는 본질적인 상호 관계적 개념으로서도 호소하는 바가 크다. 사실 '사적 시민'이라는 개념은 모순어법이다(Oldfield 1990: 159). 왜냐하면, 시티즌십은 권리 외에 의무와 책무도 내포하고 있기 때문이다. 종종 책임을 그다지 중요시하지 않는 나라라고 이야기되는 미국에서도 사람들은 헌법의 지지, 병역의 이행, 그리고 심지어 '법이 요구할 때에는 국가의 중요한 일을 수행하는 것' 등의 의무들이 담긴 충성의 맹세를 하고 있다. 어떤 정치적 신념을 갖고 있든지 간에 정치 공동체라면 어떤 경우든 그들의 시민들에게 시티즌십을 요구하지 않을 수 없다. 그러므로 시티즌십은 보수주의자들, 공동체주의자들 그리고 환경주의자들에게도 호소력이 있는데, 이들은 모두 우리의 정치 공동체와 자연환경을 유지하려면 우리가 모두 져야 하는 책임을 강조한다. 왜냐하면, 이 같은 공동체적인 맥락 속에서만 인간관계가 유지될 수 있고, 권리 또한 실현될 수 있기 때문이다.

1980년대 후반 이래 좌파 사상가들은 시티즌십을 잠재적인 급진적 이상으로 받아들였다. 시티즌십의 민주적 잠재력을 이해한 사회주의자들은 항상 존재했다. 그러나 과거에는 그것을 미심쩍게 보는 것이 좌파 쪽의 일반적인 태도였다. 시티즌십은 자본주의의 불의不義에 대한 해결책이라기보다는 자본주의 문제 일부로 간주하였다. 사실 시티즌십의 권리는 자본주의 논리에 감염된 것처럼 보였다. 그것은 사유재산을 정당화하고, 계급사회의 불평등을 평등이라는 추상적인 수사 뒤에 은폐하는 것을 도왔다. 그러나 공산주의의 실패, 계급조직의 쇠퇴 그리고 점차 이질적으로 변해가는 사회에서 모든 불평등이 경제문제로 단순화될 수 없다는 현실 때문에 많은 사회주의자가 시티즌십을 거부한 것에 대해 다시 생각하게 되었다. 페미니스트들도 시티즌십이 여성 억압의 근원을 개념화하는 데 유용하다는 것을 발견했다. 시티즌십의 젠더적인 속성에 대한 페미니스트적 분석은 우리가 순전히 권리와 의무에만 관심을 두는 문제로부터 시티즌십이 작동하는 공동체의 속성에 대한 문제 쪽으로 관심을 두도록 도움을 주었다. 그런데 빈곤, 차별 그리고 배타성 모두는 시티즌십의 이점들을 무너뜨릴 수 있다. 그렇기에 시티즌십에 대한 고찰은 그것이 의미가 있을 수 있는 조건들에 대한 검토를 포함해야만 하는 것이다.

시티즌십이 바람직한 것이라는 합의는 존재하지만, 그 지위가 무엇을 수반하는지, 어떤 종류의 공동체가 시티즌십을 가장 잘 보호하는지, 그리고 그 지위가 본질적으로 배타적인지에 대한 합의는 그다지 만족할 만한 수준에 이르지는 못했다. 이 책은 그러한 질문들을 다루며, 그 질문들 중 일부에 대해 대답한다. 나는 주로 자유주의적 시티즌십의 본질과 그것의 한계에 대해 다룰 것이다. 이는 현재의 시티즌십에 대한 내용 대부분이 자유주의와의 논쟁 속에서 발전해왔기 때문이다. 따라서 이 개념의 초기 형태와 비교를 하는 경우를 제외하고는 시티즌십을 논할 때 자유주의적이라거나 근대적이라는 말을 구태여 덧붙이지는 않을 것이다. 제1장에서는 개념적 개요와 역사적 개요에 대해 다룰 것이다. 이는 제2장에서 7장에 걸쳐 자유주의적 시티즌십의 딜레마를 분석하기 위한 배경이 되어 줄 것이다.

개념의 개요

근대적 시티즌십은 본질적으로 평등주의적이다. 그러나 이것이 항상 그래왔던 것은 아니다. 시티즌십이 그런 보편성을 발전시켜 올 수 있었던 것은 순전히 내가 근대성과 같은 뜻으로 간주하는 자유주의적 전통의 발전 덕분이다. 자유주의적인 모습 안에서 시티즌십은 소수자들의 주장에 큰 비중을 뒀는데, 이 소수자들은 그들이 받는 불평등한 대우를 그들의 인간적 존엄성이 근거하는 기본권에 대한 침해로 간주하였다. 시티즌십의 확대를 위한 운동은 18세기 영국의 노예제 반대 운동, 20세기 초의 여성들의 참정권 운동, 1960년대 미국 흑인들의 기본적인 시민적 권리를 위한 운동, 승낙 연령*을 이성애자들

* 역주 결혼에 대한 승낙이 법적으로 유효시 되는 연령

과 똑같게 해야 한다고 항의한 1990년대 게이 운동가들의 저항에까지 이른다. 그러한 운동들은 모두 존 호프만John Hoffman(1997)이 '모멘텀 개념'이라고 부른 것, 즉 시티즌십의 행위 능력에 의존해왔다. 시티즌십은 반드시 그 편익이 더욱더 보편적이며 평등주의적으로 되어야 함을 요구하는 내적 논리를 지니고 있다. 시티즌십이 근대 정치에서 신용을 얻은 이래로, 엘리트들이 시티즌십의 힘에 저항하는 것이 어렵다는 것이 증명되어왔다. 이런 이유로 터너Turner(1986: xii, 135)는 시티즌십의 근대 역사에 대해 다음과 같이 주장했다.

> [시티즌십의 근대 역사는] 갈등과 투쟁의 계기를 통해 앞으로 나아가는 일련의 팽창하는 원들로 상상이 될 수 있다… 시티즌십 운동은 특수한 것에서 보편적인 것이 되었다. 왜냐하면, 배제를 목적으로 한 사람들의 특정한 정의正義, definition는 점차 비합리적이고 근대 정체의 원리와 맞지 않는 것으로 보이기 때문이다.

그 지위가 계층과 지배를 내포하고 있는 노예들이나 가신들 혹은 신민들과 달리 시민들은 공식적으로 한 사회의 정당하고 동등한 멤버십을 누린다. 따라서 만약 시티즌십이 실체를 가지려면 멋대로 취급되어서는 안 된다. 즉 시민들을 판단할 때는 그 기준이 객관적이고 분명해야 한다. 또한, 시티즌십은 자신의 삶을 판단할 수 있는 개인들의 능력을 인정한다. 이는 그들의 인종, 종교, 계급, 성 또는 그들의 정체성의 다른 어떤 한 부분에 의해 미리 결정되지 않는다. 시티즌십은 그 자체로 다른 어떤 정체성보다 헤겔이 인정의 욕구라고 일컬은 인간의 기본적인 정치적 욕구를 잘 만족하게 할 수 있다(Williams 1997: 59-64). 시민의 지위는 더 넓은 공동체에 속한다는 인식을 내포한다. 그것은 공동체에 대한 특정한 개인의 공헌을 인정하며, 동시에 개인적 자율성을 인정한다. 이 자율성은 일련의 권리들 속에 반영되어 있는데,

이는 시공간에 따라 내용상 매우 다양하지만 항상 권리의 소유자 쪽에서 갖는 정치적 대표에 대한 인정을 내포하고 있다. 그래서 시티즌십의 중요한 결정적 특성으로서 시티즌십을 단순한 신민성subjecthood과 구별하는 것이 바로 참여의 윤리다. 시티즌십은 수동적인 지위라기보다는 능동적인 지위다. 요약하면 지배의 근원이 국가, 가족, 남편, 교회, 종족집단, 또는 우리를 자치 능력이 있는 자율적 개인으로 인정하는 것을 부인하는 어떠한 권력이든지 간에 시티즌십은 이런 지배와 양립할 수 없다.

그러나 시티즌십의 호소력은 단지 그것이 개인에게 주는 이익 때문만은 아니다. 시티즌십은 항상 상호적이며 그래서 사회적인 개념이다. 그것은 개인을 단순히 타인들에 대한 책무로부터 자유롭게 하는 일련의 권리일 수만은 없다. 권리는 항상 권리의 인정과 그것이 실현될 수 있는 메커니즘을 위한 구조를 필요로 한다. 그러한 사회적 구조에는 법원, 학교, 병원, 의회 등이 포함되는데, 이것을 유지하려면 모든 시민들에게는 자신의 역할을 다할 것이 요구된다. 이는 시티즌십이 권리뿐만 아니라 의무와 책무까지 내포한다는 것을 뜻한다. 사실 우리는 사회가 권리를 공식적으로 표방하지 않고서도 작동할 수 있을 것으로 생각할 수는 있다. 그러나 구성원들 사이에 책무에 대한 어떤 인식도 없이 안정적인 인간 공동체를 상상하는 것은 어려운 일이다. 그래서 시티즌십은 인간다운 통치governance를 위한 훌륭한 기초다.

통치는 사회적 질서를 창조하고 유지하며, 동시에 물질적 자원들과 문화적 자원들을 분배하는 인간의 고유한 필요에 관계된 것이다. 시티즌십과 밀접한 관계에 있는 정치는 심의, 타협, 외교, 권력 분배와 같은 일련의 방법과 기술이며, 이들을 통해서 통치의 문제는 비폭력적으로 해결될 수 있다. 사적인 영역에서든 공적인 영역에서든 간에 인간관계에서 폭력의 사용은 정치적 삶의 본질적인 요소라기보다 정치의 실패를 나타낸다. 따라서 정치는 합의에 의한 통치를 달성하고 유지하는 것에 관심을 둔다. 시티즌십은 강력한 합법적인 정체성을 제공하기 때문에 이 목표를 달성하는 데 매우 중요한 구실을 한다. 시티즌십은 우리가 개인들을 동등하게 다루라고 요구함으로써, 사회질서를 위협할 수 있는 사회적 긴장의 근원을 거부할 수 있다. 시티즌십은 일련의 권리와 의무 그리고 책무를 통해서 사회적 삶의 편익과 부담을 공유함으로써 자원들을 공정하게 분배하고 관리하는 방법을 제공해준다.

그래서 시티즌십은 강력한 힘을 가진 개념이다. 시티즌십은 개인의 존엄성을 인정하면서 동시에 개인이 활동하는 사회적 맥락을 재확인한다. 시티즌십은 앤소니 기든스Anthony Giddens(1984: 25)가 '구조의 이중성'이라고 부른 것의 좋은 예다. 기든스에 의하면 개인과 공동체는 반대개념이나 적대개념으로 이해될 수 없다. 그보다도 개인 행위자와 사회적 구조는 상호의존적이다. 개인은 권리와 책무의 실천을 통해 시티즌십에 필요한 조건들을 재생산한다.

따라서 시티즌십은 역동적인 정체성이다. 창조적인 행위자들인 시민들은 언제나 자신의 시티즌십을 표현하는 새로운 방법을 찾을 것이다. 그리고 시민과 공동체의 변화하는 필요와 열망에 맞게끔 새로운 권리와 의무 그리고 제도를 만들 필요가 있을 것이다. 시티즌십은 인간관계에 관한 것이기 때문에 항상 모든 사회에 적용될 수 있는 단순하고 정적인 정의를 따르지는 않는다. 오히려 시티즌십의 개념은 본질적으로 논쟁적이고 불확정적이다. 그래서 항상 어느 정해진 사회에서 발견되는 특정한 일련의 관계와 통치 형태를 반영한다. 이것은 우리가 시티즌십을 이해하려고 할 때 반드시 질문해야만 하는 본질적인 물음 중 하나가 어떤 사회적·정치적 장치가 시티즌십이 실행되는 문맥을 형성하는가 하는 것임을 의미한다. 사실 시티즌십을 다룬 많은 기존 저술에 대한 나의 주요한 비판 중 하나는 이 문맥의 문제에 대해 충분한 관심을 쏟지 못했다는 것이다.

자유주의 전통을 따르는 나온 많은 사상가들이(많은 사회적 구분 중에서) 계급, 젠더 그리고 인종 차이가 개별 시민들에게 가하는 제약에 대해 깊이 있는 사고를 하지 않은 채, 시민들이 권리와 의무로서 생각할 수 있는 것을 중심으로 설명하는 규범적인 이론을 제시하였다. 모든 시티즌십의 권리는 자원의 배분과 관련이 있고, 책무는 사회적 문맥 안에서 이루어지기 때문에 시티즌십에 대한 어떠한 논의도 힘에 대한 고찰이 된다. 사회가 권리를 유지하는 데 필수적인 자원을 제공하지 못한다면, 사회주의자들이 종종 두려워했던 것처럼 권리는 허위가 되어버린다. 마찬가지로 책무는 제도 안에서 실행되는데, 그 제도가 어느 한 집단에 유리한 것으로 만들어진다면, 이 경우에도 역시 시티즌십은 손상된다. 자유주의자들은 개인의 추상적인 권리를 옹호하는 데 사로잡혀서 종종 힘의 구조를 간과하였다. 힘의 구조는 시민들이 자신의 권리를 실행하며 책임을 완수하는 것을 쉽게도 하고 제약할 수도 있다.

자유주의자들은 시티즌십을 좀 더 합리적이고 공정하며 잘 운영되는 사회를 향해 나아가는 진화 과정 일부로 묘사한다(Marshall 1992). 이는 시티즌십이 시간에 따라 변화한 이유와 그 의미 변화들이 가져온 이점들을 무시한다. 실제로 시티즌십은 강화될 수도 있을 뿐만 아니라 약화할 수도 있다. 시티즌십이 어떻게 정의되어야 하는지를 결정하는 과정은 자기 이익, 권력 그리고 갈등과 같은 문제들과 밀접한 관련이 있다. 예를 들어, 시민의 권리는 시장과 국가 체제의 우선순위와 불합리함에 밀접하게 연결되어 있다. 경제적 위기는 사회적 권리가 산업 경쟁력이라는 이름 아래 철회되고 있는 것처럼 곧잘 권리의 축소를 가져 올 수 있다. 국가 간의 전쟁이나 국가 내부의 사회적 갈등도 시티즌십의 의미를 급격하게 변화시킬 수 있다. 예를 들어 전쟁에 참여한 사람들에게 권리의 확대가 보상으로 주어지거나, 특수한 사회 운동이 구성원들의 자격 확대를 촉진하고자 효과적으로 동원될 수 있다.

이는 문맥의 문제에 대하여 우리가 시티즌십 개념을 탐구할 때 꼭 다루어야만 하는 세 가지 문제를 제기한다. 첫째, 사회적 투쟁은 종종 시티즌십의 범위와 관련이 있다. 즉 누구를 시민으로 간주하여야 하며, 또 시티즌십의 혜택으로부터 어떤 이들을 배제할 때 어떤 기준이 정당한가? 둘째, 권리, 의무 그리고 책무의 관점에서 볼 때 시티즌십의 내용은 어떤 것이 되어야 하는가? 셋째, 우리의 시티즌십 개념은 얼마나 깊고 두터운 것이 되어야 하는가? 이것으로서 나는 시민으로서의 우리의 정체성이 얼마나 큰 노력을 요구하며 또 포괄적인 것이 되어야 하는지, 시민으로서의 정체성이 사회적 정체성의 다른 근원인지 그리고 이 시대 우리가 갖는 가족에 대한 헌신이나 먹고사는 문제처럼 경합하는 다른 요구사항들보다 어느 정도로 우선권을 갖는지 보여주려고 한다.

시티즌십의 범위와 관련하여 누가 시민에 포함되는지를 묻는 것은 곧 누가 그 지위로부터 배제되는지를 묻는 것이기도 하다. 아무리 자유주의적인 이민법이라 해도 모든 국가들은 누가 그들의 영토 안에서 거주할 수 있는지 그리고 그들이 어떤 조건 아래서 남아 있을 수 있는지 제약조건을 부과한다. 그래서 시티즌십은 국적과 밀접한 관련이 있는데, 국제법 경우에는 이 두 용어가 종종 바뀌어서 사용되기도 한다. 그래서 시티즌십의 범위는 역사적으로 항상 제한됐다. 개인들이나 특히 난민이나 이민자들의 경우 시티즌십의 우선적인 문제는 종종 사회 구성원 지위의 문제였다. 현대 세계에서 이는 국가의 구성원을 의미한다. 국가가 사회적 자원의 핵심적인 분배자인데, 국가의 시티즌십을 박탈당하는 것은 곧 다른 권리의 토대를 빼앗기는 것이다. 이것이 UN세계인권선언United Nations Universal Declaration of Human Rights 15조 1항에 시티즌십에 대한 권리를 다른 권리들의 전제가 되는 근본적인 인간의 권리로서 포함한 이유다.

시티즌십 개념에서 차지하는 민족국가의 중요성 때문에 2장은 그에 대한 내용을 다룰 것이다. 정치 공동체의 속성이 바뀔 때마다 시티즌십 개념이 정치적 담론 안에서 더욱 두드러져 보이는 것은 우연한 일치가 아니다. 예를 들어 고대 그리스에서의 폴리스의 형성이나 로마 제국의 확대는 똑같이 정치가들과 이론가들로 하여금 시티즌십의 의미를 다시 생각해보도록 하였다. 근대적 시티즌십에서는 시티즌십을 국민국가와 융합시킨 프랑스혁명이 핵심적인 사건이었다. 2장에서는 우선 이 융합의 뜻에 대해 검토한다. 그런 다음에 시티즌십이 의미가 있으려면 민족성nationality을 필요로 하는지를 다룰 것이다. 마지막으로 국민국가의 멤버십으로 정의되는 시티즌십에 대한 몇몇 논의들과 모순점들을 설명하고자 현재 유럽에서의 논쟁들 중 몇 가지 사례를 인용할 것이다. 나는 시티즌십의 포괄적인 가능성을 열어놓으려면 이 개념이 국민국가와의 결합으로부터 자유로워야 한다고 주장한다.

시티즌십의 범위는 이민과 망명에 관한 문제들이면서, 누가 시티즌십에서 공식적으로 혹은 비공식적으로 배제되는지에 대한 문제, 즉 국가 내부의 집단들에 관한 문제다. 위에서 언급된 시티즌십을 확대하려는 운동들은 국가 내부의 주변 집단들이 시티즌십의 실천을 막는 부당한 제약들을 없애고자 특권 엘리트들에게 어떻게 압력을 가해야만 했는지를 보여주는 좋은 사례들이다. 그래서 시티즌십의 범위와 내용은 이 지위의 문맥과 밀접히 연관되어 있다. 예를 들어 여성들은 공식적으로는 남성들과 동등한 시민들인 것처럼 보일지 모른다. 그러나 여성들이 가부장적 체제의 제약들 속에서 자신들의 시티즌십을 행사하려고 하는 경우, 실질적으로 그들의 시티즌십은 남성들의 것보다 가치가 떨어진다.

3장에서는 시티즌십의 적절한 내용을 둘러싼 몇몇 논의들을 분석한다. 특히 다른 권리 간 그리고 권리와 책임 간에 나타나는 뚜렷한 긴장을 분석한다.

이들 이슈에 대한 현재의 논쟁은 사회적으로 다수를 차지하는 자유주의적 접근과 마르크스주의, 공동체주의 그리고 페미니즘과 같은 비판적 관점들 사이의 대화라는 형태를 취하고 있다. 나의 주장은 이 비판들을 이용할 것이다. 나는 자유주의가 주로 국가와 시장에 대한 그 가정들 때문에 시티즌십에 대하여 추상적이고 엷은 개념들을 받아들이고 있다고 주장할 것이다. 그러나 우리는 많은 보수주의자와 공동체주의자들이 주장하는 것처럼 권리에 대한 자유주의의 강조점들을 간단히 뒤집고 책임의 윤리를 주장할 수는 없다. 대신에 시티즌십이 의미가 있으려면 우리는 권리와 책임을 상호 보완적인 것으로 간주해야만 한다.

4장은 차이의 문제를 다룬다. 여기에서는 자유주의와 연관된 보편적 시티즌십이 근대 사회의 다원주의적 현실과 양립 가능한지를 묻는다. 시티즌십의 내용은 집단과 집단에 따라서 다양해야 하며, 소수자들은 특별한 권리의 규정을 통해 다수로부터 보호를 받아야만 하는가? 이 질문에 대해 영Young (1990)과 킴리카Kymlicka(1995)와 같은 다원주의자들이 내놓은 답변을 비판적으로 평가하면서, 나는 소위 집단의 권리가 문제를 해결하는 것이 아니라 더 많은 문제를 만들어냈다고 결론을 내린다. 요점은 자유주의적 시티즌십을 포기하지 않는 것이다. 자유주의적 시티즌십이 실행되는 환경을 변화시킴으로써 그 약속을 이행하는 것이다. 시티즌십이 좀 더 포괄적인 것이 되게 하려면 본질적으로 인종주의적이고, 가부장적이며, 계급에 기초한 국가의 속성을 인정해야 하며 자유로운 시장이 권리와 책임을 침해하는 효과를 갖고 있다는 점을 인정해야 한다.

내가 검토할 시티즌십의 최종적인 차원은 시티즌십의 심도 혹은 농도다. 클라크Clarke(1996: 4)는 깊은 시티즌십을 다음과 같이 정의했다.

다양한 장소와 공간들에서 스스로 행동하는 시민의 활동. 그 활동은 정치의 중심을 국가로부터 멀리 떨어뜨리며, 공유하는 그리고 공동의 활동에 개인이 참여하는 데서 정치의 가능성을 찾는다.

틸리Tilly(1995: 8)는 시티즌십의 얕은 개념과 두터운 개념들을 다음과 같이 대비시킨다. 시티즌십은,

> 업무, 권리 그리고 책무를 거의 수반하지 않는 곳에서는 얕아질 수 있고, [시티즌십이] 모든 업무와 권리 그리고 책무에서 중요한 부분을 차지하며, 이것들이 국가 관리와 그들의 담당 아래 사는 사람들의 지지를 받을 때 두터워질 수 있다.

클라크는 시티즌십이 국경을 넘어서 확대되어야 한다고 주장했지만, 틸리는 시티즌십을 국가와 동일시한다는 점에서 다소 진부하다. 그러나 둘 다 시티즌십이 순수하게 공적인 중요성만을 가지는지 아니면 사적인 삶에도 해당하는 것인지 하는 문제들을 제기한다. 우리 시대의 다른 요청이나 열정과 관련하여 시티즌십의 중요성은 어떤 것인가? 부벡Bubeck(1995)은 시티즌십의 두터운 개념들을 얕은 혹은 단계적인 개념들과 대조하는 유용한 분류법을 제공해주었다. 표1.1에서 이를 보여준다.

나는 자유주의에 대한 다른 비판들과 더불어 자유주의자들이 주장하는 시티즌십이 너무 얕고, 시장 원리와 정치 경제 엘리트들의 이익에 종속되어왔다고 생각한다. 5장에서는 시티즌십의 해방적 잠재력emancipatory potential이 정책—권리와 책무의 사이, 그리고 시장과 민주주의 사이의 균형을 변화시키려는 목적을 가진—들을 통해 어떻게 실현될 수 있는지를 검토할 것이다.

표1.1 시티즌십의 엷은 개념과 두터운 개념의 이념형

엷은 시티즌십	두터운 시티즌십
권리의 특권적 우선성	상호보완적인 권리와 책임
수동적	능동적
필요악으로서의 국가	좋은 삶의 토대로서 정치 공동체 (반드시 국가일 필요는 없음)
순수하게 공적인 지위	공적인 것과 사적인 것 모두에 해당
독립성	상호의존성
선택을 통한 자유	시민적 덕성을 통한 자유
법적	도덕적

6장에서는 세계화가 어떻게 시티즌십의 맥락context을 변화시키고 있는지, 또한 그를 통해 세계화가 어떻게 우리로 하여금 시티즌십의 내용과 범위 그리고 깊이에 대한 새로운 생각을 요구하고 있는지를 검토한다. 과연 최근의 사회적 변화는 시티즌십을 시대에 뒤떨어진 것으로 만들어 버렸는가? 확실히 몇몇 탈민족주의적 시티즌십 이론들은 민족성에 상관없이 모든 사람에게 미치는 포괄적인 인권개념이 점차 시티즌십을 대체할 것이라고 암시한다 (Soysal 1994). 또 세계화는 내용과 깊이에 대한 논쟁에도 영향을 주었다. 예를 들면 환경주의자들은 인권을 자연과 미래 세대에 대한 더 큰 책무와 견주어 볼 필요성을 지적해왔다. 나는 그 보편적인 가능성을 실현하려면 시티즌십이 국가를 넘어서야 한다는 점에 동의한다. 이것은 환경주의자들이 제안하는 것처럼 인권뿐만 아니라 국제적인 책무와도 연관되어야 한다. 그러나 역시 시티즌십이 의미가 있으려면 정치 공동체가 있어야 한다. 그래서 나는 유럽연합EU과 같은 발전이 제공하는 새로운 문맥, 즉 히터Heater(1990: 314)가 다중적 시티즌십이라고 부른 것의 범위에 대해 고찰한다.

2장에서 6장까지는 내가 포스트모던 시티즌십 이론이라고 부른 것을 함축적으로 전개한다. 이 이론의 주요 요소들은 7장에서 요약되며, 7장은 이 책의 주장을 결론의 형태로 종합한다. 매우 간결하지만, 이 관점은 풍성하고 세련된 시티즌십 이론을 만들고자 몇몇 시티즌십 이론의 전통이 지닌 통찰력을 결합시키고자 한다. 나는 이를 반反 자유주의적이라고 하기보다는 포스트자유주의적이라고 말하고 싶다. 그래서 나의 이론은 근대주의적 이데올로기들을 강하게 비판하면서도 막상 협치governance의 본질을 재구성하는 데 사용할 수 있는 대안적인 개념 도구들은 만들어내지 못한 많은 포스트모더니즘 옹호자들로부터 시작한다.

자유주의 시티즌십에 대한 사회주의 비판은 자유주의자들이 상대적으로 무시해왔던 문제인 권력 불평등의 문제를 강조한다는 점에서 큰 힘을 갖고 있다. 권력 불평등은 사실상 시티즌십의 적극적인 효과들을 부정하는 것이다. 그러나 아이러니하게도 많은 사회주의자는 자유주의자들처럼 정치적인 것을 희생하고 경제적인 것만을 강조하는 같은 실수를 범했다. 너무도 자주 사회주의는 통치의 필수적인 요소로서 시티즌십이 필요하다는 사실을 인식하는 데 실패하였다. 그 대신에 혁명이나 국가에 의한 사회 공학에 더 희망을 두었는데, 이는 둘 다 좋은 시티즌십이 지닌 속성들을 손상하는 전략이었다 (Selbourne 1994). 공화주의는 그 자체만으로는 설득력 있는 시티즌십 이론을 만들어 낼 수 없다. 왜냐하면, 공화주의는 자유주의처럼 정치에 대해 다소 추상적인 접근을 하고 있기 때문이다. 그러나 공화주의는 그 철학의 중심에 시티즌십을 위치시켰다는 장점을 가지고 있는데, 이 철학에서는 경제가 아니라 정치가 가장 중요한 것으로 여겨진다. 공화주의는 자유주의보다 더 의욕적으로 시민들에게 의무와 책무를 요구한다(Pettit 1997). 또 나의 시티즌십 이론에서는 생태의 사상과 페미니즘 사상이 지닌 통찰력의 중요성이 분명하게 나타날 것이다. 세계적인 환경 재난의 위험이 커지고 있기 때문에 시티즌십은 환경의 요구에 민감해야만 한다. 그리고 실로 이 요구는 시민들의 요구와 분리될 수 없다. 페미니즘은 사회주의와 함께 인류 해방에 대한 열망을 공유하는데, 이는 시티즌십의 실행과 관련된 모든 종류의 차별적인 장벽들을 인식하고 제거하는 것을 내용으로 한다. 몇몇 페미니스트들에 의해 주장된 돌봄의 윤리는 재구성된 시티즌십 이론에서 한몫을 담당하고 있다. 돌봄은 모든 시민들의 사회적이고 상호의존적인 속성을 인정하는 것을 의미하며, 독립적인 시민이라는 추상적인 자유주의 개념에 도전하도록 한다.

그러나 나는 내 이론이 자유주의의 매우 큰 장점들을 증진시키고자 한다는 사실을 강조하려고 한다. 이런 장점들은 이 책 속에서 명확해질 것이다. 보수주의나 혹은 공화주의의 몇몇 형태와 달리, 자유주의는 근본적으로 하나의 완전론*인데, 이는 우리의 통치 체제를 만들고 향상시킬 수 있는 인간으로서의 능력을 강조한다. 인간 본성에 대한 이러한 견해는 민주적 시티즌십과 양립할 수 있는 유일한 것으로 보인다. 다른 이들과 협력하여, 즉 시티즌십의 행사를 통해 자신의 운명을 만들어가는 인간의 능력으로도 극복할 수 없는 장벽으로서 자연적 불평등 같은 것이 존재한다고 단언하는 것은 신민성, 지배, 엘리트의 통치, 또는 다른 어떤 위계적 통치 체제를 옹호하는 이론적 공간을 허락하는 것이다.

지금까지의 논의를 요약하면, 시티즌십은 구성원의 지위로서 일련의 권리와 의무 그리고 책무를 갖고 있으며, 평등, 정의 그리고 자율성을 내포하고 있다. 어느 시대든 문맥, 범위, 내용 그리고 깊이의 상호 연관된 국면들을

* 역주 완전론(perfectionism)은 인간이 종교적, 도덕적, 사회적, 정치적으로 완전한 경지에 도달할 수 있다는 학설을 의미한다. 혹은 완전한 경지에 이르지는 못할지라도 달성 가능한 최고의 수준에 이를 수 있고, 그를 위해 끊임없이 노력해야 한다는 것을 의미하기도 한다.

고찰함으로써 시티즌십의 발전과 그 속성을 이해할 수 있다. 시티즌십을 충분히 이해하려면 그것의 성취를 가로막는 전후의 장애물들이 인식되고 제거되어야 한다. 이 책에서 전개한 포스트모던 시티즌십 이론은 이것이 어떻게 달성될 수 있는지에 대한 관점을 제공한다. 이 장의 나머지 부분에서는 역사적 개요를 통해 근대 시티즌십의 논쟁이 등장하는 맥락을 이해하는 데 필요한 배경을 중심으로 설명하고자 한다.

역사적 개요

사회과학의 많은 중요한 개념들처럼 시티즌십 개념도 고대 그리스에 그 기원을 두고 있다. 아리스토텔레스의 저작(1992)은 시티즌십 이론을 발전시키려는 최초의 체계적인 시도를 보여준다. 반면 시티즌십의 실천은 그리스의 폴리스에서 제도적으로 처음 나타났는데, 특히 아테네는 기원전 5세기부터 4세기까지가 이에 해당한다. 그러나 그리스의 시티즌십은 형태나 기능면에서 근대의 시티즌십과는 매우 달랐다. 그래서 고대 세계의 기원에서부터 근대와 그 이후까지 개념의 의미가 변화하는 것을 강조하려고 시티즌십의 발전을 명확한 단계로 나누는 것이 시티즌십을 다루는 역사가들 사이에서는 흔한 일이었다(Heater 1990; Riesenberg 1992). 예를 들어 리센버그Riesenberg는 시티즌십의 첫 단계를 그리스에서 시작하여 1789년 프랑스혁명으로 뚜렷해지는 근대의 시작점까지로 한다. 리센버그의 두 단계 접근방식은 너무 일반적이며, 고대 그리스, 로마 그리고 중세 도시들 사이에 존재했던 다양한 시티즌십 개념을 하나로 뒤섞어버렸다. 예를 들어 마키아벨리의 공화주의적 시티즌십이 지닌 도구주의는 주로 중세 피렌체에서 질서를 확보하는 데 목적을 두고 있었는데, 이는 아리스토텔레스에게서 발견될 수 있는 인간 본성의 정치적 표현으로서의 시티즌십과는 매우 다른 것이었다. 헬드[Held](1996: 36-39)는 이와 관련해서 마키아벨리의 보호주의적 공화주의와 아리스토텔레스와 연관된 발전적 공화주의를 구분하였는데, 이는 유용한 구분이다. 마키아벨리는 시티즌십을 시민들의 이익을 확보하기 위한 수단으로 보았지만 아리스토텔레스는 시티즌십의 실현을 사람됨의 핵심적인 요소로서 훨씬 심오하며 중요한 것으로 생각했다. 그러한 다양성으로 말미암아 우리는 시티즌십의 단일한 전근대적 개념에 대해 말하는 것을 조심해야 한다. 또 시티즌십에 대한 근대적 이해가 무[無] 속에서 창조된 만들어진 것처럼 가정하는 것도 잘못이다. 사실 근대적 시티즌십은 고대와 전근대의 개념 위에 만들어졌다. 그래서 시티즌십의 역사 속에서는 대조적인 것뿐만 아니라 연속성도 발견할 수 있다. 보편성과 평등의 가치는 근대적 시티즌십에서 아주 중요한 것으로, 고대 그리스의 스토아 철학자들의 작품에 일부 이론적 뿌리를 두고 있다. 이들은 인류의 도덕적 평등을 주장하였다. 더구나 자연권에 대한 자유주의적 담론은 로마 자연법의 보편주의적인 전통으로부터 영감을 얻었다.

위에서 요약된 시티즌십의 네 가지 측면에서 근대적 시티즌십과 그것의 역사적 선례들을 대비해보는 것은 매우 유익한 일일 것이다. 문맥과 범위, 내용 그리고 깊이의 측면에서 살펴보면, 근대적 시티즌십과 그 역사적 선례들 사이에는 분명한 차이점들이 있다. 이 대조점들을 아래에서 논의할 것인데, 근대 국가에서의 시티즌십과 이것과는 정반대 편에 있는 고대 아테네의 시티즌십을 비교한 내용이 표1.2에 나와 있다.

최근의 연구들은 고대 그리스 시티즌십의 속성을 분석할 때 근대적 가정들을 내세우는 데서 생기는 위험을 확인해 주고 있다. 맨빌[Manville](1994)은 아테네 시티즌십에 대한 새로운 패러다임을 주장하면서 국가와 사회, 공과

표1.2 고대 그리스 폴리스와 근대 국가의 시티즌십

	폴리스	근대 국가
공동체의 유형	유기적	법적/분화된 결합
규모	작다	크다
시티즌십의 깊이	심도 깊다	심도 얕다
시티즌십의 범위	배타적이고 불평등이 당연시된다.	갈수록 포괄적이며, 이론적으로는 평등하다. 그러나 국가적 문맥에서 제한된다.
시티즌십의 내용	확대된 책무	권리와 제한된 임무
시티즌십의 맥락	노예제 사회, 농업생산	가부장적이고, 인종적이며 자본주의적인 체제, 산업생산

사 또는 법과 도덕 같은 근대정치를 형성한 이원론들이 아테네에는 적용되지 않는다고 주장했다. 대신 그리스의 시티즌십의 배경은 폴리스라는 작은 규모의 유기적 공동체다. 시민들은 입법자와 집행자로서의 역할을 동시에 하면서 자신들의 일을 처리하고, 군사적 의무에 대해 고도로 발달한 인식을 통해 자신들을 방어했다. 시티즌십과 관련하여 전쟁이 그만큼 중요했기 때문에 베버Weber (1958: 220)는 폴리스를 '전사들의 길드'라고 불렀다. 다른 학자들은 폴리스에서의 군사적 전술의 변화가 시티즌십의 행사에 어떠한 영향을 미쳤는지를 주목하였다. 리센버그(1992)는 기원전 8세기경부터 시작된 팔랑크스라고 알려진 군사적 대형의 중요성을 강조했다. 이 전술은 각 병사 사이의 긴밀한 협조에 의존하였고, 리센버그의 주장에 따르면 최소한 남자들에게는 시티즌십의 상호 관계적 개념을 향한 중요한 일보였다. 그래서 그리스에서는 전쟁과 시티즌십과 남성성 사이의 관계가 성립되었으며, 이는 이후의 시티즌십의 역사에서 반복적으로 재등장하였다.

폴리스의 유기적 특성 때문에 시티즌십이 개인의 사적 삶과는 분리되어 순전히 공적인 문제로만 보이는 것은 무의미했다. 시티즌십의 책무는 폴리스에서의 모든 삶의 영역에 퍼져 있었는데, '시티즌십과 폴리스는 하나였고, 같은 것이었다'(Manville 1994: 24). 고대 그리스에서 시민 이데올로기는 정치와 사회를 지배하였다. 이 이데올로기는 교육, 여가 그리고 통치 제도를 지탱하였으며, 이것들은 능동적인 시티즌십을 행사하고 증진하는 것과 관련이 있었다. 즉 모든 사회적 제도들은 고대로부터 내려오는, 불변하는, 그리고 신들에게서 기원했다고 여겨지는 가치방식을 가르쳤다(Riesenberg 1992: 35). 이것은 시민들이 태어날 때부터 능동적인 시티즌십의 가치들을 내면화했으며, 시티즌십 이행의 내용과 깊이에 큰 영향을 미쳤다는 것을 뜻했다.

폴리스는 개인에 선행하며, 개인을 구성하는 것으로 여겨졌다. 아리스토텔레스(1992)는 '공동체의 일에 참여하지 않는 것은 짐승이거나 아니면 신이다'라는 유명한 논거로 이러한 생각을 전개했다. 진실로 인간이 되려면 시민이 되어야 했고, 나아가 능동적인 시민이어야 했다(Clarke 1994: 3-7). 그래서 시티즌십은 권리에 근거한 것이기보다는 책무에 근거한 것이었다. 왜냐하면, 개인은 그들 자신의 운명과 공동체의 운명 사이에서 느꼈던 긴밀한 일체성으로 말미암아 좀 더 넓은 공동체의 이익에 반하는 개인의 권리를 주장하는 것을 상상할 수 없었다. 책무는 일반적으로 법에 의한 의무라는 형태를 취하지 않았다. 시민들은 책무를 덕행의 기회이자 공동체에 헌신할 기회로 인식하였다. 통치 제도는 시민적 미덕을 행할 많은 기회를 제공하였고, 모든 시민들은 통치자인 동시에 피치자가 되어야 한다는 경구를 본보기로 삼았다. 특히 아테네는 중요한 정치적, 사법적 직책들은 추첨을 통해 순환되었고 모든 시민들은 정치 집회에서 발언하고 투표할 권리를 갖고 있었다. 기원전 594/593년, 솔론이 늘어나는 사회적 불안과 이전에 배제되었던 계층들의 참정 요구에 맞추어서 아테네 시민들을 다양한 범주로 다시 분류하였을 때도 몇몇 집단은 여전히 다른 이들보다 더 많은 정치적 영향력을 행사할 수 있었다. 그러나 맨빌은 흔히 주장되는 것처럼 시티즌십이 부富에 의해 결정되지는 않았다고 하는, 가장 중요한 점을 지적했다. 그보다도 각 집단에 허용된 참여의 수준은 결국 공동체가 정치적으로 결정하는 것이었다.

그뿐만 아니라 기원전 400년 아테네 법전의 재편찬 후에 정치적 참여의 중요성은 민회에 참여한 시민들에게 공적인 보수를 지급해주는 것을 통해 재인식되었다. 그리하여 결정적으로 폴리스 내 몇몇 엘리트들의 저항에도 아테네인들은 시티즌십의 물질적 토대가 갖는 중요성을 인식했다. 빈곤은 시티즌십의 장애물로 간주하였기에 시티즌십의 행사에 따른 보수는 폴리스의 공동의 우선사항에서 경제에 대한 정치의 우위를 나타내는 중요한 상징으로 볼 수 있다.

당시의 시티즌십은 전체론적 속성을 지녔는데, 오늘날 정치를 의심스러운 것으로 보고 책무는 기껏해야 필요악으로 여기며 최악은 우리의 자유를 침해하는 것으로 간주하는 관점에서는 이런 특성을 이해하기가 어렵다. 폴리스의 시민에게 시민적 미덕은 자유였고, 명예와 존경의 주요 근원이었다. 시민적 미덕이 개인의 자존과 목적의식에서 중심적이었기 때문에, '폴리스가 생명과 정체성을 거의 독점적으로 제공하였고 또 정의하였으며, 심지어 그 요구와 혜택을 전체적으로 봤을 때 가족조차 경쟁이 되지 않았다'는 의미에서 시티즌십은 깊이 있고 동시에 두터웠다(Riesenberg 1992: 25). 도덕과 선에 대한 그리스인의 관념도 오늘날 우리의 것과는 매우 달랐다. 조단Jordan(1986: 67)이 주장한 것처럼 '사적 도덕이라는 것이 없었기 때문에 시티즌십의 책무와 사적 도덕에 따른 의무 사이에 충돌은 없었다.' 마찬가지로 '선'의 개념도 사적인 윤리 규범을 통해 표현되는 것으로 이해될 수 없었다. 그 대신에 선은 군사적 책무와 정치적 참여 같은 공동체에 대한 봉사 속에서 발견되었다. 요약하면 도덕과 선한 삶은 둘 다 시민적 미덕의 성취를 통해 공적으로 표현되었다.

그러나 폴리스에서의 시티즌십의 지위는 매우 배타적이었다. 사실 전근대와 근대의 시티즌십의 주요한 차이는 중세시대 시티즌십을 행사했던 도시들뿐만 아니라 고대 그리스와 로마에서도 지위의 불평등이 당연하게 받아들여졌다는 것이다. 사실 시티즌십은 여성이나 노예, '이방인' 같은 비시민들에 대한 우월성의 표시로서 그리고 일부 그 배타적 속성 때문에 높이 평가된 면이 있다. 예를 들어 그리스인들은 노예제도와 제국이 시티즌십과 완전하게 양립할 수 있는 것으로 보았다. 몇몇 학자들은 특권층을 위한 포괄적인 시티즌십과 세금을 통해 시민들에게 주어지는 편익은 공동체가 그런 불공정한 제도에 의존했기 때문에 가능했다고 단언했다. 그러나 이 해석은 너무 단순한 것이다. 사실 시민적 업무에 참여한 것에 대한 보수뿐만 아니라 시티즌십의 민주적 요소들은 아테네 제국의 몰락 이후에도 지속하였다(Arblaster 1994: 23). 그래도 역시 고대 그리스에서 계층제와 배타성은 자명한 것으로 여겨졌다고 말하는 것이 진실이다. 노예만이 시티즌십으로부터 배제된 유일한 계층은 아니었다. 여성들은 정치 참여에 필요한 합리성을 결여한 것으로 여겨졌다. 게다가 어떤 시대에는 아테네 폴리스가 거주자들의 시티즌십 자격문제에 대해 엄격한 기준을 적용하였다. 기원전 451~450년에 페리클레스의 통치하에서 시티즌십은 부모가 모두 폴리스 태생인 거주자들만으로 제한되었다.

그리스의 배타성과는 대조적으로 로마의 시티즌십 개념은 제국이 확장되면서 점차 포괄적인 것이 되었다. 공화국 시대 로마의 시티즌십은 그리스에서처럼 정치 참여와 밀접한 관련이 있는 특권적인 지위였다. 그러나 로마 제국 시대의 시티즌십은 점차 참여와의 관련성을 상실했고, 대신에 사회적 통제와 화해의 수단이 되었다. 로마인들은 제국의 백성에게 시티즌십을 허락해주었는데, 이는 A.D. 212년의 카라칼라 황제의 칙령을 통해 최종적으로 성취되었다.

이로 말미암아 로마의 통치는 피정복민들이 보기에도 정당한 것이 될 수 있었다. 이는 세금을 좀 더 쉽게 거둘 수 있으며, 비싸고 불확실한 군사력에 대한 필요성이 감소했음을 뜻했다. 유럽연합과 관련된 경우처럼 시티즌십에 대한 몇몇 근대적 사례에서는 거의 틀림없는 일이지만, 시티즌십의 지위는 참여의 윤리와 분리되었고, 대체로 사회적 불만의 근원을 잘라 버리려는 도구적 동기 때문에 시티즌십은 점차 엷고 법적인 개념이 되어갔다. 니콜렛 Nicolet(1980: 19)이 주장한 것처럼 로마 제국에서 시티즌십은 '무엇보다 그리고 거의 배타적으로 인신보호 habeas corpus의 권리라 부르는 것을 누리는 것이었다.' 로마의 대다수 시민에게 시티즌십은 정치적 주체성을 나타내는 지위라기보다는 사법적인 안전장치로 축소되었다. 사실 그 개념은 한계점까지 도달하여 엷어졌고, 시티즌십은 법의 통치, 법치를 표현하는 것에 불과한 것이 되었다. 위에 나온 정의에 비교해 보면 로마 제국의 시티즌십은 단지 이름에 불과한 시티즌십이었다. 데렉 히터 Derek Heater(1990: 16)가 말한 것처럼 '로마인들은 실용적이고 적용하기에 따라 확대할 수 있는 형태의 시티즌십을 발전시켰다. 그러나 바로 그 탄력성이 결국 고상한 형태의 이상형을 사라지게 하는 원인이 되었다.'

시티즌십에 대한 로마인들의 경험은 적어도 두 가지 이유에서 이점을 지닌다. 첫째, 그것은 마이클 만 Michael Mann(1996)이 다른 맥락에서 사회질서의 문제에 대한 지배계급의 전략이라고 불렀던 것의 초기 사례다. 시티즌십을 사회적 통제의 수단으로 보는 냉소적인 견해가 공동의 이익, 정치적 주체 그리고 인간 잠재 능력의 성취 등을 나타내는 개념을 대체하였던 것이다. 둘째, 로마 제국의 시티즌십이 제기한 문제로서 결국 깊은 의미의 시티즌십은 그리스 폴리스에 존재했던 것 같은 상대적으로 작은 규모의 동질적인 공동체에서만 가능한 게 아닌가 하는 점이다.

서구에서는 로마 제국이 붕괴한 이후 시티즌십의 중요성이 점차 감소해왔다. 중세 시대에는 시티즌십의 행사를 통한 명예의 추구가 개인적인 구원의 추구로 대체되었다. 성 아우구스티누스는 그 시대를 특징짓는 텍스트인 『신국론』City of God에서 개인들은 세속적 삶에 관심이 있어서는 안 되고, 그 대신에 자아성찰과 기도와 같은 내적인 곳으로 방향을 돌려야 한다고 주장했다(Clarke 1994: 62-5). 결과적으로 교회가 충성심과 도덕적 모범의 중심으로서 정치 공동체를 대체했다.

중세 시대 동안 시티즌십의 실행은 피렌체나 베네치아와 같은 몇몇 이탈리아 도시공화국들에서 나타났다. 그런 도시들은 그리스의 공화주의적 모델들과 특히 로마에서 영감을 얻었다. 중요한 것은 그들이 이 시기 다른 형태의 정치 공동체들에 모자랐던 참여의 윤리를 포함하고 있었다는 점이다. 막스 베버(1958: 72)에 따르면 이들 도시는 근대적 시티즌십이 극적으로 등장하는 토대를 만드는 데 중요한 역할을 하였다. 확실히 베버가 이 도시들에 붙인 이름은—그는 그것들을 '성곽과 시장의 융합'이라고 정의했다—근대적 시티즌십이 등장했을 때의 맥락과 유사한 점이 있다. 18세기와 19세기에서처럼 12세기부터 진행된 중세 도시의 시티즌십은 화폐경제와 산업적 활동의 발전으로 가능해졌으며, 이들은 시티즌십 공동체가 건설될 수 있는 과세 기반을 마련하였다. 미국 독립전쟁의 민병대나 프랑스혁명 때의 시민군처럼 이들 도시의 민병대는 시민들에게 책무와 정체성이라는 중요한 인식을 제공했다. 게다가 파도바의 마르실리오처럼 그런 정치 공동체의 자율성을 옹호하는 사람들은 권위의 정치적인 성격, 즉 신성한 것과 반대되는 속성을 주장했으며, 시티즌십이 지닌 본질상 세속적인 속성을 강조했다(Clarke 1994: 70-3; Heater 1990: 23-4).

그러나 '압도적으로 군주적이고 계층적인' 봉건 체제의 맥락에서 이들

도시는 예외적인 것들이었다(Riesenberg 1992: 187). 그들은 또한 예외적이고 계층적인 시티즌십을 간직했다. 대부분 사람은 당연히 배제되었다. 심지어 시민들의 권리는 재산 소유권에 따라 다양하였다. 시티즌십이 평등주의 논리를 갖게 된 것은 오직 자유주의의 발전 때문이다.

시티즌십과 근대성

근대적 시티즌십 개념들은 16세기 말에 기초가 다져진 자유주의적 국가의 발전과 밀접한 관련이 있다(Skinner 1978). 이 새로운 상황에서 개인과 정치 공동체 사이의 관계를 고찰한 초기 정치이론가 중의 한 사람이 토머스 홉스다. 근대 정치 이론에 관한 첫 번째로 생각되는 작품에서 홉스는 자신이 맡은 주제의 과업을 '국가의 권리와 신민의 의무에 대한 흥미로운 탐구'로 정의했다(Skinner 1978a: 349에서 인용). 이런 진술을 통해 알 수 있듯이 홉스의 관심은 주로 안전과 질서에 대한 문제였다는 점이 명확해지는데, 그의 초점은 개인이 아닌 주권자의 권리였다. 홉스는 시티즌십의 참여 이론에 대해 매우 회의적이었다. 사실 그의 이론의 논리는 절대 권력에 대한 주권자의 권리를 옹호하는 것이었으며 시티즌십을 인식할 수 있는 개념적 공간을 거의 남겨두지 않았다. 대신 시티즌십과 관련된 공동체의 공동 이익에 대한 책무는 국가에 대한 전적인 복종으로 대체되었다. 무정부 상태로 말미암아 인간의 평화적 상호 관계의 기초가 파괴되는 것을 막을 수 있는 것은 주권자만의 능력이다. 홉스가 말한 유일한 개인의 '권리'는 자기보존의 권리인데, 홉스는 주권자가 생사여탈권을 쥐고 있다고 믿었기 때문에 이는 어떤 의미에서 권리가 아닌 것이 되어버린다. 그래서 클라크(1996: 53)는 홉스의 이론에서 '정치와 시티즌십은 소멸되었다'고 말했으며, 웨일러Weiler(1997: 52)는 홉스에게 '근대 반反정치학의 아버지'라는 이름을 붙여주었다. 개인과 국가의 관계에 대해 홉스의 모델은 기껏해야 신민적 시티즌십이라 말할 수 있다. 왜냐하면, 그 목적이 시민적 미덕을 완수하거나 개인의 권리를 보호하는 것보다는 질서를 보장하는 것에 있기 때문이다.

그러나 홉스는 시티즌십의 역사에 중요한 과도기적인 인물이었다. 왜냐하면, 그의 많은 개념이 로크와 같은 고전적 자유주의자들에게서 발견되는 좀 더 발전한 시티즌십 개념의 직접적인 원인이 되었기 때문이다. 첫째, '권리와 자유가 신민들에게 적용되기보다 집단, 조합, 신분에 적용되었던' 중세 시대와는 달리 홉스적 개인은 국가와 직접적인 관계를 맺는데, 이는 점차 이런 관계를 매개할 수 있는 시티즌십에 대한 좀 더 발전한 인식을 필요로 했다(Bendix 1996: 66). 둘째, 홉스는 개인들이 사회 질서의 기초를 전복하는 힘뿐만 아니라 능력의 측면에서도 본질적으로 평등하다고 믿었다.

> 자연은 사람을 육체와 정신적 능력 면에서 평등하게 만들었다. 때로는 한 사람이 다른 사람보다 명백히 육체적으로 힘이 더 세거나, 더 민첩한 정신을 가진 것이 발견되더라도, 모든 것을 고려했을 때 사람과 사람 사이의 차이는 고려할 만한 것이 아니다. 그 결과 사람은 다른 사람이 주장하지 않는 어떤 이익에 대해서도 자기 자신을 주장할 수 있다(Hobbes 1973: 63).

이런 통찰력 덕분에 자유주의 사상가들은 결정적으로 평등과 시티즌십 사이의 개념적인 연관을 지을 수 있었다. 셋째, 군주제적 통치체제에 대한 홉스 개인의 선호에도, 그의 이론은 통치자와 국가를 나눌 수 없다는 가정을 깨뜨려버렸다. 이는 근대 시기 군주보다는 국가 그 자체가 '시민들의 유일하고 적절한 충성의 대상이 되었음'을 뜻한다(Skinner 1978: x). 넷째, 홉스는 주권자가 절대 권력을 누려야 한다고 주장함으로써 폭력 수단의 집중을 주장하고 있었다. 이는 시티즌십에서 중요한 것인데, 왜냐하면 많은 행위자가 폭력을 행사했던 즉 권력소재가 분산된 봉건적 개념과 단절되었기 때문이다. 폭력의 행사를 이렇게 국가에 제한함으로써 통치에 대한 더 많은 합의 방식이 등장할 기회가 마련되었다. 동시에 홉스의 국가주권에 대한 이론은 동의로서의 시티즌십과 질서를 강제하는 존재로서의 국가 사이의 모순적 관계를 강조한다. 다음 장들에서 보는 것처럼 이는 시티즌십의 맥락과 범위에서 매우 중요하다.

홉스가 발견한 자유주의 전통을 로크가 발전시켰는데, 로크는 권리에 기초한 시티즌십 이론을 만들려고 평등한 개인이 국가와 직접적인 관계를 맺는다는 개념을 발전시켰다. 로크(1924)의 이론은 안전에 대한 홉스적 관심과 생명, 자유 그리고 재산에 대한 권리를 보호하는 것 사이에 균형을 잡으려고 했다. 대부분 자유주의자는 이런 권리를 자기 이익을 성취하기 위한 기초로 생각한다. 3장에서는 이런 자유주의적 개념의 한계를 다룰 것이다. 그러나 시티즌십에 대한 자유주의자들의 철학적인 재정의redefinition 그 자체만으로는 근대적 시티즌십의 등장을 설명하지 못한다. 구체적인 사회 변화는 주로 정치 공동체의 형태 변화와 연관되어 있는데, 이는 점증하는 국가의 힘에 종속적인 사람들에게 시티즌십의 지위가 중요해지기 시작했음을 의미했다. 기든스(1985: 210)는 이것을 다음과 같이 표현했다.

> 국가주권의 확장은 이에 종속된 이들이—처음에는 공허했으나 점차 분명해지고 정밀해지는—어떤 의미에서 정치 공동체 내에서의 자신들의 구성원 지위와 그 지위가 제공하는 권리와 책무에 대해 인식하고 있다는 것을 의미한다.

특히 18세기부터 국가 사이의 경계가 더욱 명확해지면서 그 경계 안의 사람들은 그들의 자격 조건에 대해 관심을 두게 되었다. 만Mann은 이 과정을 '사회적 새장으로 가두기'라고 불렀다. 18세기 전에는,

> 국가 엘리트나 국가 제도의 속성은 한 사회 내에서 거의 중요하지 않았다. 이제 그것들은 매우 중요해졌다. 시티즌십의 성장은 전통적으로 정치권력에 대한 근대 계급의 성장으로 이야기되었다. 그러나 이들 계급은 '본래부터 정치적'인 것은 아니었다. 역사 대부분을 종속 계급들은 국가에 무관심하거나 국가에서 벗어나려고 했다. 그들은 이제 징세관과 모병관이라는 중요한 두 사육사에 의해 국가적인 기구 안에, 즉 정치 안에 갇히게 되었다(Mann 1993: 25).

시티즌십이라는 정치적 지위는 더욱 중요해졌다. 왜냐하면, 국가의 군사력과 더욱 정교해진 관료제가 힘이 몰리는 곳을 침식시키는 데 이바지했기 때문이다. 이것의 핵심은 교회와 국가의 분리다. 종교개혁에 의해 야기된 유혈과 뒤이은 불안정이 결과적으로 보댕과 홉스와 같은 정치 이론가가 정치를 종교로부터 분리시키려는 계기를 제공했다. 정치 엘리트들은 이 견해를 공유했으며, 유럽의 종교 전쟁이 끝난 후 일어난 국가의 세속화는 세속적 시티즌십이 등장할 수 있는 중요한 공간을 만들었다. 종교개혁은 시티즌십에 더 큰 영향을 주었다. 프로테스탄티즘이 중요하게 여기는 하나님과 개인 사이의 직접적인 관계가 로크에 의해서 시민과 국가의 관계로 원활하게 세속화되었다. 아마도 다른 근대 사상가 중에서 홉스와 마르크스 그리고 헤겔이 신과 국가를 비교했다는 것은 우연한 일치가 아닐 것이다. 국가는 신적 존재를 대신하여 사람들이 열망하는 초점이 되었다.

국가를 위한 이 거대한 힘이 가져온 결과 중 하나는 국가가 점차 권리

확대를 위한 요구의 핵심적 존재가 되었다는 것이다. 기든스(1985: 201)는 이 과정을 통제의 변증법이라고 불렀다. 이를 통해 기든스는 시민들에 대한 국가의 감독 능력이 공공교육, 사법제도 그리고 의회의 발전을 통해 커진다 해도, 이 통제과정이 양쪽에서 작동한다는 것을 말하려고 했다. 더욱 거대해진 국가 권력은 사회 운동이 권리를 위해 나섰을 때 국가가 만든 소통의 통로를 이용할 수 있다는 것을 뜻했다. 기든스에게 국가는 결과적으로 강제력에 덜 의존하며 통치와 관련된 합의 수단에 더 의존하게 되었다. 시티즌십은 합의적 통치라는 이 새로운 체제의 중요한 부분이 되었다. 왜냐하면, 시티즌십의 확대가 부분적으로는 분열하려는 집단들을 정치체 속으로 통합시키기 때문이다. 그래서 근대 시티즌십의 역사는 부분적으로는 일련의 협상과 거래로 이해될 수 있다. 엘리트들은 사회적 변화의 결과를 관리하고, 권리 형태의 양보를 통해 사회적 요구들을 수용함으로써 자신들의 권력을 유지하려고 한다. 이는 사회적 권리의 발전이란 점에서 20세기 중반 여러 유럽 국가에서 복지국가의 형태로 그 정점을 이루었다.

만(1996)과 바바렛Barbalet(1998) 같은 몇몇 저자들은 권리란 대체로 엘리트들에 의한 결정의 산물이라고 주장했다. 반면 터너Turner(1986)와 기든스(1985) 같은 다른 이들은 사회적 투쟁의 역할을 강조했다. 그러나 시티즌십의 역사에서 투쟁이나 정치적 편의주의 중 하나만을 우선시하는 것은 잘못된 것으로 보인다. 간단히 말하면 변수들이 너무 많아서 모든 장소와 모든 시대에 적용되는 일반 이론을 만들 수가 없다. 그래도 분명한 것은 15세기부터 18세기까지의 정치적 삶을 지배했던 이전 시기 절대국가와 비교해보면 근대국가 내부에서 사회적 힘의 균형이 변화했다는 것이다. 절대국가들은 권리에 대한 요구를 성공적으로 봉쇄했고, 주민을 정의하는 지위로는 시티즌십보다 신민성을 유지했다. 그러나 자유주의가 시티즌십에 주입한 평등주의 논리가 시민들의 정체성과 물질적 필요에 대한 국가의 중요성이 증대하는 것과 결부되면서 리센버그(1992: 1)가 두 번째 시티즌십이라고 부르는 것을 만들어냈다. 그 때문에 근대적 시티즌십의 도래는 계급 갈등의 관점에서 간단히 설명될 수가 없다. 기든스(1985: 208)가 '계급 갈등이 시티즌십의 권리를 확대하는 매개물이었다'라고 말한 것은 옳다. 그러나 이것은 이야기 일부일 뿐이다. 18세기 이래 시티즌십의 발전은 국가 내부의 그리고 국가 사이의 충돌과 관련이 있다. 시티즌십의 향방을 설명하는 데 특히 네 가지 요인이 중요한 것 같다. 물론 이 요인의 상대적 중요성은 역사적 환경에 따라 바뀌었다.

첫째, 사회 운동의 투쟁들은 확실히 시티즌십을 확대하는 데 중요한 역할을 했다. 이는 계급뿐만 아니라 여성, 인종적 소수자, 장애인, 성적 소수자들을 포함하였다. 둘째, 이데올로기가 중요하다. 자유주의의 보편주의는 배제된 집단들이 창의적으로 이용할 수 있는 평등주의적 잠재력을 시티즌십에 제공하였다. 터너(1993: 133)가 쓴 것처럼 '실질적인 권리를 성취하려는 사회 운동의 결과로, 시티즌십의 물결이 밖으로 퍼져 나갔기 때문에 사람을 정의하는 특수한 기준은 점차 공적 영역에서 부적절한 것이 되었다.' 이 점에서 사회주의가 중요한데, 나는 사회주의가 자유주의 약속을 실현하는 것과 관련이 있는 이데올로기라고 생각한다. 사회주의가 영향력 있는 독일이나 스웨덴 그리고 영국 같은 국가에서 사회적 권리는 공적으로 제공하는 서비스의 형태인데, 이는 사회주의가 최소한의 영향력만을 갖는 미국과 같은 나라들에서보다 훨씬 더 포괄적이었다. 시티즌십의 역사에 있어 한때는 적극적인 힘이었으나 이제는 제한적이 된 민족주의도 권리의 확대를 뒷받침하는 데 있어 큰 역할을 했다. 시티즌십에 대한 민족주의의 모호한 영향력은 2장에서 논의될 것이다.

셋째, 경제적 요인들, 특히 자본주의 승리는 시티즌십을 이해하는 데 중요하다. 정치 엘리트들이 경제의 성과에 완전히 의존하고 있다는 것을 수용하려고 반드시 마르크스적 분석을 채택할 필요는 없다. 그런 엘리트들은 자본가들이 번성할 수 있는 조건을 유지하는 데 있어 거대한 이해관계를 하고 있다. 그래서 시장경제의 필요성은 시티즌십이 취한 형태에서 큰 부분을 담당해왔다. 그래서 시티즌십에 대한 문헌 속에서 핵심적인 질문은 시티즌십이 자본주의에 반대되는가 아니면 자본주의를 지지하는가 하는 것이다. 마샬 Marshall(1992)은 이 문제에 대한 그의 영향력 있는 연구에서 시티즌십의 평등주의적 가치와 자본주의에 내재해 있는 경제적 불평등 사이의 긴장 관계를 확인했다. 마샬은 사회적 자유주의자로서 그런 불평등이 사회적 질서와 시티즌십의 실천에 미치는 영향을 어느 정도 인식하고 있었기 때문에, 그는 불평등의 최악의 국면을 상쇄하려면 조세로 조달되는 사회적 권리의 사용을 주장했다. 그러나 마샬의 설명에 있어 주요 문제는 그가 글을 쓰던 당시 시대의 사회적 권리를 지탱했던 조건과 이익에 대해 충분히 검토하지 않는다는 것이다. 마샬의 에세이는 1950년에 출판되었는데, 이때는 영국에서는 복지국가가 막 시작된 때로 사회적인 권리가 불가피한 것처럼 보였다. 나는 사회적 권리의 문제를 3장과 5장에서 다룬다. 그러나 간단히 말하면, 전후 초기에 자본주의가 도달한 발전 단계는 포드적인 대량생산 방식의 하나였다. 이는 높은 이윤과 노동계급의 조직화를 쉽게 했다. 시티즌십을 사회적 협상으로 보는 고전적인 사례에 사회적 권리는 대체로 작업장에서 노동조합의 힘을 행사할 수 있는 노동자들의 능력을 인정하여 노동자들에게 허락해준 일종의 양보였다(Faulks 1998: 103-7). 1980년대 노동과 자본 간의 힘의 균형은 후자에게 유리한 쪽으로 변화했다. 정치 엘리트들은 그때 이래로 관료주의와 세금을 줄이라는 자본의 요구에 반응하여 값비싼 복지 권리를 줄일 방법들을 모색했다. 신자유주의 정부들에 의한 권리의 제한으로부터 얻을 수 있는 근본적인 교훈은 시장이 개인의 자유를 증진시키는 데 중요한 역할을 할 수 있기는 하지만, 경제적 명령들이 공동체의 정치적 결정을 우선할 수 없다는 것이다. 우리는 시티즌십이 단기간에도 지속적으로 변화하는 시장의 힘에 따라 정해지도록 놔둘 수는 없다. 이것이 5장에서 내가 시민의 소득을 주제로 논의한 이유다. 그리스인들처럼 우리는 물질적 자원과 시티즌십의 행사 사이의 연계를 인식해야만 한다.

마지막으로 자유주의적 국가 자체의 속성은 근대 사회의 시티즌십을 이해하는 데 필수적이다. 표1.2에서 나는 국가라는 용어 앞에 가부장적, 인종적, 자본주의적이라는 단어를 붙였다. 나는 이미 정치 엘리트들은 시티즌십에 비해 자본의 이익을 특권화시킨다고 주장했다. 또 내가 주장하고 싶은 것은 국가는 본질적으로 인종적이고 젠더화되었다는 것이다. 이는 근대국가가, 자유주의자들이 우리가 그렇게 믿기를 바라는 것처럼, 본질적으로 중립적인 정치제도가 아니기 때문이다. 그 대신 국가는 민족이라는 문화적 개념과 융합됐는데, 민족은 종족적이고 젠더화된 용어로 정의되어 왔다. 따라서 근대적 시티즌십이 만들어지는 분수령은 1789년의 프랑스혁명이었다. 왜냐하면, 이 사건이 국가와 민족을 하나로 융합시켰기 때문이다. 2장에서는 민족국가에 대해 분석함으로써 이 혁명이 시티즌십에 가져다준 유산을 다룰 것이다.

제2장

시티즌십과 민족국가

근대 사회의 시티즌십은 모호하다. 한편으로 자유주의는 시티즌십의 주요 이데올로기로서 본질적으로 평등주의적이며 보편적인 속성을 강조했다. 다른 한편 18세기 이후로 시티즌십은 민족국가의 제도에 밀접히 매여 있고, 그래서 실제로는 '사회적 봉합이라는 강력한 도구'로서 작동했다(Brubaker 1992: 23). 시티즌십의 범위는 국가들 사이의 경계선에 의해 결정되었는데, 이는 형태상 물리적이며 문화적이다. 그 결과 시티즌십은 정치 체제 속에 포함되는 것뿐만 아니라 정치 체제로부터의 배제에 관한 것이었다. 이민의 통제와 거주 요건은 국가 주권의 중요한 부분으로 간주하는데, 이것들은 배제의 구체적인 양상을 보여준다. 문화적 배제도 민족 개념의 형성에서 그 구실을 했다. 이는 국가의 경계 밖에 있는 외국인들뿐만 아니라 국가의 경계 안에 있는 개인들, 합법적인 거주자들, 외국인 노동자들이나 난민들이 정치 체제의 우월한 문화에 의해서 아웃사이더나 이류 시민으로 간주할 수 있다는 것을 의미한다. 국가와 민족이라는 두 개념은 시티즌십이 가진 배타적 특성의 기초가 되는데, 이는 민족국가라는 개념으로 하나가 되었다. 이 융합은 무엇보다 1789년 프랑스혁명의 유산이고, 시티즌십의 미래에 중대한 결과를 가져왔다.

이 장은 프랑스혁명이 정의한 민족국가의 개념을 다루는 것으로 시작한다. 그런 다음에 민족과 시티즌십 사이의 적절한 관계에 관한 두 가지 대조적인 관점을 살펴볼 것이다. 데이비드 밀러David Miller(1995)는 민족과 결합되지 않은 시티즌십은 공허한 개념이라고 주장했다. 나는 밀러의 민족성에 대한 옹호가 일관되지 않으며, 민족은 시티즌십의 적절한 토대가 아니라고 주장한다. 오옴멘Oommen(1997)은 밀러와 같은 민족 옹호자들에 반대하면서, 시티즌십이 점차 다원화되는 사회 안의 다양한 집단들을 하나로 묶는 포괄적인 개념이 되려면 문화적인 민족 개념과 분리되어야 한다는 취지의 흥미로운 논문을 제출하였다. 그러나 오옴멘의 주장은 시티즌십을 민족뿐만 아니라 국가와도 분리시키려고는 하지 않는다는 약점이 있다. 이것은 오옴멘이 민족에서 국가를 개념적으로 분리시키고 싶은 마음에 국가가 실은 얼마나 본질적으로 인종주의적이고 가부장적인지를 과소평가했기 때문이다. 민족뿐만 아니라 국가 그 자체도 시티즌십의 장애물이다. 이 장의 마지막 부분에서 나는 사회 구성원 지위에 대한 오늘날의 문제가 근대주의 기획의 중심에 놓여 있는 모순점, 즉 배타적 공동체로서의 국가와 보편적 지위로서의 시티즌십 사이의 긴장 관계를 부각시킨다고 주장할 것이다.

프랑스혁명, 근대성 그리고 시티즌십

1789년 이전 프랑스에서의 사회 구성원 지위는 신민성, 위계제hierarchy 그리고 지배domination 같은 전근대적 개념들에 의해 결정되었다. 구성원 지위를 결정하는 주권은 국왕이라는 존재에게 있었으며, 왕이 지상에서 신을 대표한다는 주장이 그 권위를 뒷받침했다. 혁명 초기에 수행한 것은 진보적이고 세속적인 방식으로 민족 개념을 이용하는 것이었는데, 이는 주권자로서의 군주를 주권자로서의 인민으로 대체하는 것이었다. 시에예스Sieyes는 자신의 유명한 소책자, 『제3신분이란 무엇인가?』에서 국민을 귀족정과 군주정에 의해 권리를 부인당한 보통 사람들(제3신분)이라고 정의했다(Forsyth 1987). 시에예스의 생각을 실현하려고 하였던 프랑스혁명은 근대성의 형성과 관련하여 중요한 순간이었다. 권리는 더는 특권 계층에게만 허락된 것이 아니었으며, 그 대신 인민의 의지를 대표했던 국민이라는 맥락 속에서 개별 시민들에게 속하게 되었다. 권리의 중심 정신은 1789년 '인간과 시민의 권리 선언'의 공표를 통해 마련되었다. 이 문서는 '인권에 대한 무지, 망각, 또는 경멸이 공공의 불행과 정부의 부패를 가져온 유일한 원인'이라고 단언했다(Waldron 1987: 26-8). 이 문서에 기술된 권리들, 즉 언론의 자유, 존엄 그리고 정의와 같은 것들은 전 유럽의 급진주의자들에게 큰 영향을 미쳤는데, 이들은 평등과 자유라는 자유주의적 가능성을 실현하고자 특권에 대항하여 싸우고 있었다.

혁명의 중심에는 시티즌십에 대한 새로운 개념이 있었다. 이는 보편적이고 평등주의적인 지위의 가능성을 강조했다. 그러나 혁명이 좀 더 급진적인 단계에 들어서면서 시티즌십은 시민적 덕성과 군사적 의무를 완수함으로써 국민에 봉사한다는 내용도 갖게 되었다. 즉 자유와 평등은 우애를 동반하였다. 프랑스혁명은 하버마스Harbermas(1974)가 주목한 것처럼 시티즌십의 개념과 관련하여 1776년의 미국 혁명보다 더 급진적이었다. 후자는 그들의 식민지의 주인인 영국의 관습법이 이미 미국인들에게 부여한 권리들을 주장하는 것과 관련이 있다. 이런 이유로 유명한 보수주의자인 버크Burke(1968)는 프랑스와 달리 미국 혁명가들에게는 진심 어린 지지를 보냈다. 버크는 프랑스혁명이 고귀한 체제를 파괴했으며 전적으로 확인되지도 않고 추상적인 시티즌십으로 대체했다고 보았다. 게다가 프랑스혁명은 버크가 보기에 위험한 공화주의적 요소를 갖고 있었는데 미국은 그렇지 않았다. 슈클라Shklar(1991: 65)가 쓴 것처럼, '새로운 미국 시민은 고전적 공화주의자가 아니라 근대적 공화주의자이고, 덕에 기초하고 있지 않으며 독립적인 대표자와 자기 이익의 자유로운 추구에 기초하고 있다.' 이런 개인주의에 대한 강조는 대체로 미국 정치체제의 이민적 속성에서 생겨난 것이다. 미국인들은 급진적인 정치를 의심스러워했는데, 왜냐하면 이것이 억압적인 공동체를 낳을 수도 있고 유럽에서 온 많은 미국인이 피하고자 했던 바로 그 획일성을 강요할 수 있다고 보았기 때문이다.

이와는 대조적으로, 공동체가 사회 갈등을 초월하는 일반의지에 의해 통합될 수 있다는 루소Rousseau(1968)의 영향을 받은 많은 프랑스혁명가는, 혁명이란 권리를 통한 개인의 독립에 대한 주장 이상의 것으로 생각했다. 그래서 이들은 시티즌십의 집단주의적인 측면을 강조하려고 했다. 그들은 개인과 국민 사이의 조화를 생각했는데, 이는 시티즌십이 권리뿐만 아니라 책무를 통해서도 개인을 해방한다는 것이었다. 이런 이유로 하버마스(1974)는 혁명가들이 시티즌십을 재산과 계약에 대한 순수한 개인의 권리보다 부차적인 것으로 인식했다는 마르크스의 주장을 거부했다. 하버마스(위의 책: 112)는 혁명의 급진주의는 '국가와 사회 모두를 포함하는 조직이라는 정치사회의 개념' 안에서 발견될 수 있다고 주장했다. 확실히 혁명은 단순히 부르주아의 자유에 대한 주장만은 아니었다. 슈바르츠만텔Schwarzmantel(1998: 53)이 주장하는 것처럼 혁명가들은 상업을 의심스러운 눈초리로 보았는데, 그들은 시장이 인민의 의지에 대해 경제의 우위를 강조함으로써 '시티즌십의 공동의 기초'를 파괴할 가능성을 인식했기 때문이다.

더구나 적어도 혁명의 초기 단계에는 보편적 권리와 국민의 일체성이 매우 폭넓고 포괄적인 방식으로 해석되었다. 정치적 권리는 외국인들에게까지 확대되었고, 토머스 페인Thomas Paine과 아나샤르시스 클로츠Anacharsis Cloots 같은 혁명의 지지자들에게는 명예 시티즌십이 주어졌다. 이러한 포괄성은 유명인들에게만 확대된 것은 아니다. 외국에서 온 사람도 프랑스에서, 혹은 프랑스 영토 내에 재산이 있거나 프랑스 여성과 결혼했다면 프랑스 시민이 될 수 있었다. 브루바커Brubaker(1992: 7)는 혁명에 의해 선언된 권리들이 국적에 상관없이 국경을 넘어 어떻게 모든 사람에게 적용되었는지를 보여주는 좋은 예로 1795년의 탈리엥Tallien의 비평 즉 '프랑스에서 외국인은 나쁜 시민들이다'를 인용했다. 이 해석을 지지하는 실버만Silverman(1992: 27)은 처음에 국민의 경계가 어떻게 잘못 정의되었는지, 혁명가들이 만든 초기문서에 이민자 개념이 거의 등장하지 않는 점에 주목했다. 물론 전근대의 시티즌십처럼 사회 구성원 지위는 젠더화되었다. 혁명의 보편주의는 여성을 배제함으로써 실질적으로 손상되었다. 그럼에도, 이와 관련해서는 혁명은 전반적으로 해방을 향해 진일보했다. 헌트Hunt(1992: 213)가 논평한 것처럼 '1789년에 아주 사악한 남성 보편주의가 없었더라면 새로운 집단을 통합시키라는 어떤 요구도 없었을 것이다.'

그러나 혁명에서 표출된 시티즌십의 포괄적인 측면은 그들이 일으킨 바로 그 상황에 의해 손상되었다. 발리바르Balibar(1994)는 혁명을 정치의 배타적인 정의로 이끈 내적 요인들과 외적 요인들을 밝혀냈다. 외적으로는, 혁명가들은 혁명의 성취를 가로막고 심지어 파괴하려는 프러시아, 영국 그리고 스페인 같은 반동적인 국가들과의 일련의 전쟁에 자신들이 매여 있다는 것을 발견했다. 이런 폭력적 충돌의 경험을 통해 국민 개념과 시티즌십은 군사화되었다. 한 예로 1792년 프러시아에 대항해 싸웠던 발미 전투에서 프랑스 군대는 '국민 만세!'Vive La Nation라고 외치는 소리를 들었다. 발리바르(위의 책: 53)는 그러한 사건들이 어떻게 '우애의 체제가 민족적이고 오래지 않아 국가 중심적인 우애로 변해가는 경향'을 의미하고 있었는지를 주목한다. 장기적인 관점에서 프랑스의 혁명전쟁들은 유럽의 인민들을 구분 지었던 경계선을 더욱 견고하게 하는 효과가 있었다. 이들은 점차 자신들을 별개의 민족으로 정의하기 시작했다.

내적으로는, 어느 혁명에서나 불가피하게 일어나는 경제적 문제와 더불어 외국군의 위협이 국가 내부에 즉 혁명가들의 경쟁하는 파벌 사이에 의심의 불을 지폈다. 로베스피에르와 그의 정치적 집단인 산악파가 이끄는 급진주의자들은 초기 자유주의 혁명가들이 바라던 것보다 훨씬 더 포괄적인 시티즌십을 요구했다. 그들은 특히 1791년 헌법이 시민들을 능동적 시민과 수동적 시민으로 구분한 것을 반대했다. 수동적 시민은 최소한 3일치 보수에 해당하는 시민세를 낼 여유가 없는 노동자들이었으며, 그들은 정책결정과정에 참여할 기회를 거부당했다. 확실히 로베스피에르와 그의 동료 혁명가들이 이와 같은 혁명 이상에 대한 배신행위에 반대한 것은 이해할 만한 것이었다. 내가 앞서 이 책 1장에서 논의한 것처럼 수동적 시민 개념은 용어상 모순이다. 문제는 외국에서 주도한 반혁명의 긴장이 고조되는 속에서 당시 상황이 내가 공화주의적 신화라고 부르는 고전적 사례에 맞추어져 있었다는 점이다. 내가 공화주의적 신화라고 말하는 것은 로베스피에르가 루소의 악명 높은 일반의지 개념을 채택함으로써 정치의 필요성이 의지의 힘을 통해서 혹은 불가피한 역사의 진행에 의해 효과적으로 사라질 수 있다고 보는 주장이다. 1793년 네르빈덴 전투에서 프랑스군이 오스트리아에 패배하면서 그 해 4월에 공안위원회가 만들어졌다. 이는 공포 정치로 알려진 1793~94년 기간에 박해의 주요 도구가 되었으며, 이때 수천 명의 사람이 '진정한 민주적 의지'라는 핑계로 목숨을 잃었다. 이 사건의 뒤틀린 논리는 로베스피에르에 의해 제시되었는데, 그는

'미덕, 그것이 없을 때 테러는 재난이 되며, 테러, 그것이 없을 때 미덕은 무력해진다'라고 선언했다(Heater 1990: 51).

히터(1990: 57)는 혁명이 '민족성이라는 문화적 개념을 정치화시켰다'고 주장했다. 이것은 혁명의 초기 단계에서는 사실이었다. 그러나 혁명 후기의 폭력은 민족과 국가를 융합시켰으며, 이는 시티즌십의 개념을 문화화하였고, 시티즌십과 민족성의 경계를 혼란스럽게 하였다. 공포 정치는 또 시티즌십과 국가 간의 관계를 문제화하였다. 그 교훈은, 국가권력이 폭력과 연결되었을 때는 인민의 의지로 표출된 시티즌십이 다른 것에 대한 부정이나 파괴의 시도로 쉽게 변화될 수 있다는 것이다. 이런 근대주의적 오류, 즉 최종적 진리라는 이름 아래 정치는 필요 없게 된다는 생각은 포스트모던 시티즌십이 갖는 주요한 유혹 중 하나다. 여기서 권리와 책임은 사회 내부의 본질적이며 종종 새로이 발생하는 갈등을 넘어서는 수단이라기보다는 그 갈등들을 조정하는 방법으로 간주한다.

혁명은 재난으로 끝났으며 많은 급진적인 성과들은 나폴레옹 치하 반동의 시기 동안 상실되었다. 그래도 혁명의 혼란스럽고 모순된 유산은 살아남았으며 더 강화되었다. 19세기와 20세기, 엘리트들은 프랑스 전통의 세계시민적 요소를 희생하는 대신 민족적 정체성을 강화하고자 세심한 노력을 기울였으며, 이를 통해 시티즌십의 점진적인 확대와 국가 경계의 강화가 동시에 이루어졌다. 실버만(1992: 6)이 쓴 것처럼 프랑스는 '근대국가의 형성에서 나타나는 모순점들을 가장 잘 보여주는 나라'다. 이런 역사적 유산을 고려하면, 시티즌십이 민족국가와 밀접히 결합하여 온 곳에서 우리가 다루어야 할 문제는 이런 결합이 얼마나 필요하며 또 바람직한 것인가 하는 것이다.

민족국가의 문제

민족적 정체성의 옹호자들에게 시티즌십이란 오직 민족 개념과 연결될 때에만 의미 있는 지위가 될 수 있다. 앤서니 스미스Anthony Smith(1995)에게 국민은 근대의 우월적인 정치 형태인데, 왜냐하면 근대 이전에 오랫동안 형성되어온 집단성에 그 뿌리를 두고 있기 때문이다. 시티즌십은 그래서 민족국가로부터 그 힘을 얻는데, 이는 '때로는 쉽지 않지만 반드시 필요한 윤리적 요소와 시민적 요소의 공생관계'를 나타낸다(Smith 1995: 100). 내가 보기에 스미스는 두 가지 점에서 옳다. 첫째, 그는 근대국가 내에 있는 두 종류의 정체성 사이의 불가피한 긴장을 정확히 밝혔다. 하나가 민족성이라는 종족적이고 정치 이전의 정체성이라고 한다면, 다른 하나는 시티즌십이라는 시민적이고 정치적인 지위다. 둘째, 그는 두 종류의 정체성이 국가의 맥락 안에서 각기 따로따로 존재할 수 있다는 주장을 거부했다는 점에서 옳다. 많은 개별 국가가 민족성nationhood의 시민적 측면만을 수용한다고 주장하지만, 시민적 민족주의는 어느 정도까지는 필연적으로 종족적 민족주의를 수반한다. 이 점은 다음과 같은 뜻을 지니기에 중요하다. 그것은 시티즌십의 보편주의와 민족국가의 배타성 사이의 (스미스가 인정하고 완전히 받아들인) 모순점이 극복되려면, 시티즌십이 민족 그리고 국가 둘 다로부터 떨어져야 한다는 것을 의미한다. 이 장의 남은 부분에서 나는 주로 민족과 시티즌십 사이의 관계를 다룰 것이다. 나의 주장은 민족성을 다룬 밀러(1995)의 도전적인 저작에 대한 비판을 통해 진행될 것이다. 이 섹션의 끝에서 나는 왜 시티즌십이 통합의 지위로서뿐만 아니라 봉쇄의 도구로서 쓰였는지를 이해하는 관건으로 국가와 시티즌십의 관계를 다루기 시작할 것이다. 이 주장은 이 책의 나머지 부분에서 계속 다루게 될 것이다.

밀러(1995)는 사람들이 민족성이 중요하다고 믿는다는 이유 때문에 민족성이 중요하다고 주장했다. 따라서 시티즌십에 대한 어떠한 이론도 이 사실을 인식해야 할 필요가 있다. 왜냐하면, 민족성은 공동의 역사, 정치문화, 운명공동체 의식으로 정의되며, 이것이 우리에게 동료 시민에 대한 책무감을 제공하기 때문이다. 이런 결속이 없으면, 우리에게는 자기 이익만을 추구하는 개인들 사이의 '협소화된 상호관계'만이 남게 될 것이다. 밀러에게 이는 매우 약한 시티즌십과 최소 국가만을 제공하는 것이다. 즉 '사보험의 가능성을 고려하면, 민족성이 제공하는 것과 같은 공통의 토대를 결여한 국가는 그들 구성원에게 단지 기본적 안전만을 제공하는 최소 국가나 다를 바가 없을 것이라는 사실을 추측할 수 있다'(위의 책: 72).

이 주장에는 많은 문제가 있다. 첫째, 밀러는 민주적 시민들의 결정을 통해 정치적으로 자원을 배분하는 것보다 사보험의 한 형태로서 시장이 인민들의 복지를 더 잘 위할 것이라는 주장을 분명하게 하는 것처럼 보인다. 그러나 밀러 자신이 주장을 표현하는 데 사용한 자기 이익의 관점에서 보더라도 필요에 대한 집단적 제공이 좀 더 효과적이라고 생각하는 것도 당연하다. 아울러 밀러는 어떠한 반대 증거도 분명하게 내놓지 않았다. 더구나 민족성이란 것이 자기 이익을 넘어서려고 개인들이 특권을 부여해온 중요한 정체성인 것이 사실이기는 하지만, 자기희생과 이타주의를 이끌어낸 유일한 정체성은 아니다. 개인들이 종교와 계급, 젠더 그리고 환경보호와 같은 많은 명분 아래 결국 자신을 희생해왔다는 사실을 역사는 잘 보여주고 있다. 덜 극적이기는 하지만, 탬Tam(1998: 26)은 책무가 만들어질 수 있는, 도시, 지역, 노조, 직업과 클럽을 포함한 다양한 맥락들을 적절하게 지적했다. 그런 단위들은 최근 전 유럽을 통한 노조 간의 협력 강화에서 볼 수 있는 것처럼 국가의 경계를 넘어서 종종 비슷한 집단과 협력한다. 더 중요한 것은 역사적으로 많은 공동체가 민족성의 개념 없이도 그들의 구성원들 사이에 높은 수준의 책무를 만들어왔다는 것이다. 한 예로 미국 대평원의 인디언들처럼 국가 없는 공동체들은 서로에 대한 책무감을 느끼도록 민족이라는 개념이 필요하지는 않았다. 그러므로 우리가 민족성이냐 원자론이냐를 두고 하나를 택해야 한다고 가정하는 것은 결과적으로 시티즌십의 의미를 감소시키는 지나친 단순화다.

둘째, 밀러(1995: 59)가 '진정한 민족국가'를 말했을 때, 그는 민족국가가 세계 어디에도 명확히 존재하지 않는 그들만의 동질성을 어느 정도 갖는다고 가정하고 있다. 킴리카(1995: 1)가 주목한 것처럼 오늘날 세계에는 약 600개의 언어와 5,000개의 종족 집단이 있지만, 국가는 약 180개에 불과하다. 이것은 모든 국가가 여러 경쟁적인 문화 전통과 종족 전통을 갖고 있어서 실제로는 다민족적이라는 것을 의미한다.

그러나 밀러가 갖는 문제의 요점은 바로 이것이다. 즉 그는 민족성이 정치적인 개념이면서 동시에 정치 이전의 개념이라고 가정하는 것 같다. 한편으로 그는 민족성이 '기존의 제도들과 이를 유지하기 위한 신화에 대해 헌신을 요구하지 않기' 때문에 민족성은 새로운 구성원들에 대해 좀 더 포괄적이며 반대자에 대해서도 관용적일 수 있다고 주장한다(Miller 1995: 129-30). 이것은 민족적 정체성의 형태와 내용이 무한정으로 열려 있는 것임을 암시하는 것이다. 즉 그것은 대화와 민주적 결정을 통해 정의되거나 재정의될 수 있다. 밀러(위의 책: 181)는 자신의 주장 후반부에서 민족성에 대해 매우 유동적인 개념을 확인하는 것처럼 보인다. '민족성의 부흥에 주요한 요소들은 어디서나 똑같다. 민족 정체성에 대한 논의 그리고 문화적·영토적 소수자들을 수용하기 위한 민족 정체성의 재정의에 대한 열린 논의'가 그것이다. 그러나 민족성이 간단히 정치적으로 결정될 수 있는 것이라면 그것을 시티즌십과 구별하는 점은 무엇인가? 밀러는 이 질문에 대해 위의 인용에서 나온 그의 주장과 모순되는 방식으로 대답했다. 그는 '과거는 항상 현재를 제약한다는 의식이 있으며, 현재의 정체성은 무에서 시작한 것이 아니라 전해 내려온 것들에서 만들어진다'고 주장했다. 그는 민족성의 형태를 선택의 문제로 만들려고 하는 사람들과는 대조적으로 계속해서 '민족주의자는 우리 민족 공동체의 구성원 지위가 선택에 대해 열려 있지 않으며, … 공동체가 구현하는 대중문화는 비선택적인 상황을 형성하는데, 이는 좀 더 구체적이며 개인적인 문화 선택이 이루어질 수 없게끔 한다는 주장을 하고 싶을 것'이라고 썼다(Miller 1995: 175, 194). 밀러는 영국의 민족적 정체성이 수 세기 동안 형성되어온 정치 문화에 얼마나 깊이 뿌리박고 있는지를 지적했다. 그러나 요점은 확실히 이런 문화를 구성하는 군주제, 하원 그리고 계급제와 같은 핵심적 제도들이 민족 정체성과 관련하여 '열린 논의'가 있어야 한다는 밀러의 요구조건과 양립 불가능하며, 원론적으로도 반대된다는 것이다. 민족성에 대한 포괄적인 대화는 영국 민족성이 근거하고 있는 바로 그 제도들을 와해시킬 수도 있다. 만약 그렇다면 민족성에는 무엇이 남게 되는가? 진실은 밀러가 두 가지를 다 가질 수는 없다는 것이다. 우리는 민족성의 제한적 측면을 강조하거나, 즉 민주적 엄밀성으로부터 민족성을 보호하며 이를 통해 많은 보수적이고 배타적인 제도와 관행들을 보존하거나, 아니면 시티즌십을 문화보다 정치를 우선하는 정체성으로 받아들여야 한다.

밀러의 주장에서 연관된 문제는 개인들이 그들의 민족성을 매우 다르게 경험한다는 것이다. 밀러는 인종주의와 계급 그리고 젠더의 문제를 거의 언급하지 않았으며, 이런 것들을 정체성의 부차적인 근원들로, 즉 민족이라는 주요한 정체성이 이를 초월할 수 있는 것으로 가정하는 것 같다. 이것은 민족이 본질적으로 젠더, 계급 그리고 인종과 관련되어 있다는 사실을 무시한다. 좋은 예로 유발데이비스Yuval-Davis(1997)의 젠더와 민족의 관계에 대한 탁월한 분석을 들 수 있다. 그녀는 여성들이 민족 담론에 대해 남성들과는 매우 다른 관계를 맺는다고 주장한다. 여성과 민족의 관계는 남성과 민족의 관계와 다를 뿐만 아니라 불평등하기까지 하다. 예를 들면 남성은 민족의 방어자로서 군사적 의무를 감당해야 하는 것으로 보이는 반면, 여성은 어머니나 보호자로서의 역할을 통해 민족의 재생산자로 간주한다. 그래서 고유한 신체성의 보전에 대한 여성의 권리는, 종종 여성이 민족을 위해 어느 정도 재생산해야만 한다는 민족주의 담론의 도전을 받는다. 한 예로 1930년대 일본은, 일본 여성들에게 제국의 더 큰 이익을 위해 아이를 낳으라고 강요받았다. 영국에서는 베버리지가 복지국가의 토대가 된 1942년 보고서를 만들고 있을 때, 여성은 '다른 의무'가 있기 때문에 결혼한 여성들은 실업 혜택에서 남성들처럼 같은 대우를 받을 필요가 없다고 주장함으로써 젠더화되고 불평등한 복지 형태를 옹호했다(Lowe 1993: 33). 여성은 또 능동적인 참여자이기보다는 보호될 필요가 있는 민족의 상징처럼 여겨졌다. '젠더화된 신체와 성性은 영토, 이정표 그리고 민족 이야기의 재생산자처럼 중요한 역할을 하며, … '정숙한' 행동, '정숙한' 옷차림의 여성은 집단의 경계를 표시하는 선이자 이를 나타내는 표현이다'(Yuval-Davis 1997: 38). 밀러는 그런 불평등을 무시했기 때문에 그는 민족 감정의 병리학으로 말미암아 빈약해진 시티즌십을 옹호했다. 그 감정은 불가피하게 남성, 백인 그리고 특권 엘리트의 이익으로 정의된다.

영국에서의 1867년 개혁법은 정치적 권리를 성인 남성 노동자의 35%에서 40%까지 확대하는 것이었는데, 홀Hall(1994)은 영국의 1867년 개혁법에 대한 흥미로운 연구를 진행하였는데, 이 법안은 정치적 권리를 성인남성 노동자의 35%에서 40%까지 확대하는 것이었다. 여기서 홀은 이때 의회와 정치 엘리트들 사이에 벌어졌던 논쟁이 주로 시티즌십의 확대가 민족의 기초를 어느 정도 훼손시킬 것인지와 관련이 있다는 것을 밝혔다. 하원의 한 발안자는 가장들에게 권리를 확대하는 것이 '우리를 지금보다 덜 영국적으로 만들거나, 덜 민족적으로 만들지' 않는다고 결론을 내렸다(Hall 1994: 19). 그럼에도, 여성을 포함하는 것은 여성의 '자연적인' 역할을 파괴하고 민족을 훼손하는 것처럼 여겨졌다. 의회에서 이런 논쟁이 있을 때, 자메이카의 정치적 자율성에 대한 문제도 논의되었다. 그러나 자유주의적인 그레이 경도 '내가 모을 수 있는 모든 증거들로부터 나는 앞으로 수년 동안 흑인들이 정치적 권력을 행사하기에 부적합할 것이라는 결론에 도달했다'는 견해를 가졌다. 심지어 J. S. 밀 같은 진보적인 의원도 이 노선을 지지했다. 사실 밀(1974)은 자신의 유명한 논문 「자유론」에서 자유는 오직 '문명화된' 민족들을 위한 것이라고 선언함으로써, 국내에서는 시티즌십을 옹호하고 국외에서는 전제주의를 옹호하는 것에 대해 어떤 모순도 느끼지 않는 공통된 자유주의적 특성을 반영했다. 홀(1994: 29)이 결론 내린 것처럼 민족에 대한 빅토리아 시대적 개념은 '제국에서 그 특별하고 구체적인 의미를 얻었다.' 영국의 개혁법은 점차 공식적인 시티즌십과 계급 사이의 연결을 약화시켰지만, 홀(위의 책: 29)이 논평한 것처럼 '재산은 더는 참정권의 토대가 아니지만 이제 인종, 젠더, 노동 그리고 문명화의 수준이 누가 정치적 민족에 포함되고 배제되는지를 결정하였다.' 요약하면, 바로 민족의 본질이 심한 사회적 분열과 밀접히 연관되어 있다는 것이다. 민족에 대한 정의는 오늘날까지도 이 사회적 분열들을 영속화(또는 영구화)하고 있다.

마지막으로, 밀러(1995: 80)는 불가피하게 시티즌십의 배타적이고 국가주의적인 개념을 옹호한다. 한 예로 그는 '우리는 대부분은 외국인의 인권을 보호하고자 정의에 따라 개입하는 것을 요구받지 않는다'고 주장했다. 밀러는 국제관계이론의 현실주의 학파에서 성립된 주장, 즉 질서와 정의는 상호배타적인 목표라는 것을 지지하는 것처럼 보인다(Bull 1977). 밀러는 우리의 책무가 국가주권에 근거하고 있기 때문에 우리의 책무를 국가 넘어 확대시키는 것은 그 책무 자체를 위험하게 하는 것이라고 주장했다. 내가 나중에 6장에서 자세히 다루겠지만, 이것은 시티즌십의 역동적 특성에 관한 세 가지 사실을 부인하는 것이다.

첫째, 시티즌십은 진실로 안전한 것이 되려면 반드시 국가 밖으로 확장되어야 하는 운동성을 가진 개념이다. 내가 이런 말로서 의도하고자 하는 것은, 문화적으로 다르다는 이유에서 우리가 누리는 기본적 권리들을 다른 사람들에 대해서 부인하는 것이 우리 자신의 권리와 사회적 기초를 위험에 빠뜨린다는 점이다. 둘째는, 이와 밀접히 연관된 주장으로, 세계화가 강화되면서 어떤 한 공동체 내부에 존재하는 사회 질서의 토대도 그 공동체 혼자만의 힘으로는 안전을 지킬 수 없다는 점이다. 세계적으로 고조되는 위험은 국가들 사이의 경계를 불확실하게 했으며, 시티즌십의 혜택을 위협하는 많은 문제는 오직 통치에 대한 세계적 접근을 통해서만 다루어질 수 있다. 민족성은 종종 운명 공동체로서 묘사된다. 그러나 이제 그 어느 때보다 우리의 운명이 다른 공동체의 운명과 밀접히 연관되어 있다. 셋째, 시티즌십의 책무는 우리가 다른 공동체들에 대한 책임을 진지하게 감당하여 달라고 요구한다. 오늘날 외채 위기, 세계적인 빈곤 그리고 환경 파괴와 같은 수많은 세계적인 문제들의 근원은 자기 이익을 추구하는 서구 국가들의 행동 안에서 찾아야 한다. 따라서 시티즌십에 대한 이러한 우리의 인식을 토대로 서구 국가들의 이익을 위해 만들어진 불평등한 신자유주의적 질서 속에서 실종된 이들의 책무를 재발견하고 이를 발전시켜 나가도록 요구해야 한다.

이런 이유 때문에 나는 밀러와 같은 민족주의자들의 주장이 설득력이 없다는 사실을 발견했다. 프랑스혁명 시대에 민족은 특권을 없애고 좀 더 평등한 시티즌십의 발전에 유용한 도구였는지 모른다. 하버마스(1994: 22)가 우리에게 상기시킨 것처럼 민족이라는 단어의 기원은 로마의 단어 나티오natio 이며 이는 '아직 정치적 결사체의 형태로 조직화되지 못한 사람들이나 부족들'을 지칭하는 데 사용되었다. 오늘날 민족이라는 개념은 시티즌십을 지지하는 기둥이라기보다는 점차 걸림돌이 되어 가고 있다는 점이 분명해지고 있다. 이런 이유로 오움멘(1997)은 통찰력 있는 분석을 통해 민족과 시티즌십의 관계를 찬양하기보다는 분리시키려고 했다.

오움멘은 시티즌십을 이해하려면 우리는 먼저 민족을 국가로부터 분리시켜야 한다고 주장했다. 오움멘은 민족을 영토와 언어의 융합으로, 그래서 문화적인 지위—나는 정치 이전의 지위라고 말하고 싶다—라고 정의하였다. 정치 이전의 지위라 함은, 민족의 형태와 구성원 지위가 민주적 심의에 의해 결정되는 것이 아니라 지리와 역사에 따라 결정됨을 말한다. 다른 측면에서 보면, 국가는 본질적으로 법적인 개념이다. 오움멘(1997: 136)은 민족국가라는 형태 안에서 일어난 이 두 개념의 융합을 '심지어 서유럽에서도 결코 실현된 적이 없는 불행한 열망'으로 간주했다. 우리가 이미 주목한 것처럼 국가와 민족의 융합은 시티즌십을 점차 민족성과 융합하게 하였고, 따라서 정치적인 지위뿐만 아니라 문화적인 지위가 부여되었다. 따라서 시티즌십은 다른 문화적 배경을 가진 사람들을 함께 묶을 수 있는 포괄적인 개념으로 작동하기보다는 대신에 인종적·민족적 배타성을 띠게 되었다.

오움멘(위의 책: 21-2)은 '현재의 정치가 이민 탓에 점점 이질적으로 되어가기는 하지만, 민족성과 종족성에 근거한 정체성이 근대화에 의해 사라지지는 않을 것'이라고 주장했다. 오움멘은 우리가 근대국가들의 특징인 다원적인 혼합 사회를 질서가 있고 공정하게 만들어야 한다면, 시티즌십의 평등주의적인 열망을 활용해야 하며 민족에서 나온 개념들과는 거리를 두는 것이 필수적이라고 주장했다. 이러한 관점에서 '동질적인 민족국가라는 바로 그 사고가 포기되어야 한다'(Oommen 1997: 202). 우리는 소수자가 합리적으로 한 민족이 되거나 문화적으로 동화되리라고 기대할 수 없다. 대신에 우리는 민족성을 시티즌십으로부터 분리시켜야 하며 시민의 지위는 문화적 통합성과 귀화보다는 거주지에 따라 주어져야 한다. 이것은 소수자가 갖는 지위의 오명을 불식시키는 효과가 있을 것이며, 이들 집단이 해당 사회에 더 넓게 참여할 기회를 확대할 수 있을 것이다. 이를 통해 공동체 전체는 소수자들이 정치에 대한 새로운 접근방식을 가져옴으로써 더 풍요해질 수 있을 것이다. 그러나 오옴멘은 다수의 반감이라는 문제를 피하고자 소수자들은 권리를 부여받을 뿐만 아니라 의무를 수행해야 함을 강조할 필요가 있다고 주장했다. 확실히 오옴멘이 민족성보다는 거주지가 시티즌십을 결정해야 한다고 주장한 것은 옳다. 현재 유럽과 곳곳에서 일어난 민족과 시티즌십의 관계에 대한 혼란은 밀러와 같은 민족주의자들의 주장에 반하며 오옴멘을 지지한다. 이런 몇몇 문제들을 다루기 전에 나는 이 단계에서 오옴멘의 분석과 관련된 문제 하나를 제기하고 싶다—이 문제와 관련하여 좀 더 구체적인 내용은 6장에서 특별히 재검토할 예정이다.

오옴멘(위의 책: 228)은 시티즌십이 국가의 맥락 밖에서는 의미가 없다고 주장했다. 즉 '시티즌십을 그 근원인 국가에서 분리시키는 것은 개념을 부적절하고 의미 없는 것으로 만든다'는 것이다. 국가와 민족에 대한 오옴멘의 날카로운 구별이 곤란을 겪는 것은 바로 이 지점이다. 그것은 국가와 민족 사이의 역사적으로 친밀한 결합을 무시한다. 사실상 한때 국가의 경계가 강화되면서 힘의 독점에 대한 국가의 주장은 더 신뢰를 얻었고, 프랑스혁명이 가진 세계시민적 측면의 영향력이 침체하면서 국가 권력을 정당화하는 몇몇 문화적 방법의 개발이 불가피한 것처럼 보였다. 민족 개념은 그런 정체성을 제공했던 것이고, 오옴멘이 제시하는 것처럼 독립변수로 이해될 수 없었다.

스미스(1995)가 주장하는 것처럼 민족 개념은 어느 정도 전근대적 정체성에 뿌리를 두고 있다. 좀 더 중요한 것은 그것이 근대국가의 발달과 관련된 관료적, 경제적 혁명들과 연관되어 있다는 것이다(Calhoun 1997). 첫째, 국가의 감독과 행정 능력이 향상하면서 국가는 납세 능력과 군사적 의무와 같은 자원들을 결정하고자 거주자들을 내부자와 외부자로 구별하게 되었고, 이는 민족 성원들과 외국인 사이에 중요한 구별을 가져왔다. 둘째, 민족성은 국가주도의 산업정책에 우호적인 맥락을 제공했는데, 이는 정치 엘리트들에게 국외시장과 자원들을 획득할 수 있는 경제적 힘을 주었다. 즉 산업적 자본주의와 계급 관계는 국가적 맥락 안에서 발전했다는 것이다(Mann 1993). 산업적 자본주의는 안정적인 소비자와 노동시장을 제공하고자 어느 정도의 문화적 동질성을 요구하였고 동시에 이를 고무시켰다. 셋째, 민족성은 엘리트들에 의해 대중교육, 의식, 국가, 국기 그리고 다른 일체성의 상징들을 통해서 촉진되었는데, 이런 것들은 국가에 대한 충성심을 발전시키고자 시행된 것이었다. 이런 충성심은 계급 갈등과 같은 잠재적으로 불안한 사회적 분열을 상쇄시키려고 그리고 전쟁과 같은 위기 시에 시민들 사이에 일체성을 보장하는데 필요했다.

결과적으로 시티즌십의 해방적 잠재력에 대한 장애물은 민족만이 아니라 국가이기도 하였다. 오옴멘이 시도한 방식으로 민족과 국가를 분리시키는 것은 실제로 존재하는 이 둘 사이의 상호 의존적인 관계를 놓치는 것이다. 더구나 시티즌십이 오옴멘이 주장한 것처럼 순전히 국가적 관점에서 정의된다면, 종족적 소수자들 또는 다른 불이익 집단의 문제들은 미해결로 남게 될 것이다. 또한, 이렇게 되면 국가의 강제력이 항상 우세한 문화적 집단의 이익에 따라 행사될 것이며, 오옴멘이 믿는 것처럼 문화적 소수자들에게 시티즌십을 확대하는 데서 생기는 갈등에 대한 해결책을 방해할 것이기 때문이다.

국가 구성원 지위의 오늘날 당면 문제

오옴멘이 주장하는 것처럼 근대세계에서 민족성nationality을 부여하는 것은 국가다. 실제로 국가는 통치에서 뛰어난 제도이고 시민들에게 권리와 책무를 부여하기 때문이다. 민족성 즉 국적의 결정은 보통 두 가지 방식으로 이루어진다. 국가 영토 안에서의 출생을 통한 것과 부모들의 혈통을 통한 것이다. 대부분 국가는 두 제도를 혼용하고 있으며 국적을 바꾸기를 원하는 거주자들을 귀화시키는 데 다양한 유연성을 두고 있다. 그러나 두 제도의 예로서 독일과 프랑스를 대조하는 것이 일반적이다. 브루바커(1992: x)는 이러한 주장의 좋은 예다. 그는 프랑스에서 국적은 '영토적 공동체로서 개방적인 것으로 정의'되는 반면, 독일은 '혈연 공동체'라고 주장한다. 이 견해에 따르면 프랑스는 사회적 구성원 지위에 대해 진보적이고 근대적인 접근방식을 나타내는데, 이는 문화적이기보다는 정치적이다. 프랑스에서 구성원 지위의 핵심은 시민이 되려고 하는 사람들이 세속적인 공화주의적 가치들을 수용하는 것이다. 이 가치들은 인종 또는 종교와 같은 특수성을 초월한다고 말한다. 대조적으로 독일은 합당한 구성원 자격을 정의할 때 정치적 헌신보다는 혈통의 기반을 강조한다. 시티즌십이 종족적 기원과 밀접하게 연결된 것이다. 이것은 많은 논쟁을 일으켰는데, 왜냐하면 이는 동유럽의 공산주의 체제가 붕괴한 이후, 사실 독일어를 할 줄 모르며 그 문화에 대해서도 거의 모르는 많은 '종족적'

독일인들이 본국에 돌아온 시민들로 환영받는 기묘한 상황을 낳았기 때문이다. 예로 1994년에만 22만 2,591명의 동유럽인이 독일에 시민으로 '돌아왔다'며 환영받았다. 대조적으로 수년 동안 독일에 살면서 세금도 내고 사업도 하며 번성해 온 그래서 다문화적인 독일 일부를 구성하는 2백만의 터키 노동자들은 시티즌십을 거부당했다(Migration News 1998). 이런 이주 노동자들의 경험 사례는 시티즌십, 국가 그리고 민족의 융합으로 말미암은 모순점들을 돋보이게 하는 현재의 많은 딜레마 중 한 가지 예에 불과하다. 이민의 문제는 경제적 세계화에 대한 두려움으로 더 복잡해졌는데, 경제적 세계화는 이전보다 더 많은 비용절감과 탈규제를 요구하며, 그래서 복지국가의 토대에 도전하는 것으로 나타난다. 그래서 이주의 문제는 그들이 아프리카나 아시아 또는 유고슬라비아에서 박해를 피해 온 난민이든지 일시적인 외국인 노동자든지 간에 경제 문제와 통합되고 있는데, 여기서 문제는 값비싼 권리들에 대한 요구가 이런 식으로 증가한다면 시티즌십 공동체의 토대가 어떻게 유지될 수 있는가 하는 것이다. 그러나 이런 문제가 합리적이고 조용한 방식으로 제기되는 경우는 거의 없다. 대신에 산업 사회 내의 사회 구성원 지위에 대한 문제들은 한쪽의 '진보적인' 프랑스식과 다른 한쪽의 인종적인 독일식 사이에 명확한 선을 긋는 것을 방해하는 감정적인 언어들로 제기된다. 따라서 두 방식에 대한 브루바커의 뚜렷한 대조는 과장된 것이다. 프랑스와 독일의 사례는 근대주의적 시티즌십의 모순점의 다른 표현이라고 주장한 실버만 Silverman(1992)의 분석이 사실에 더 가깝다. 현재 상황을 이해하는 핵심은 실버만이 주장한 것처럼, 19세기에 민족국가가 시티즌십 개념을 효과적으로 가로챘다는 점을 인식하는 것이다. 이것이 의미하는 것은 국가의 문맥 속에서 시티즌십과 민족은 개념적으로나 실제로 인종, 민족 그리고 이에 따라 인종주의와 배제의 담론으로부터 분리될 수 없다는 것이다. 실버만(1996: 26)이 논평한 것처럼 '인종주의는 정치기구를 간헐적으로 괴롭히는 외부적인 악이 아니다. 그것은 근대 민족국가를 구성하는 필수적인 부분이다.' 융성하는 민족적 감정을 통해서 그리고 이 감정을 시티즌십과 연결함으로써 정치 엘리트들은 시티즌십의 해방적 잠재력보다는 배타성을 종종 이용하였다.

이런 시티즌십과 민족성 사이의 불행한 결합을 강조하며 밀러와 같은 민족주의자들의 주장에 의문을 제기하는 최근의 사례로는 1989년 프랑스에서 시작된 '헤드스카프 사건'이 있다. 실버만(1992: 1)은 정확히 이 사건을 '민족국가의 위기'를 나타내는 것으로 간주했다. 왜냐하면, 이 사건이 심지어 다양한 문화적 정체성을 능가하는 정치적 호애를 자부하는 나라에서도 '합당한 자격'을 지지하는 가정들이 어떻게 철저히 인종적일 수 있는지를 보여주기 때문이다. 이 사건은 세 명의 무슬림 여학생들이 크레일이라는 마을에 있는 학교에 스카프를 쓰고 등교한 데서 시작되었다. 일견 사소한 것처럼 보이는 이 사건은, 학교가 여학생들의 행동을 국가가 중시하는 가치에 맞지 않는 특수주의적 정체성의 과시적 표현이라고 판단하고 세 소녀를 집으로 돌려보냈을 때, 프랑스 전역에 놀라운 다소 병적인 반응을 촉발시켰다. 프랑스에서는 사회 구성원 지위의 속성을 해부하는 대중적 논쟁이 뒤따랐다. 이슬람 근본주의자들의 유입에 대한 잠재적인 두려움이 수면 위로 떠올랐고, 지도적 공화주의자들은 반인종주의적 집단인 SOS Racisme와 같은 '다문화주의자들'의 요구를 거절했다. 이들 집단은 처음부터 학교에서 헤드스카프를 착용할 수 있는 소녀들의 권리를 옹호했다. 공화주의자들 중 레지스 드브레Regis Debray와 알랭 핀키엘크로트Alain Finkielkraut와 같은 주도적인 지식인들은 《누벨 옵제르바퇴르》Nouvel Observateur지*에 공개적인 편지를 썼는데, 이는 정부가 공화주의적 가치를 두고 타협함으로써 이 사건이 '공화주의의 뮌헨'이 되게 할 것인지 아닌지를 묻는 것이었다. 이 사건은 이민 및 그에 따른 공화주의에 대한 명백한 위협을 넘어서는 좀 더 큰 열망의 일부였으며, 르펭의 국민 전선에 대한 지지가 상승하는 배경에 반대하여 이루어진 것이었다. 이 극우정당은 프랑스의 총선에서 15%를 득표하였고 몇몇 지방정부를 장악했다. 1993년 보수주의 정부가 등장하여 귀화에 대한 정부의 태도가 강경해졌고, 1993년 파스쿠아Pasqua법은 외국인 거주자들이나 장래의 이주자들에게 시티즌십을 부여하는 기준을 엄격하게 했다. 이 모든 것은 역설적이게도 공화주의라는 포용적인 언어를 외부인들에 대한 배타적 관행을 정당화하는 데 사용하고 있는 것이다. 실버만(1992: 15)은 주목할 만한 구절 속에 이 모순점들을 잘 담아냈다.

> 이민은 자유주의적 공화국 그리고 자유주의적 공화국에 대한 위협 양자 모두를 나타낼 수 있다. 그것은 동화同化에 대한 프랑스 역량의 구현이자 동화의 좌절에 대한 증거다. 그것은 다원주의의 구현이자 다원주의의 불가능성의 증거다.

공화주의적 전통이 지지하는 중립성의 언어 뒤에는 공화주의 시티즌십이 요구하는 바로 그 동화를, 불가능한 것은 아닐지라도 어렵게 만드는 온갖 종류의 문화적 가정들이 있다. 예를 들면 종족적 기원이 프랑스에서 공식적으로 인정되는 것은 아니지만, 프랑스 무슬림 같은 용어들은 관리들에 의해 빈번하게 사용되었으며, 주택 배분의 기초가 되었고 기타 지역 서비스를 관리하는 데에도 이용되었다. 그런 분류에 대한 당국의 공식적인 부인은

---

* 역주 1964년에 창간된 프랑스의 정치, 경제 전문잡지

이민의 문제를 비정치화하고 그럼으로써 민주적 방법보다는 관료제를 통해 '해결하도록' 한다. 종교적 특수성을 부정하는 세속적 프랑스라는 개념 또한 과장된 신화다. 사실 납세자들은 가톨릭 학교와 교회를 운영하는 데 이바지한다. 더구나 헤드스카프 사건에서 표출되었듯이 이슬람에 집중된 관심은 학생들이 십자가나 '나는 예수를 사랑합니다'와 같은 셔츠를 아무런 제재 위험 없이 착용한다는 사실을 무시했다.

시티즌십이 인종적인 민족성과 연결되어 있다는 점을 밝히는 많은 증거에 직면하여 공화주의가 내놓는 주장은 프랑스의 소수자들이 느끼는 소외의 근원을 오해하고 있다. 발리바르(1991: 16)는 근대 시티즌십이 지닌 모순점들의 핵심은 국가 안에서 발견될 수 있다고 보면서 국가를 다음과 같이 정의했다.

> 행정, 경찰 그리고 사법 기구가 그것을 요구하는 곳에서 두 '집단' 혹은 '주민' 사이에 경계선을 명확히 긋는 것이 가능하지 않지만, 주민 일부를 보호하고자 만들어진 반면 다른 일부에 대한 위협은 증가하고 있다.

국가는 시민들 사이에 일체성과 조화를 이루려는 노력을 통해서 필연적으로 차이를 부정하고 억압한다. 역설적으로 국가는 부인하고 싶어 하는 바로 그 차이를 스스로 비난하고 강조함으로써 동질성을 이루려고 한다. 발리바르(1991: 15)가 관찰한 것처럼 '소수자들은 오직 그들이 코드화되고 통제되는 그 순간부터 실제로 존재한다.' 많은 사회과학 저술에 담긴 가상의 국가 중립성은 '타자'의 배제 속에 있는 국가의 기원을 은폐한다. 국가의 경계는 오직 그들 경계 '밖에' 있는 이들이 절대로 변하지 않는 차이를 갖고 있을 때만 이해될 수 있다. 더구나 프랑스와 같은 나라의 식민역사의 맥락에서 차이의 개념은 종종 우월성의 개념과 혼합되었다. 한 예로 19세기 제국주의 정점의 시기에 '인종학'이 발달했다는 것은 우연한 일치가 아니다. 알제리에서 프랑스인들의 식민지배는 인종적 우월성이라는 그럴듯한 논리를 통해 정당화되었다. 위에서 논의된 유발데이비스(1997)와 같은 페미니스트들의 저작도 가상의 국가 중립성이 남성과 여성이 국가에 대해 매우 다른 관계를 맺게 하는 가부장적 가정을 은폐한다는 것을 보여준다.

프랑스에서 소수자 '문제'를 다룬 토론들은 시티즌십의 국가 중심적 정의와 이들 소수자 배제와의 연관성을 이해하지 못했다. 이슬람 근본주의자들의 '위협'에 대한 프랑스의 신경질적인 반응은 민족국가 내의 위기감의 심각성을 나타낸다. 파벨Favell(1997: 10)이 주장하는 것처럼 두려움이란 이민이 '전 민족을 하나로 묶는 다른 사회적·정치적 유대의 취약성을 드러낼 수 있다'는 것이다. 종종 이들 문제와 관련해서 제시되는 해결책은 정치 체제 안으로 들어오는 이민에 대해 통제를 강화하는 것이며, 동시에 남아 있는 '외부인들'에 대해서는 지배적인 문화에 완전히 통합되도록 한다는 주장이다. 이 전략이 갖는 문제는 첫째, 이민에 대한 엄격한 접근이 이민자들의 시민적 권리를 위협한다는 것이다. 이들은 남아 있도록 허가되었지만 피부색이나 문화적 관습들로 인해 지배적인 문화의 밖에 있다는 것을 쉽게 확인할 수 있다. 합법적 거주자들은 엄격한 이민정책을 시행하려는 당국의 조사에 순응해야 할 것이다. 이것은 다시 소수자들로 하여금 그들이 통합되어야 하는 문화에 대해 열등함을 느끼도록 한다. 둘째, 그러한 정책들은 이민자들이 주류 문화에 끼칠 수 있는 긍정적 효과, 즉 새로운 재능, 기호 그리고 자원을 가져옴으로써 전체 공동체를 풍요하게 하는 것을 거부한다.

셋째, 시티즌십에 대한 발전한 인식은 각각의 시민으로 하여금 다른 문화에 대한 공감과 이해를 개발하게 하며, 다른 이들의 이익과 필요에 대해 감수성을 가지라고 요구한다. 동질적이기보다는 다양한 공동체가 공감과 동감의 기술을 발전시킬 기회를 훨씬 더 많이 만들어 줄 것이다(Clarke 1996: 59). 또한, 다양성은 제도에 대한 적극적 비판을 정치 체제에 제공하는데, 코스타코푸루Kostakopoulou(1998: 898)가 주장하는 것처럼 이는 제도가 감응적이고 역동적이게 하는 데 매우 중요하다.

> 헌법적 원리들이 특수주의적 고정장치가 있음을 인식해야 하며, 따라서 이 헌법적 원리들을 다르게 해석하는 공동체와 비판적 교류를 해야 한다. 이를 통해 헌법적 원리들을 보편적인 맥락에서 작동할 수 있게 하는 힘과 도전을 차단하지 않을 수 있다. 비판적 교류와 충돌은 자신의 정치 문화가 갖는 한계와 상대성을 보여줌으로써 반성하는 자아인식의 가능성을 강화시킨다. 한계의 노출은 전체와 그 잠재력에 대한 더 나은 이해로 이끈다. 강한 민주주의는 강한 비판이 있어야 한다.

이민자들의 공헌에 대한 긍정적인 인식과 그런 인식을 통해 생길 수 있는 공감대는 시민들이 그들의 지역성을 넘어서는 책무를 받아들여야 할 필요성과도 연결된다. 좋은 시티즌십의 측면에서 다우엔하우어Dauenhauer (1996: 185)는 민주적 시티즌십을 전 세계적으로 확산시키는 것을 촉진하는 방법으로 민주적 통치체제가 비민주적 사회로부터의 이주를 우선시해야 한다고 주장한다.

넷째, 민족국가의 미래에 대한 근심이 이민과 소수자들에게 집중됨으로써 빈곤, 차별 그리고 인종주의 같은 사회 분열의 뿌리들이 미해결인 채로 남겼다는 사실은 위험성을 갖고 있다. '이민 문제'가 정치인들에게 유용한 양동전술로 이용될 수 있다는 점은 의심의 여지가 없는데, 이들은 자유주의 민주국가의 경제적·정치적 구조와 관련된 좀 더 근본적인 문제들을 다루는 것을 회피하려고 하였다. 프랑스의 시티즌십에 대한 추상적인 공화주의 접근의 위험성은, 소수자들의 지위에 의미를 부여할 수 있도록 시티즌십의 맥락을 개혁하자는 요구들이 밀려나고, 종종 적대적이고 인종적인 정치 체제로 통합하자는 단순한 요구들로 대체된다는 점이다. 밀러(1995)와 같은 민족주의자들의 요구와는 대조적으로, 민족이라는 본질적으로 문화적이고 정치에 선행하는 개념은 시티즌십의 기초로서 부적절하다. 국가의 강제력과 동맹을 맺게 되었을 때, 시티즌십에 대한 민족주의적 담론은 오직 차이를 억압하고 이민자들과 본국 주민들 사이의 균등한 상호 책무감의 진전을 막는 역할을 한다. 프랑스의 추상적 공화주의 시티즌십에 대한 헌신은, 매우 진보적인 것처럼 보이는 국가에서도 시티즌십이 문화적 본질주의와 결합함으로써 훼손될 수 있다는 사실을 보여준다. 나는 이를 통해 문화적 정체성에 대한 옹호가 결국 소수자들에 대해 폐쇄적이며 적대적일 수밖에 없다는 사실을 말하고자 한다.

이런 이유로 하버마스(1994)는 시티즌십의 대안적 기초로서 헌정적 애국주의constitutional patriotism라 부르는 것을 주장한다. 이것이 말하는 바는 문화적 실체가 아니라, 엄격하게 정치적인 정치 체제의 구성원들 사이에 책무감을 발전시키는 것이다. 경계는 오직 행정적 목적만을 위해서 있고, 책무가 끝나고 의혹이 시작되는 의미의 경계를 나타내는 데는 사용되지 않는다. 헌정적 애국주의의 도전은 시민들 사이에 그럴듯한 문화적 일체성에 대해 의존함이 없이 자신들의 통치제도에 대한 헌신을 만들어내는 것이다. 이것은 경계가 고정적이지 않고 유동적인 정치 체제를 제안한다. 코스타코푸루(1998: 897)가 주목한 것처럼 경계와 그것이 인간의 상호행위에서 하는 역할을 우리가 어떻게 인식하는지는 시티즌십의 속성에서 핵심적 역할을 한다. '민족국가의 관점에서 공동체를 이해하는 것은 경계를 침투 가능한 피막(만남점)으로 표현하는 것이 아니라 장벽(중단점)으로 표현하는 것이다.'

민주주의는 헌정적 애국주의에서 결정적 중요성을 갖는다. 공동체는 과거의 관련성이나 민족이라는 공동운명에 대한 신비감보다는 심의를 통해 자신의 미래를 만들어간다. 운명보다는 설계가 헌정적 애국주의의 지도적 원리다. 내가 5장에서 다시 언급하겠지만, 오직 정치적 참여가 쉽도록 제도를 개혁함으로써 개인과 집단 사이의 갈등, 주도적 문화와 주변적 문화 사이의 갈등을 조정할 수 있다. 또한, 헌정적 애국주의는 소수자나 외부자의 정체성을 부인하는 방식으로 자신의 정체성을 통합하고자 하지 않는 공동체를 수반한다. 그것은 적이 없는 시티즌십이다.

헌정적 애국주의의 원리에 따라 운영되는 정치 체제에서 사회 구성원이 갖는 적절하고 유일한 기준은 거주지다. 구성원 지위를 행정의 실용성에 따라 제한하는 것이 적절할지 모른다. 그러나 핵심은 시티즌십이 민족국가의 배타적 담론에서 분리된다면, 시민들에게 그들의 책무가 결국 그들의 인접 지역을 넘어서야 한다는 것과 이를 깨닫게 하는 훨씬 많은 기회를 얻을 수 있게 된다는 점이다. 이것은 거의 확실하게 정치적 경계가 좀 더 유동적으로 될 뿐만 아니라, 히터Heater(1990)가 다중적 시티즌십이라고 언급한 것이 확산하는 것을 의미한다. 개인들은 점차 그들의 의무와 권리를 행사할 수 있는 여러 다양한 장소를 갖게 될 것이며, 그중에는 이웃, 시민사회의 결사체, 지방·지역·연방 정부, 그리고 개혁되고 강화된 국제연합과 같은 좀 더 국제적인 기구들이 포함될 것이다(Held 1995). 시티즌십이 개인과 공동체 사이의 상호 의존에 관한 것이라면, 우리는 세계화가 그 상호 의존의 속성과 초점을 변화시켰다는 점을 인식해야만 한다. 왈드론Waldron(1992: 771)이 주장하는 것처럼, '인간의 상호 의존의 최고 수준은 이제 민족적이지 않고 세계적이다.'

이 장의 핵심적인 주장은 시티즌십에 대한 프랑스혁명의 유산이 혼란스럽고 모순적이라는 것이다. 처음에 혁명에 의해 증진된 시티즌십 개념은 대체로 진보적이었고 포괄적이며, 정치적이고 세계시민적이었다. 이어 전쟁의 경험과 극단적 공화주의자들의 폭력적 인종주의가 시티즌십을 인종주의적이고 젠더화된 민족 개념과 융합시켰다. 여기서 공화주의자들은 사실 시티즌십의 완성이 아니라 신비적이고 억압적인 일반의지의 개념으로 시티즌십을 부정하고 대체하려고 했다. 나는 민족성을 시티즌십의 토대로 인정하는 밀러에 반대하며, 시티즌십이 그 해방적 잠재력을 실현하려면 이 퇴행적 개념과 분리되어야 한다는 오음멘에 동의한다. 근대성의 모순적인 유산은 아마도 오늘날 프랑스에서 가장 잘 나타나고 있다. 왜냐하면, 프랑스는 다원적이고 분열된 사회의 현실과 맞지 않는 공화주의적 시티즌십을 강조하기 때문이다. 사회 구성원 지위의 당면 문제는 프랑스의 경험이 잘 보여주는 것처럼 세계화가 국가들이 의존하고 있는 경계선을 점차 불확실한 것으로 만들고 있다는 사실이다. 이런 이유에서 하버마스가, 점차 이질적으로 되어가는 사회 문제를 해결하고자 나아가야 할 중요 행보로서 시티즌십을 엄격히 정치적인 개념으로 만들고, 문화, 종족 혹은 민족과의 혼동 그리고 불확실성으로부터 분리시키려는 것은 확실히 옳다.

그러나 나는 6장에서 세계화가 시티즌십과 국가의 결합을 시티즌십과 민족의 관계만큼이나 지탱할 수 없게 만들고 있다는 점에 대해 논할 것이다. 내가 주장한 것처럼 역사적 그리고 개념적 측면에서 국가와 민족의 개념은 밀접히 결합했다. 국가의 형성은 민족의 증진을 요구했다. 나는 세계화가 어떻게 시티즌십을 변화시키고 있는가 하는 문제를 다루기 전에, 먼저 시티즌십의 내용을 다룰 필요가 있다고 생각한다. 오음멘이 주장하는 것처럼 모든 시민들이 그들의 민족성과 종족성에 상관없이 권리를 부여받고, 자신들의 책임을 완수하도록 보장하는 것이 사회적 통합을 유지하는 데 중요하다. 시티즌십은, 그것이 어떤 정치적 맥락에서 작동되든지 간에, 일련의 권리와 책임으로 구성된다. 다음의 세 장은 시티즌십의 내용의 문제를 시티즌십의 맥락, 범위 그리고 깊이의 문제와 연결하여 논한다. 4장에서 남성과 여성의 사회적 차이와 다른 인종 집단 간의 차이가 보편적인 공통의 시티즌십을 달성하는 데 방해가 되는지 안 되는지를 살펴본다. 5장에서는 권리와 책임 그리고 그것들 사이의 관계가 강화될 방법을 다룬다. 그러나 먼저 나는 자유주의에 따라 확인된 여러 다른 권리들 사이의 긴장 그리고 권리와 책임 사이의 긴장이 시티즌십의 실천과 관련하여 본질적인지 아닌지를 먼저 다루고자 한다.

제3장

권리와 책임

시티즌십 이론에 대한 논쟁은 그 지위가 부여하는 권리와 책임의 관점에서 볼 때 지위의 적절한 내용과 관련이 있다. 다른 권리들, 특히 시민적 권리와 사회적 권리는 그 원리가 서로 모순되는가? 권리와 책임은 상호 의존적인가 아니면 하나에 대한 강조가 다른 하나에 대한 침해를 의미하는가? 이런 질문들에 대한 우리의 사고는 자유주의적 전통의 지배를 받아왔는데, 이는 의심의 여지없이 서구사회에서 시티즌십을 실천하는 데 그 어떤 이데올로기보다 강한 영향력을 미쳐왔다. 이론적으로도 대안적인 급진적 관점과 보수적 관점은 자유주의와의 대화를 통해 형성되었다.

이 장은 자유주의를 다루는 것으로부터 시작할 것이다. 나는 자유주의가 많은 장점, 특히 시티즌십을 평등한 권리들의 집합으로 강조하는 장점이 있지만, 개인과 공동체 사이의 관계, 그리고 시장과 정치 사이의 관계에 대한 가정 탓에 잠재력이 훼손당했음을 강조할 것이다. 따라서 그 첫 번째 절에서는 자유주의 시티즌십 개념을 지지하는 핵심적인 가치가 무엇인지를 다룬다. 자유주의 시티즌십에 대한 비판이론을 구성하고자 페미니즘과 마르크스주의 같은 전통을 이용할 것이다. 이들 비판은 자유주의를 개인과 공동체 사이의 긴장을 전제로 하는 '이원론적 이론'과 동일시한다. 이 '본원적 이원론'의 관점에서 이와 관련된 일련의 문제들이 도출된다. 이들 자유주의 이원론의 문제 중 하나는 권리와 책임 사이의 명확한 대립이다. 많은 비판에도 자유주의는 개인의 권리를 강조함으로써 시티즌십의 본질을 심각하게 손상했다. 대신에 보수주의자들과 공동체주의자들은 우리가 좀 더 큰 의무와 책무를 감당해야만 한다고 주장한다. 두 번째 절에서 이런 몇몇 주장들을 검토한다. 그러나 내가 마지막 절에서 주장하는 것처럼 일관성 있는 시티즌십 이론을 위해 요구되는 것은 권리와 책임 사이의 거짓된 대립을 해체하는 것이다.

자유주의 권리의 한계

자유주의 전통에서 시티즌십은 주로 일련의 개인적인 권리로 정의된다. 이런 권리들은 몇몇 기능을 담당한다고 말한다. 가장 중요한 것은 권리의 소유가 개인의 자율성을 나타낸다는 것이다. 권리는 개인들에게 자신들의 이익을 개발하고, 다른 개인이나 전체 공동체로부터 간섭을 받지 않고 자신들의 가능성을 실현할 수 있는 공간을 준다. 권리에 중심적 역할을 부여한 로크와 페인 같은 최초의 자유주의 이론가들은 시민은 점증하는 국가 권력으로부터 보호될 필요가 있다고 믿었다. 생명, 자유 그리고 재산에 대한 시민적 권리가 없다면 개인은 항상 자의적인 정치권력의 처분 아래 있게 될 것이다. 17, 18세기 고전적 자유주의자들은 질서를 유지하려면 국가가 필요하다고 느꼈지만, 페인의 말처럼 그것은 필요악이었다. 더구나 고전적 자유주의자들은 개인은 국가가 형성되기 이전에 합리적이었고 자결 능력이 있었다고 주장했다.

표3.1 자유주의 시티즌십의 열 가지 이원론

개인	공동체
행위자	구조
사적 영역	공적 영역
시민으로서의 남성	보호자로서의 여성
시장을 통한 자유	정치를 통한 평등
시장 권리	사회적 권리
능동적 시민	수동적 시민
권리	책임/민주주의
주권	인권
과학	자연

그래서 국가 권위의 기초는 자율적인 행위자들 사이의 계약이다. 개인들은 국가가 제공하는 안보에 대한 대가로 자유 일부를 포기하는 데 동의한다. 이 추상적 개인주의는 자유주의자들이 개인과 공동체를 반대되는 존재로 보았음을 의미하며, 우리가 앞으로 살펴볼 것처럼 이는 부분적으로 책임, 민주주의 그리고 사회적 권리들에 대한 그들의 양면성을 설명한다. 이러한 자유주의적 가정이 시티즌십에 대해 내포한 뜻은 표3.1에 잘 나타나 있다.

자유주의자들은 개인적 자율성을 강조하면서 공동체 관념에 대해서는 의심스러워한다. 그 두려움은 공동체가 개인들에게 자기 이익을 제한하거나 부정하는 책무를 부과하려 한다는 것이다. 이는 고대 아테네 폴리스의 전체론적 접근과 직접적인 대조를 이룬다. 개인이 공동체 밖에서 의미 있는 존재가 된다는 개념은 폴리스에서는 생각할 수도 없었다. 공동체의 필요성과 시민의 이익은 분리될 수 없는 것으로 간주하였다. 고대의 참여적인 시티즌십 모델에서 영감을 얻었던 사상가들은 자유주의의 비일관성을 드러내는 데 도움을 주었다. 이들은 폴리스와 관련된 두터운 개념의 시티즌십에 매혹 되었으며,

자유주의 시티즌십은 빈약한 대안으로 보았다. 시티즌십에 대한 자유주의의 이원론적 접근은 페미니스트, 포스트모더니스트 그리고 생태주의자들로부터도 비판을 받았는데, 이들은 인간관계와 자연환경에 대해 자유주의 가정이 지닌 해로운 뜻을 발견했다.

개인과 공동체의 관계와 밀접하게 관련된 이분법은 행위자와 구조에 관한 것이다. 자유주의자들은 개인이 합리적이고 원자적인 행위자라는 가정에서 시작하기 때문에 그들은 인간의 행동에 대해 행위자를 중심으로 설명하는 경향이 있다. 우리는 우리가 행한 선택을 통해 우리의 삶을 형성한다. 권리는 이들 선택을 쉽게 한다. 이와 관련된 문제는 그것이 권력에 대한 일면적 이해만을 가정한다는 것이다. 자유주의적 심성에서 보면, 권력은 의도적으로 그리고 분명한 목적을 위해 사용되는 개인의 능력이다. 이것은 인종, 계급 그리고 젠더와 같은 권력 구조들이 개인에게 부과하는 제약들의 본질을 무시한다. 계급제도, 가부장제 그리고 인종주의와 관련된 불평등은 사회에 깊이 뿌리박혀 있으며, 형식적인 시티즌십의 권리가 일부 집단에서는 효과적이지 못한 이유를 이해하는 데 중요하다. 권력의 불평등이 사회적 삶의 구조에 엮여 있는 방식은 합리적인 선택으로 환원될 수 없는데, 이에 대한 설명은 제도적 인종주의 개념 안에서 포착된다. 1993년, 흑인 십 대 소년 스테판 로렌스Stephen Lawrence가 런던 동남부에서 젊은 백인 갱들에게 살해당했다. 경찰의 후속 수사는 살인자들을 법에 따라 처벌하는 데 실패했으며, 로렌스 가족과 시민권 운동가들에게 이는 매우 무능한 것처럼 보였다. 공조수사를 벌인 결과 경찰이 '제도적 인종주의'를 범했다는 사실이 밝혀졌는데, 조사보고서는 이를 '소수인종에 대해 부주의하고 무의식적인 편견'이라고 정의했다(Johnston 외 1999). 이 특별한 사례는, 기존의 제도에서 권력 구조가 일부 사람들의 기본 권리를 부인하는 방식으로 작동한다는 사실을 잘 인정하지 않는다는 점에서 볼 때 매우 보기 드문 경우다.

불평등이 시티즌십의 실제를 구체화하는 방식은 자유주의자들이 옹호하는 공사公私 구분을 검토해 보면 더 잘 설명될 수 있다. 자유주의 이론에서는 시장의 상호 작용과 개인의 이익 추구가 사적 영역을 특징짓는다. 시민적 권리는 이 영역을 공적 영역의 간섭으로부터 보호한다. 자유주의자들은 자유, 재산과 같은 권리를 매우 설득력 있는 용어로 정당화하는 데 열성이다. 예컨대 로크(1924)는 그러한 권리를 자연적인 것으로 간주했다. 이에 따라, 그는 남성들은(여성이 아니지만) 양도할 수 없는 권리를, 또한 어떤 정치적 권위에 의해서도 빼앗길 수 없는 권리를 소유하고 있다고 생각했다. 공적 영역은 개인의 이익을 위해 봉사해야 하고, 사적 상호 작용을 위한 방위와 안전을 제공해야만 했다. 자유주의와 민주주의 사이에 필연적인 연관성은 없다. 왜냐하면, 군주정이든 민주정이든 간에 주권자가 시민적 권리를 침해하지 않는 한, 그 통치는 정당한 것으로 간주할 수 있기 때문이다. 그러나 17, 18세기 자본가 계급의 경제적 힘이 성장하면서 부르주아들은 정치적 권리도 요구했다. 정치적 권리가 처음으로 재산 소유자들에게 확대되었는데, 이들은 정치적 대표를 통해 국가를 통제함으로써 자기 재산에 대한 보호를 감독하려고 했다.

페미니스트 논평자들은 공사 구분의 명백한 중립성이 위선임을 드러내었다. 사실, 사적 영역의 '자유'는 남성과 여성 사이의 심히 불평등한 관계를 전제로 한다. 실제로 모든 유명한 자유주의 논평자들은 시티즌십에 대해 젠더화된 견해를 갖고 있다. 그래서 페인은 인간에게 유일한 자연적 불평등은 성性 사이의 불평등이라고 믿었으며, 반면 로크는 남성을 가정의 '주인'이라고 기술했다(Faulks 1998: 25-7). 마샬Marshall과 그린Green 같은 사회적 자유주의자들은 남성과 여성의 경험이 갖는 중요한 차이를 무시하거나 아니면 그 차이를 자연스러운 것으로 만들려고 노력했다. 한 예로 그린은 일부다처제 관행을 아내의 권리에 대한 침해라고 공격했는데, '아내는 가정의 적절한 위치에서 배제되고 단지 남편의 쾌락을 위한 도구로만 사용됨으로써 도덕적으로도 폄하된다'고 주장하였다(Green 1986: 185). 그린은 일부일처제를 여성의 도덕성을 위한 조건으로 가정한다. 더구나 그는 남성은 가정의 정당한 우두머리가 되며, 이로 말미암아 공적 영역에서뿐만 아니라 가정에서도 여성의 지위는 본질적으로 남편에게 속한 것이 된다. 따라서 그린은 여성을 시티즌십을 실천할 수 있는 합리적인 정치 행위자로 간주하지 않은 것이 분명하다. 이런 가부장적 태도는 자유주의에 널리 퍼져 있으며 이른바 공사 구분의 중립성을 조롱하고 있는 것이다.

페이트만Pateman(1998)은 자유주의에 대한 인식론적 비판에서 고전적 자유주의자들이 정치적 권위의 토대를 형성하는 것으로 간주하는 사회 계약이 실은 이미 결정된 성적 계약 위에 이루어졌다고 주장했다. 여기서 계약이라는 용어를 사용하는 것은 오도된 것일 수 있는데, 왜냐하면 남성 권력의 근원이 폭력이며 여성의 억압이기 때문이다. 그래서 여성을 위한 합의에 대해서는 아무런 의식도 없다. 그래도 역시 페이트만의 핵심적 주장은 통찰력이 있다. 자유주의에서 남성은 정치적, 경제적 행위자로 간주하는 반면, 여성은 시민이라기보다는 돌보아야 할 자로 간주한다. 가부장적 태도는 정치사상의 역사를 관통하는 것으로 분명히 자유주의적 전통에만 국한되는 것은 아니다(Coole 1993). 그러나 이 노골적인 불평등은 특히 자유주의 원리들로 정당화하기가 어렵다. 이것은 1장에서 논의된 자유주의적 평등 교리가 지닌 핵심적 중요성을 잘 보여준다. 가부장제와 다른 억압적인 권력구조들이 도전받기 시작한 것은 오직 자유주의 사상의 발전 때문이다. 월비Walby(1990)는 사적 가부장제에서 공적 가부장제로의 전환을 중심으로 논의하면서 이 점을 발전시켰다. 월비는 여성들이 일부는 국가 권력의 확대를 통해서 그리고 일부는 여성 자신들의 투쟁을 통해서 어떻게 작업장과 정치 제도에 대한 접근권을, 특히 20세기에 들어와서 더 많이 얻어낼 수 있었는지를 보여준다. 사적 가부장제에서 남성들은 경제적, 정치적 제도의 통제를 통해서, 그리고 그들 가정의 '주인'으로서 여성들을 그들의 삶 속에서 매우 효과적으로 지배할 수 있었다. 공적 가부장제가 시작됨과 더불어, 시티즌십의 이상은 이제 여성들에게 확대되기 시작하고, 여성들이 각기 별도의 경제적, 정치적 삶을 발전시켜야만 하는 기회를 증진시켰다. 20세기 동안 여성들의 공적 경력은 확실히 증대했고, 이것은 중요한 진보를 나타낸다. 그러나 여성들은 권력의 핵심에서는 여전히 그 비중이 떨어진다. 그래서 이런 사적, 공적 가부장제의 형태들 사이를 너무 예리하게 구분 짓는 것은 잘못이다. 왜냐하면 월비 자신의 저작이 보여주는 것처럼 여성들은 여전히 중요한 권리를 결여하고 있으며 억압으로부터 괴로워하는 것이 진실이기 때문이다. 리스터Lister(1997)가 주장한 것처럼 시티즌십이 여성들에게서 더 큰 의미가 있으려면, 우리는 시티즌십의 평등주의적 가치가 어떻게 사적 영역의 개인적 관계로 전이될 수 있는지, 그리고 자원이 어떻게 유용하게 운영되어 여성들이 육아와 다른 부양가족에 대한 불평등한 부담 없이 시민으로서 완전히 참여할 수 있도록 할 수 있는지를 다루어야 한다. 그러나 결정적으로 중요한 점은, 자유주의 전통에서 중심적이랄 수 있는 평등의 이상이 여성들에게 더 많은 기회를 주는 추진력과 이의 제공에 필수적이었다는 것이다.

공사 구분은 자유주의 시티즌십에 대한 사회주의적 비판에서도 중심적이다. 마르크스(1940)의 에세이 『유대인 문제에 대하여』는 여전히 가장 통찰력 있는 글로 남아 있다. 이 구분을 이해하는 열쇠는 표3.1의 이원론에 대한 자유주의적 관점 다섯 번째, 즉 평등과 자유와의 관계를 검토하는 것이다.

마르크스에게 자유주의적 평등 교리는 중요하긴 하지만 제한적이었다. 이것은 자유주의 국가에서 개인이 시민으로서 정치적으로 참여할 때에는 오직 공적인 영역에서만 평등한 것으로 여겨지기 때문이다. 개인은 사적인 삶에서, 노동자나 자본가로서 수요와 공급이라는 시장법칙에 종속적이며, 자유주의자들은 이 법칙이 번영과 자원 분배에 가장 효과적이라고 생각한다. 시장의 이런 상호작용들은 필연적으로 심각한 불평등을 발생시키는데, 이는 마르크스에게서 형식적인 권리의 중요성을 침해하는 것이다. 어떤 사람이 경제 주기의 하강국면에 고용 불안정, 착취 또는 실업의 위협에 종속된다면 시민적 권리를 갖는다는 것이 무슨 의미가 있겠는가? 그렇기에 마르크스에게 자유주의 형태의 시티즌십은 지배의 진정한 근본을 은폐하는 거짓된 보편주의를 의미한다.

자유주의자들이 자원 배분의 결정에서 정치가 수행할 수 있는 역할에 대해 회의적인 것은 사실이다. 시장이야말로 개인의 자유에 대한 진정한 보증인인 것처럼 보인다. 시장 경제의 조건들, 특히 사유재산은 시민적 권리를 통해 보호되어야만 한다. 이것이 고전적 자유주의자들이 시민적 권리를 받아들이려 하고 그것을 국가 형성 이전에 존재하는 것으로 간주하려고 하는 까닭이다. 사실상 자유주의자들은 민주적 결정의 정당한 영역을 제한하려고 애썼다. 심지어 밀(1974: 62)과 같은 급진적 자유주의자들도 19세기에 정치적 권리를 대중에게 확대하는 것을 우려했다. 밀은 대중이 사적 영역의 자유에 제한을 가하는 '다수의 전제'專制가 발전하는 것을 두려워했다. 마샬(1992: 25)이 주장하는 것처럼, '시티즌십의 정치적 권리는 시민적 권리와 달리 자본주의 체제에 대한 잠재적인 위험으로 가득 차 있었다.'

하이에크(1994)와 같은 신자유주의자들은 정치적 권리에 대한 적대감이 밀보다 더 강렬했다. 하이에크는 사적 영역의 불평등이 불가피하고 또 바람직한 것이라고 믿었기 때문에 민주주의는 기껏해야 시장의 힘이 결정할 수 없는 삶의 영역에 엄격히 한정되어야 하는 공리주의적 도구라고 생각했다. 노직(1974)은 한 발 더 나아갔다. 민주적 시티즌십을 실천함으로 사회적 정의를 추구하려는 어떠한 시도도 시민적 권리를 침해하는 것으로 간주하였다. 그에 따르면 국가는 안전을 제공하되 가능한 한 드러나지 않는 방식으로 야경꾼처럼 행동해야만 한다. 국가는 시민들의 물질적 복지에 관심을 두지 말아야 한다. 왜냐하면, 이것은 필연적으로 시장에 의해 가장 잘 결정될 수 있는 자원배분에 국가가 간섭하는 것을 의미하기 때문이다.

정치적 권리가 자유주의자들이 옹호하는 시장의 지배에 대해 잠재적인 도전을 가하는 만큼 시티즌십이 시장의 규범들에 대해 도전을 하기 시작한 것은 20세기 많은 자유주의 국가들에 나타난 사회적 권리의 발전 덕분이다. 사회적 권리는 소득 지원, 국가 지원의 공교육 그리고 공공의료를 포함한다. 사회적 권리는 세금을 통해 제공되기 때문에 시민적 권리, 특히 재산권과는 긴장관계에 있는 것처럼 보인다. 마샬(1992)에게 사회적 권리의 발전은 자본주의 체제를 상당히 수정하고 시장 불평등의 몇몇 부정적인 측면들을 상쇄하는 잠재력을 지닌 것으로 여겨졌는데, 이는 주로 복지국가의 창설을 통해 제도화되었다. 이것이 마샬의 사회적 자유주의가 시티즌십을 진일보시킨 것으로 간주하여야만 하는 이유다. 고전적 자유주의자들과 달리 마샬은 시티즌십에 대한 자본주의의 제한 효과를 분별할 수 있었다. 그러나 마샬은 모든 자유주의자들처럼 시장경제에 대한 확고한 지지자였고, 후기 저작에서는 사회적 권리가 시민적 권리의 상징인 자유에 해로운 것이었다는 견해를 나타내었다(Rees 1995). 이런 견해 때문에 마샬은 다른 권리들 사이의 본질적인 긴장과 관련하여 자유주의의 공통적인 논지를 표현한다. 그러나 시민적 권리를 물신화하면서, 이 권리가 포괄적인 사회적 권리 없이도 의미 있는 존재가 될 수 있다고 가정하는 것은 시티즌십을 희석시키는 일에 봉사하는 것이다. 문제는 자유주의에서는 시민적 권리와 사회적 권리가 매우 다른 권리인 것으로 인식된다는 데 있다.

첫째, 시민적 권리는 자연적이고, 간섭으로부터 개인을 보호하는 것으로 간주한다. 왜냐하면, 자유주의 전통에서 시민적 권리는 양도할 수 없는 것으로 간주하기 때문에 어떤 의미에서 이는 정치에 선행하는 권리다. 사실 이 권리의 온전한 목적은 개인의 기본적인 자유를 잠재적으로 해칠 수 있는 정치적 결정, 예를 들어 사유재산을 폐지하기로 하는 결정으로부터 보호하는 것이다. 대조적으로 사회적 권리는 경제적 자유를 제한하며 국가의 권력을 강화하는 것으로 인식된다. 둘째, 사회적 권리는 시민적 권리와 달리 다소 자원 의존적인 것으로 간주한다. 경제가 불황일 때 사회적 권리는 취약해진다. 셋째, 신자유주의자들에게 시민적 권리는 본질적으로 긍정적이다. 왜냐하면, 그것은 자율성과 자유를 만들어내기 때문이다. 다른 측면에서 보면 사회적 권리는 '의존의 문화'를 일으킬 수 있고, 자유주의 국가의 생존에 필수적인 개인의 혁신과 창의력을 파괴할 수 있다. 사회적 권리와 관련된 이런 잠재적인 문제들은 1980년대와 1990년대 영국과 미국 같은 나라들에 있었던 신자유주의 정부들이 경제적 효율성과 국민의 시민적 자유의 강화라는 명목 하에 사회적 권리의 철회를 허용하였다. 1970년대 이래 자본주의가 경험했던 문제들은 대체로 사회적 권리에 따른 비용의 증가와 시장의 자유를 질식시키는 관료적이며 비효율적인 국가의 성장 탓으로 돌려졌다.

그러나 우리는 신자유주의자들의 주장을 액면 그대로 받아들이는 것에 신중해야 한다. 개인세를 줄이고 공공영역에 시장개혁을 도입하며, 노동시장을 자유화함으로써 국민의 시민적 권리를 재확인했다는 그들의 주장은 유지될 수 없다. 신자유주의 정부들이 시티즌십을 강화하는 데 실패했던 다양한 방식들을 자세히 다루는 것은 이 책의 한계를 벗어나는 것이다. 그러나 분명한 것은 신자유주의자들이 주장하는 종류의 권리를 시장 권리라고 부르는 것이 최선이라는 것이다. 시민적 권리 대신에 이 용어를 사용함으로써 우리는 자유주의자들이 인식한, 즉 다른 형태의 권리 사이에 존재하는 이원론을 더 잘 이해할 수 있다. 시장 권리는 18세기에 처음으로 시작해 발전해 왔는데, 이것은 자본주의 경제를 유지하는 데 필요한 권리다. 따라서 주요한 시장 권리는 재산권이다. 또 시장 권리는 부를 축적하고 소비하는 권리, 시장에서 자기 이익을 확보하는 권리 그리고 넓은 범위의 서비스 제공자들 가운데에서 선택하는 권리를 포함한다. 결정적으로 시장 권리는 사회적 권리뿐만 아니라 시민적 권리를 희생하면서까지 옹호됐다. 예컨대 19세기까지 많은 자유주의 국가에서 노동조합은 금지되거나 억압되었다. 항의나 언론의 자유 같은 기본적인 시민적 권리는 국가에 의해 무자비하게 저지되었고, 이는 자본주의 발전에 위협될 만한 것은 어떠한 것일지라도 차단하기 위함이었다. 마찬가지로 1980년대와 1990년대에 신자유주의를 실험하는 동안, 시티즌십의 시장화는 경찰력의 증대와 언론의 자유, 결사, 집회 같은 기본적 권리에 대한 제한을 수반했다. 예를 들면 영국에서는 1979년과 1997년 사이에, 대처와 메이저 정부가 시민적 시티즌십에 부정적인 영향을 미친 일련의 법들을 통과시켰다(Faulks 1998). 신자유주의 정부의 아이러니는 국가에 대한 이론적 적대감에도 특히 영국과 미국에서 국가의 권력이 사실상 증대했다는 것이다. 그러나 정치적 권리에 대한 회의주의 때문에 국가의 민주적 책임성은 감소하였다. 한 예로, 영국은 이전에는 민주적으로 선출된 기구들이 많은 결정을 내렸는데, 이제는 선출되지 않고 정부에서 선임한 독립정부기관들이 결정권을 갖게 되었다. 내가 여기서 개진하고자 하는 주장의 핵심은 시민적 권리와 사회적 권리 사이에는 어떠한 필연적인 갈등도 없다는 것이다. 오히려 자유주의 시티즌십이 지닌 평등주의적 요소의 실현을 막는 것이 시장 권리의 주장이다. 사회적 권리가 제공하는 시티즌십의 물질적 기초가 없다면, 정치적 권리는 그 중요성에서 심각한 손상을 입을 것이다. 게다가 사회적 권리를 약화시키려는 시도들은 시민적 권리에 대해서도 마찬가지로 영향력을 갖는다.

아울러 신자유주의 정부의 경험은 '시민적' 권리와 사회적 권리의 차이에 대해 자유주의적 사고가 갖는 긴장, 그 이상의 것을 보여준다. 우리는 사회적 권리가 어떻게 시민적 권리와 달리 비용이 많이 드는 것으로 인식되었는지 보아왔다. 그러나 실제로 국가는 사회적 지출에 쓰는 것보다 시민적 권리를 지키고자 방위와 안보에 더 큰 비용을 지출한다. 레이몬드 플랜트Raymond Plant(1992: 7, 21)는 이와 유사한 주장을 했는데, 그에 따르면 모든 권리는 정치적 기획을 요구하며 그것에 자원이 배분되라고 요구한다. 시민적 권리도 사회적 권리만큼이나 자연 발생적인 것이 아니다. 대신에 다른 것을 희생하여 어느 하나를 강조하는 것은 이데올로기적으로 결정된다. 더구나 모든 형태의 권리가 갖는 속성과 내용은 영원히 논쟁거리다. 여기에서는 단지 젠더의 사례에 대해서만 생각해보자. 많은 시민적 권리가 공정과 평등을 위해 다시 정의될 수 있었던 것은 오직 페미니스트들의 운동 때문이었다. 예컨대 아내에 대한 남성의 '성적 권리'는 여성의 의사에 반하여 성적 관계를 강요할 수 있는 권리인데, 이것이 전복된 것이 영국은 불과 1992년의 일이다. 이것은 우리가 어떤 종류의 권리를 옹호해야 하는가 하는 문제가 매우 정치적인 문제임을 뜻한다. 이 주장은 자유주의자들이 시민적 시티즌십에 대하여 내리는 자연주의적인 가정들과는 전적으로 반대되는 것이다.

시장 권리, 불평등 그리고 강제 국가 등에 대한 강조와 더불어 최근에 널리 알려진 신자유주의의 또 다른 유산은 능동적 시민과 수동적 시민 사이의 구분이 심화하는 것이다. 이 구분은 적어도 자유주의 전통 내에서는 묵시적으로 항상 존재해왔다. 부분적으로 이것은 자유주의의 젠더화된 가정들 때문이다. 여기서 남성은 활동가로 인식되고 여성은 남성과 아이들을 돌보는 사람으로 인식된다. 재산과 시티즌십의 관련성은 시티즌십에 대한 초기 자유주의의 설명에서도 분명했다. 예를 들면 로크는 사회에서 사람에게 몫stake을 부여한 것은 재산 소유권이라고 믿었는데, 이는 공동체의 제도와 가치에 헌신하는 데 필요한 것이다. 자유주의자들은 사회적 구조가 개인 행위에 미치는 영향을 무시했기 때문에, 가난한 자들에 대해 엄격한 태도를 보이는 경향이 있다. 한 예로 존 스튜어트 밀은 빅토리아 시대식의 구빈원의 관행을 옹호했는데, 왜냐하면 가난한 자들을 곤경에서 벗어나도록 돕는 데는 사회적 권리보다 강제가 필요했기 때문이다(Bellamy 1992: 30). 재산을 시티즌십과 연계하고, 권력의 불평등이 갖는 복잡성을 인식하는 데 실패한 것은 신자유주의에서도 마찬가지로 분명했다. 영국의 대처 총리 시기 동안, 능동적 시민은 소비자 선택, 불평등 그리고 과시적 소비와 같은 시장 권리를 주장할 수 있는 이들로 간주하였다. 사실 다수의 보수주의적인 정부정책이 시장 권리를 강화했다. 예를 들면 공영주택을 판매하는 정책은 많은 이들에게 자산시장에 들어갈 기회를 주었다. 그러나 시티즌십의 상품화는 더 큰 분열을 낳기도 했다(Faulks 1998: 144-71). 물질적 불평등은 대처 시기 동안 심각하게 증가했다. 더구나 새로운 기회를 이용할 수 없었던 이들은 점차 '일하기 싫어하는 자들'로 낙인찍히거나, 아니면 국가에 의존하는 '최하층'으로 간주하였다.

그러한 배제의 언어는 또 민족성의 담론과 밀접히 관련되어 있었다. 사회적 불안은 분열적인 정책의 결과로 심화하였으며 정부에 의해 인종차별적인 것이 되었다. 그 담론은 마가렛 대처의 말을 빌리자면 '이방 문화'의 유입이 '영국적' 가치를 파괴한다는 비난이었다(Faulks 1998: 164). 사람들은 필수적인 자원이 없으면 자신들의 권리를 행사할 수 없다는 점을 신자유주의자들은 이해하지 못했다. 이것은 대처주의자들이 1988년 선거에서 능동적 시티즌십의 미덕들을 찬양했을 때, 정부가 감축시키고 있던 혜택들이 가장 필요했던 대부분 사람으로부터 적극적인 반응을 얻을 수 없었다는 것을 뜻한다. 누구보다 여성들, 가난한 자들 그리고 종족적 소수자들이 사회적 권리가 줄어드는 것에 무방비 상태였으며, 그들 자신의 삶과 그들의 가족과 지역 공동체에 대해 좀 더 책임감을 져야 한다는 정부의 요구를 충족시키는 데 필요한 자원을 결여하고 있었다.

이것은 또한 신자유주의 지배하에 놓인 다른 나라들에서도 일어났다. 오코너O'Connor(1998)는 미국에서 연방복지예산을 삭감하려는 시도를 분석하면서, 레이건 행정부가 어떻게 사회적 권리를 불신하기 시작했는지 보여준다. 이것은 사회적 시티즌십을 세율 증대와 연계시킴으로써 이루어졌는데, 이러한 세율 증대가 시장 권리에 해로운 영향을 미치고 있다고 주장하였다. 또 공화당원들은 미국의 불평등한 근본적인 원인은 빈곤이 아니라 복지 의존이라고 주장했다. 또 복지 혜택, 젠더 그리고 인종 사이에도 연계가 이루어졌다. 복지는 불법을 조장하며, 부양자로서의 전통적인 남성 역할을 파괴함으로써 전통적 가족을 훼손하는 것으로 간주하였다. 그것은 또한 인종적 소수자들이 그들의 시장 권리를 행사하는 것과 빈곤에서 벗어나는 것을 방해했다고 주장하였다. 오코너(위의 책: 55)가 기술했듯이 영국의 대처 정부처럼 '백악관은 빈곤에 대한 자신들의 도덕적 견해를 주장하고 유지하려고 고정관념과 과도한 일반화를 이용했다.'

내가 밝힌 이원론은 왜 자유주의 강조점이 책임보다는 권리에 있는지를 설명하는 데 도움을 준다. 자유주의자들은 개인의 이익과 더 넓은 공동체의 필요 사이에 있는 잠재적인 대립을 인식했는데, 이는 의무를 최소화하려는 그들의 열망에 반영되었다. 물론 신자유주의 정치가들은 책임의 필요성에 대해서 말하기는 하지만, 이는 주로 시장 권리를 주장하거나 자립적이어야 한다는 것이었다. 신자유주의자들이 주장한 책임은 시티즌십과는 거의 관련이 없는데, 왜냐하면 신자유주의자들은 시티즌십의 책임이 수반되는 정치적 행동주의를 의심하기 때문이다. 자유주의 사상에서 이렇게 권리를 특권화하는 것은 시티즌십의 등식에서 책임의 측면을 강조하는 이들로부터 큰 비판을 받는다. 다음 절에서 나는 이들 주장 중 몇몇을 다룰 것이다. 그러나 표 3.1에는 아직 언급해야 할 두 개의 이원론이 남아 있다. 이것은 제6장에서 논의될 것인데, 여기서 나는 시티즌십에서 세계화가 갖는 뜻을 검토하고자 한다. 그러나 미리 간단히 언급하자면, 주권과 인권 사이의 긴장, 과학과 자연 사이의 긴장이 모두 시티즌십 논쟁에서 점차 중요해지고 있다. 첫째, 세계화는 자유주의가 한 측면에서는 배타적 국가에 대해, 다른 한 측면에서는 평등한 권리들에 대해 헌신하는 것과 같은 모순점을 폭로하고 있다. 둘째, 합리주의에 대한 자유주의의 지지는 과학적 업적으로 상징되는데, 이는 모든 것 중에서 가장 근본적인 복지 권리, 즉 건강하고 지속 가능한 환경에 대한 권리의 위협으로 나타나고 있다. 이것은 시티즌십에 관한 미래 개념이 자유주의보다 사회적 책임의 문제에 대해 더 큰 방점을 둘 필요가 있다는 것을 의미한다. 이것은 단지 환경 문제에서만 그런 것이 아니다. 자유주의는 일반적으로 시민의 의무와 책무를 무시한다는 이유로 비판받아 마땅하다.

시티즌십의 책임에 대한 주장들

최근에 시티즌십의 책임을 무시하는 자유주의자들에 대한 날카로운 반응이 있었다. 특히 사회적 보수주의자들과 공동체주의자들은 권리에 대한 과도한 집중이 시티즌십의 본질에 유해하다고 강력하게 주장했다. 개인의 권리는 빈약하고, 방어적인 형태의 시티즌십에만 이바지하는데, 이는 권리의 기반이 되는 정치 공동체를 유지하는 것과 거의 상관이 없다. 다니엘 벨Daniel Bell(1976: 248-49)은 그가 근대사회의 모순된 과정이라고 보는 것과 결부된 시티즌십의 위기를 확인했다.

> 서구 사회가 직면한 경제적 딜레마는 다음과 같은 몇 가지 것들을 한데 결합하려고 한 것에서 비롯된다. 즉 도덕적으로나 혹은 세금으로 탐심을 제한하려는 시도에 저항하는 부르주아적 욕구, 권리로서의 사회서비스를 점점 더 요구하는 민주적 정체, 그리고 최선은 개인의 자유개념을 옹호하고 최악은 공동 사회가 요구하는 사회적 책임과 사회적 희생을 회피하는 개인주의적 정신이 그것이다. 이를 요약하면, 우리에게는 사적 갈등을 중재할 수 있는 공적기구나 공공의 철학에 대한 규범적 헌신이 없다는 것이다.

이 구절은 자유주의 비판의 주요 사안을 잘 포착하고 있다. 자유주의에서 개인주의는 민주주의와 시티즌십에 대해 이기적이고 도구적인 태도를 조장하는데, 이는 민주주의와 시티즌십을 공동체적 삶의 표현으로 보는 것이 아니라 개인의 이익을 증진시키는 수단으로 보는 것이다. 권리는 요구하지만 책임은 어떤 것도 받아들이지 않는다. 자유는 방종으로 바뀌어버렸다.

사회적 보수주의자들에게 시티즌십을 회복시키는 길은 권리 자격entitlements을 의무 이행에 따름으로써 권리와 책임을 다시 연결하는 것이다. 한 예로 셀번Selbourne(1994: 61)은 공과功過를 고려하지 않는 평등권은 '거짓된 평등'이고 '전체적으로 시민 질서의 안녕well-being에 이바지할 수 없다'고 주장했다. 대다수 사회적 보수주의의 비판처럼, 주요 문제는 사회적 권리인 것처럼 보인다. 셀번에게 정치적 권리와 사회적 권리의 연계는 참여와 관련된 봉사정신을 심각하게 파괴하는 것이었다. 사회적 권리는 시민이 아닌 신민을 창조하였고, 도덕적 질서의 근간이 되는 시민적 덕성의 윤리를 파괴했다. 더구나 국가의 복지는 정치적 권리와는 달리 다소 부수적이다. 정치적 권리는 공동체가 기초하고 있는 인민 주권의 표현이고, 그런 이유에서 근대국가에 내재하고 있다. 다른 한편으로, 사회적 복지는 공과 그리고 의무의 이행과 굳게 연결되어야 할 것이다. 미드Mead(1986)의 경우 이것은 복지가 오직 엄격한 조건하에서 제공되어야 한다는 것을 뜻한다. 미드는 일종의 근로복지를 주장했는데, 이는 국가가 보장하는 일을 완수한 사람들에게만 사회적 권리를 주는 것을 뜻한다. 또한 힘멜파브Himmelfarb(1995)와 에치오니Etzioni(1995)는 특히 가족과 같은 사회적 제도의 중요성을 강조했는데, 이는 사회적 책임에 필수적인 가치를 지탱하기 때문이다. 에치오니(위의 책: 55)는 특히 젊은이들이 사회에 대한 책무 의식을 내면화하는 데 실패한 원인을 설명하면서 '부모역할의 결핍'이 핵심적인 요인임을 밝혔다. 따라서 해결책은 도덕적 행위를 위한 법률을 제정하고 결혼을 장려하며, 이혼을 방지하는 사회정책을 추구하는 것이다.

이들은 모두 다 어느 정도 자유주의가 권리를 강조하는 데서 생기는 문제를 간파했다는 점에서는 정확하다. 개인과 공동체의 관계에 대한 자유주의자들의 가정 때문에 책임을 자율성의 조건으로 보기보다는 자유의 침해로 보는 경향이 있었다. 또한, 권리의 자연권화는 모든 권리와 책임이 정치공동체에 의해서 실현될 수 있다는 사실을 모호하게 만든다. 그래서 사회질서에 미치는 결과를 고려하지 않고 권리를 절대적으로 주장하는 것은 위험하다. 우리의 권리를 유지하려면 우리는 기꺼이 공동체를 유지하는 책임을 받아들여야 한다. 그러나 보수주의자들과 공동체주의자들이 제공한 해결책에는 심각한 문제가 있다.

더 큰 사회적 책임을 주장하는 이들 사이에는 근대사회에 대한 문화적 비판을 채택하고 시티즌십의 경제적인 그리고 정치적인 기초를 무시하는 경향이 있다. 한 예로 시티즌십의 위기를 도덕의 쇠퇴 탓으로 돌리는 것이다. 인상적인 것은 힘멜파브(1995)와 벨(1976)이 '규범 없는' 사회의 발달을 설명하면서 1960년대를 결정적 십 년이라고 밝힌 것이다. 이 십 년 동안 발달한 성의 혁명과 허무주의 문화는 이전에 인간 본성이 갖는 소유욕에 균형 잡아주던 전통적 가치를 훼손했다. 역설적으로 이런 개인의 방종이 발달하면서 집단주의가 서서히 뒤따랐는데, 왜냐하면 이전에 책임 있는 시민들이 자선과 선행을 통해 수행해 왔던 많은 기능을 복지국가가 떠맡았기 때문이다. 여기서 문제는 사회적 보수주의자들이 자유주의 시티즌십의 일부 문제의 증상을 확인하기는 했지만 그것을 자유주의의 근본적인 문제로 다룬다는 것이다. 그들이 비판하는 자유주의자들처럼, 그들은 인간의 행위에 대해 지극히 단순화시킨 견해를 갖고 있으며 권력의 불평등이 내포하고 있는 역할을 과소평가한다. 사회에 대한 책무 의식의 결핍은 더 넓은 사회적 문제의 한 측면이기보다는 개인 입장에서의 실패로 간주한다. 그래서 시티즌십의 이행을 막는 진짜 장애물인 제도, 즉 배타적 국가와 시장의 불평등이 비판 없이 받아들여진다. 이는 자유주의자들이 추상적 개인주의를 강조하는 반면, 많은 보수주의자와 공동체주의자들은 공동체에 대해 같은 추상적 비전을 주장하고 있다는 것을 의미한다. 그러한 잘못된 진단은 문제의 근원은 건드리지 않고 놓아둔 채 또 다른 불평등을 일으키는 정책의 원인이 될 수 있다. 많은 자유주의 비판가들이 권리의 축소나 최소한 새로운 권리 신장의 중지를 주장한다는 사실은, 권리가 여전히 실현되어야 하는 취약한 집단들의 자유를 위협한다. 공동체주의자들과 보수주의자들이 제안한 많은 '해결책들'은, 예를 들어 여성들이 이룬 해방을 위한 몇몇 긍정적인 조치들을 부정할 위험이 있다. 전통적인 가족 구조로

복귀하는 것은 보호자로서의 여성과 능동적 시민으로서의 남성이라는 구분을 재생시킬 위험이 있다. 또한, 동성애자들과 같은 성적 소수자들이 낙인찍힐 위험이 있는데, 이들의 시민적 권리는 서구 국가들에서조차 여전히 확실하지가 않다. 이런 유형의 정책 처방은 변화될 것 같지 않았던 젠더 관계와 가족 구조의 본질을 근본적으로 변화시킨 사회적 변화에 정면으로 도전하는 것이다.

미드가 제안하는 방식과 같이 사회적 권리를 직업에 종속시키는 것은 1980년대 이래 서구 사회에서의 대량 실업이 개인의 선택 때문도 아니고 복지혜택의 산물도 아니라는 사실을 무시하는 것이다. 오히려 자본주의의 속성상 구조적 변화가 더 큰 고용 불안을 일으켰다. 특히 미국과 영국의 노동시장은 많은 이들의 장기실업뿐만 아니라 시간제와 임시직이 증가하는 특징이 있다. 문제는 사회적 권리가 고용을 통해 이바지하는 체제와 연결되어 있기 때문에 시장의 변동에 좌우되고 이에 따라 시티즌십에 불확실한 토대가 제공된다는 것이다. 게다가 혜택을 감축하거나 철회함으로써 실업수당청구자들을 낙인찍는 일은 배제된 자들을 위해 공동체에 대한 헌신을 개선할 것 같지는 않다. 1980년대 신자유주의 혁명은 불평등의 증대가 시티즌십과 공동체를 건설하는 데 거의 도움이 되지 못했음을 보여주었다. 사실 많은 보수주의자와 공동체주의자들이 자유로운 시장 자본주의를 지지하는 것은 그들이 말한 공동체에 대한 책임과 모순된다. 실제로 자본주의는 단기 수익과 사회관계의 상품화를 강조하기 때문에 보수주의자들과 공동체주의자들이 주장하는 그런 종류의 책무를 발전시킬 수 없다.

공동체주의자들은 국가를 비판 없이 받아들였기 때문에 '공동체'의 필요성을 주장하는 것이 공동선이라는 이름 아래 특권적인 다수 이익을 증대하는 결과를 낳을 위험이 있다. 또 크로지어Crozier(1975)와 같은 보수주의자들처럼 시티즌십의 문제를 '과도한 민주주의' 탓으로 돌리는 것도 잘못이다. 진실은 그 반대다. 권리가 의존해 온 엘리트주의적인 정부구조는 시티즌십의 분명한 특징인 높은 수준의 정치적 참여를 발전시키는 데 실패했다. 마샬(1992)이 옹호한 사회적 권리의 취약점 중 하나는 그것이 대체로 엘리트들 사이의 타협에서 생겨나며, 중앙집권적이고 비민주적인 국가에 의존한다는 점이다.

그렇다면, 우리에겐 권리에 근거한 시티즌십과 책임에 대한 강조 중 하나를 선택하는 것만 남아 있는 것인가? 전자는 책임감을 고취시키는 데 실패했고 후자는 취약한 자들의 권리를 훼손했다. 이 문제를 넘어서는 유일한 방법은 좀 더 전체론적으로 시티즌십에 접근하는 것이며, 권리와 책임이 본질적으로 반대되는 것이 아니라 상호 보완적인 것으로 보는 것이다. 이것은 시티즌십의 내용을 권리와 책임이 실천되는 맥락에서 탐구하는 것을 의미한다.

거짓된 이분법을 넘어서: 총체적 시티즌십의 필요성

이 마지막 절에서 나는 자유주의자들이 시티즌십 안에서 그 정체성을 밝힌 두 개의 근본적인 긴장으로 되돌아가려고 한다. 첫째는 권리와 책임 사이의 긴장이다. 둘째는 시민적 권리와 사회적 권리 사이의 긴장이다. 이 문제들을 검토하면서, 나는 왜 시티즌십에 대한 총체적 접근이 요구되는지를 보여주고자 노력할 것이다.

자유주의자들은 어떤 의미의 시티즌십에서도 권리가 중요하다는 것을 정확히 밝혔다. 권리는 통치의 문제를 성공적으로 해결하게 해준다. 즉 자원을 공정하게 배분하고 사회 질서를 유지할 필요가 있을 때 결정적이다. 권리의 중요성은, 권리가 정치적 행위자를 표시하며 개인을 존경하고 배려할 만한 존재로 인식하게 한다는 것이다. 그것은 정의의 원리에 따르고 공동체 각

구성원의 동등한 지위를 인식하는 자원배분 방식이기에 매우 귀중하다. 이에 더해 권리는 사회적 안정을 유지하는 데 중요한 역할을 한다. 인간이 갖는 다양성과 창의성 때문에 그들 사이에 충돌은 불가피하다. 종종 이런 충돌은 매우 생산적이며, 항상 폭력을 수반하는 것이 아님은 확실하다. 사실상 시티즌십은 정치 일부를 구성하는데, 바로 그 정치의 목적이 타협을 통해 분쟁을 해결하는 것이다. 각 개인이 최고의 존중을 받고 단순히 다른 목적을 위한 수단으로 취급될 수 없다는 사실을 기억할 때 권리는 사회적 충돌을 해결하는 데 중요한 역할을 하게 된다. 권리는 이를 통해 내가 앞서 2장에서 논의한 공화주의적 신화에 반대하는 일종의 보호처를 제공한다. 물론 이 신화의 주요 주창자는 루소인데, 그는 개인의 이익을 공동체의 이익에 일치시키려는 열망에서 사적 권리의 소멸을 실질적으로 주창하였다. '자유로워지려면 강제되어야' 할 필요가 있다거나 국가에 성스러운 신비감을 주고자 시민종교를 주장하는 것과 같은 루소의 악명 높은 격언들은 개인의 자율성을 훼손하기 위한 수단이라 할 수 있다. 루소의 공화주의 신조를 고려하면 놀라운 것이지만, 루소의 시티즌십 이론이 지닌 많은 문제점은 그의 독특한 자유주의적 가정 안에서 발견될 수 있다. 홉스와 로크처럼 그는 정치 공동체가 왜 형성되어야 하는지를 설명하고자 사회계약 개념을 채택했다. 이 공동체가 아무리 필수일지라도, 루소는 개인들이 자연 상태의 자유를 포기함으로써 그들의 순수함도 저버렸다고 믿었다. 그래서 루소는 공화주의적 주장을 했음에도, 공동체가 개인을 부패시킨다고 믿었다. 루소는 자신의 미래를 민주적으로 조형할 수 있는 개인의 능력을 불신했는데, 이것이 그로 하여금 권위주의 국가와 같은 것을 주장하게 했다. 실례로 루소는 사회의 규칙들이 입법자의 인격 안에 있는 '우월한 지성'에 의해 결정되어야 한다고 주장함으로써 그 자신이 민주적 의지를 완전히 신뢰하지 못하고 있다는 사실을 드러냈다(Rousseau 1968: 84).

불행히도 루소를 영감의 근원으로 인용하는 근대 공화주의자들도 루소가 역설적인 용어를 애호했다는 사실을 받아들인다. 이는 개인의 자유를 희생하는 대신 더 많은 책임이 생길 것을 두려워하는 자유주의적 비판에 힘을 실어준다. 예를 들면, 올드필드[Oldfield]는 시민과 이방인 사이의 필수적 구분을 옹호하면서, '시민으로 남으려고 누구나 항상 똑같은 인간으로 대우할 수는 없다'고 주장했다. 또한, 시민은 '자신의 진정한 자아의 표현인 시민적 미덕을 나타낼 수 있도록 수치를 느끼고 훈련을 받고 그리고 때때로 테러를 당할' 필요가 있을지 모르겠다고 했다(Oldfield 1990: 8, 47). 만일 우리가 자유주의와 공화주의의 통찰력을 화해시키려면 (개인의 자유를 억압하는—역자) 이러한 언어는 반드시 피해야만 한다.

우리는 또한 시티즌십을 유사 종교적인 용어로 장식하고, 국가를 윤리적으로 우월한 실체로 이론화하는 것을 피해야만 한다. 정치에 관한 마르크스 이론의 문제점에도, 시티즌십 이론에 마르크스가 크게 공헌한 바는 국가의 물질적 토대를 밝혔다는 것이다. 이는 헤겔, 그린, 루소처럼 국가를 신비화하는 것과 대조를 이룬다. 국가는 헤겔이 믿은 것처럼 윤리적 삶의 상징이 아니며, 오히려 특수한 이익을 대변하고 그 권위의 토대를 힘에 둔 현실의 제도다. 자유주의 시티즌십에 대한 마르크스의 비판은 왜 자유주의 국가의 권리가 거짓된 보편주의를 나타내는지를 보여주기 시작했다는 점에서 중요하다. 토머스[Thomas](1994)가 정확히 주목한 것처럼, 마르크스가 자유주의 형태의 시티즌십을 거절한 주요 이유 중 하나는 그것이 본질적으로 종교적 개념이었다는 것이다. 자유주의 국가에서 시티즌십은 새로운 '인민의 아편'이 되었다. 토머스는 배제적 국가에 집중된 시티즌십의 속성을 기술하려고 '소외된 정치'라는 표현을 사용했다. 그는 근대국가를 '거짓되고 위조된 보편성을 지니며, 인민의 공동체 역량을 표현하는 것이 아니라 소외시키는 것에 근거하는 것'으로 정의했다(위의 책: 133). 이것이 국가 그리고 국가가 보호하는 시장 조건을 비판하지 않으면 공동체주의가 바람직한 행동의 희망목록에 불과한 것이 돼버리는 이유다. 자유주의 사회에서 시티즌십이 적절한 책무를 만들어내는 데 실패하는 것은 문화적 쇠락이나 도덕적 쇠락 때문이 아니라 오히려 자본주의 국가의 정치적 실패 때문이다. 올드필드(1990)가 주장하는 것처럼 자유주의 이론에서는 너무 흔히 시민적 덕성을 자유에 대한 위협, 즉 자아의 완성보다는 자아의 부인으로 간주했다. 이 역시 마르크스의 지적인데, 공동체적 존재인 자아로부터의 소외는 책임의 이행에서 발생하는 것이 아니라 자본주의 국가의 배제성에서 발생한다.

마르크스는 『유대인 문제에 대하여』를 완성한 후에 시티즌십에 대해서 거의 언급하거나 서술하지 않았지만, 공산주의 사회에서 시티즌십의 긍정적 가치들, 즉 상호성이나 평등 같은 것이 나타날 것이라고 가정했다. 사유재산의 폐지와 국가의 소멸로 착취와 소외의 토대는 제거될 것이고 시티즌십에 대한 장벽도 사라지게 될 것이다. 마르크스는 '능력에 따라 일하고 필요에 따라 분배한다'라는 문구를 빌림으로써 어떻게 공산주의 사회가 자유주의 사회에서 원자화된 개인들처럼 경쟁하지 않고 협력하게 되는지를 설명했다(Giddens 1994: 56). 공산당 선언에서 마르크스가 각자의 자유로운 발전이 만인의 자유로운 발전을 위한 조건이라고 주장했을 때, 그는 시민들의 상호의존적인 속성을 밝혔다. 이것은 자유주의적 권리에 대한 자신의 견해와 대조를 이루는데, 그는 자유주의적 권리가 개인들로 하여금 타자를 자신들의 자유를 완성하는 존재가 아니라 제한하는 존재로 보도록 조장한다고 생각했다. 마르크스는 오늘날 에치오니와 같은 저자들보다 시티즌십에 대해 훨씬 호소력 있는 공동체주의적인 견해를 제공한다. 이것은 그가 자본주의 국가의 맥락이 공동체적 삶의 표현인 시티즌십의 의미를 어떻게 파괴하는지 알고자 시티즌십의 외양을 넘어 관찰하고자 했기 때문이다. 베른슈타인Bernstein(1991: 110)이 마르크스가 권리 자체에 반대한 것으로 보지 않고, 자유주의적 권리가 사회적·정치적 참여에 설정한 한계에 반대한 것으로 보는 이유는 바로 이 때문이다.

> 국가와 시민사회에 존재하는 이중성의 극복을 지적하는 마르크스의 결론은 권리의 극복을 권고하는 것으로 해석될 수 없다. 반대로 추상적 시민을 자신 속에서 복원한 개인의 개념은 시민사회의 세계에서 현재의 정치 공동체를 특징짓는 속성을 지닌 개인을 가리킨다. … 시민의 권리를 사회 전체로 확대하는 것은 그 권리가 전체로서의 사회적 삶에 참여하는 권리라고 보는 것이다.

여기에는 확실히 진실의 요소가 있다. 마르크스의 초기 저작들에 대한 그럴 법한 해석으로, 마르크스는 정치적 시티즌십이 의미가 있으려면 그 영향력이 시민사회에까지 미쳐야 한다고 생각했다는 주장이 있다. 그러나 우리는 마르크스가 특히 후기 저작에서 공화주의적 신화에 대한 자신의 고유한 의견을 상정했다는 사실을 간과할 수는 없다. 그는 사회를 자본주의 악에서 공산주의 미덕으로 변화시키는 수단으로서 프롤레타리아를 이상화한 나머지 폭력을 사용하여 사회의 한 부분(부르주아지)을 붕괴시키려는 어떤 혁명적 행동도 실패로 끝나게 되어 있다는 것을 이해하는 데 실패했다. 마르크스의 이론은 반정치적(혹은 권위주의적) 측면을 지니고 있는데, 이는 그가 시티즌십의 사회 전환 능력을 과소평가하고 대신에 역사의 목적론적 힘에 의지했기 때문이다. 마르크스는 정치적 행위자를 충분히 강조하지 않은 책임이 있다. 그는 심지어 국가가 없는 공산주의에서도 시티즌십이 해결하려고 하는 통치의 문제가 그대로 남아 있다는 것을 인식하지 못했다. 자본주의 이후 사회는 그래서 시티즌십 없이는 존재할 수가 없다. 현실 공산주의 체제의 아이러니는 그들이 변함없이 자유주의 사회에서보다 더 강력한 국가를 가졌다는 것이다. 소련이 권리에 대해 입헌적인 관심이 있었을지도 모른다. 하지만, 이것은 온정주의적이었고 어떤 의미 있는 참여 체제와 연결되지 않았다. 공산주의 사회는 후자유주의적이기보다 전자유주의적이다. 왜냐하면, 그들은 민주적인 시티즌십보다는 일종의 신민성을 간직하고 있기 때문이다.

그래도 역시 자유주의에 대한 마르크스의 비판은 여전히 우리에게 자유주의가 시티즌십에 내재한 것으로 가정하는 거짓된 이원론에 대한 매우 중요한 통찰력을 제공한다. 이것은 단지 권리와 책임 사이의 관계에 대해서만 그런 것이 아니다. 그것은 자유주의자들이 보는 다른 형태의 권리들 사이의 충돌에 대해서도 타당하다. 내가 이미 말한 것처럼, 시민적 권리와 사회적 권리 사이에 필연적인 충돌이 있는 것은 아니다. 일련의 시민적 자유가 사회적 시티즌십과 충돌하게 되는 것은 오직 국가의 불가피성 그리고 정치에 대한 시장의 우월성에 대한 자유주의적 가정을 받아들이는 경우에 한해서다. 내가 주장한 것처럼 시민적 권리 대신에 시장 권리라는 용어를 사용한다면 우리는 이 긴장의 근원을 더 잘 볼 수 있는데, 이는 경제적 영향력에 대한 정치적 간섭을 의심스럽게 생각하는 자유주의 안에서 발견될 수 있다. 그러나 시장 권리의 신성화는 몇 가지 신화에 의존하고 있다. 첫째는 그러한 권리가 자연적이지 정치적인 것이 아니라는 것이다. 이 주장은 조금만 살펴보아도 쉽게 무너진다. 로크에게 자연권은 신의 선물이었다. 이 등식에서 절대적 존재를 빼버린다면, 시장 권리가 사회적 권리보다 정치 공동체의 인정에 덜 의존적이라고 단정할 아무런 이유가 없다. 둘째, 자유 시장이라는 개념은 그 자체가 환상적이다. 역사상 어떤 경제도 정치적 구조 밖에서 작동한 적은 없다. 근대 자본주의도 예외는 아니다. 근대 자본주의의 발전은 민족국가의 탄생과 관련이 있다. 많은 경우 일본이나 독일처럼, 대부분의 자본주의는 국가에 따라 만들어졌다. 경제 우선과 정치 우선 사이에 균형을 잡는 문제는 정도의 문제다. 따라서 우리가 경제적 영역에 얼마나 많은 규제를 두는가는 정치적 문제다. 그리고 내가 이미 언급한 것처럼 시민적 권리는 다른 권리와 같은 방식으로 자원을 요구한다. 셋째, 자유주의자들은 개인들 간에 차별을 두지 않는다는 이유로 종종 시장을 옹호한다. 어떤 이익을 다른 이익보다 의식적으로 선호하는 정치적 결정과 달리 시장은 불의를 만들어낼 수 없다는 것이다. 그러나 사실은 시장 상호 작용의 결과를 예측할 수 있으며, 사회 정책을 통해 불평등을 상쇄할 수 있다는 것이다. 다시 이 문제는 절대적인 것 중 하나가 아니라 오히려 시장의 효용과 민주적 시티즌십을 위한 조건을 유지하고자 균형을 맞추는 일이다.

자유주의 사회에서는 제한적인 시민적(혹은 시장) 권리의 강조를 통해 사회적 시티즌십이 정의되고 제도화되는 방식을 만들었다. 이 점에서 프레이저Frazer와 고든Gordon이 흥미 있는 논문을 내놓았다. 미국에서 뚜렷이 나타난 시민적 권리와 사회적 권리 사이의 모순에 대한 분석에서 이들은, 시민적 시티즌십의 우세가 어떻게 사회적 권리에 대한 접근방식을 형성하는지 지적한다. 자유주의 전통의 중심이 되는 계약 개념은 사회적 시티즌십에 부적절하게 적용됐다. 프레이저와 고든(1994: 91)은, '그 결과는 다소 극단적인 두 가지 형태의 인간관계에 초점을 맞추는 문화적 경향, 즉 한 측면은 등가물의 개별적인 계약적 교환이고, 다른 한 측면은 비상호적인 일방적 자선이다'라고 생각한다. 이 접근은 둘 다 사회적 시티즌십의 왜곡된 표현인데, 왜냐하면 그것은 시민적 권리와 사회적 권리 사이에 어떤 충돌을 가정하기 때문이다. 프레이저와 고든(위의 책: 104-5)이 주목한 것처럼, '사라진 것은 이런 이분법적 대립에서 벗어난 사고들, 특히 연대, 비계약적 상호성 그리고 상호 의존과 같이 인류의 어떤 사회적 시티즌십에도 그 중심이 되는 것을 표현할 수 있는 공공의

언어다.'

프레드 트와인Fred Twine(1994)은 프레이저와 고든의 도전을 이어받았는데, 그는 인간은 본질적으로 사회적이고 상호적인 존재라는 사실에 근거하여 사회적 권리를 옹호했다. 트와인은 각 개인의 인생행로가 다른 이들의 삶과 밀접하게 연관되어 있기 때문에 자유주의자들이 제시한 사회에 대한 원자론적 비전은 환상에 불과하다고 주장했다. 개인들은 많은 방식으로 상호 연결되어 있다. 첫째, 정치적 동물인 사람은 오직 집단적 심의를 통해서만 공동의 통치 제도를 만들 수 있다. 이 점에서 셀번(1994)이 정치적 권리는 자기 이익을 보호하기 위한 수단이 아니라, 개인과 정치 공동체와의 상호 연결성을 반영하는 것으로 볼 때 가장 잘 이해된다고 주장한 것은 정확하다. 둘째, 경제적 분업을 통해서 개인들은 그들 자신이 서비스하고 재화를 공급하려고 다른 이들에게 의존하고 있다는 것을 발견한다. 이것은 부의 생산과 시장의 상호 작용이 '개인을 개별적이고 독립적인 시장 선택에 관련된 존재로 끌어들이지 못하며 또 할 수 없다는 것을 뜻한다'(Twine 1994: 2). 즉 모든 시장 교환은 구매자와 판매자뿐만 아니라 다른 이들에게도 외부효과를 나타낸다. 그러한 외부효과는 공동체가 집단적으로 조정해야만 한다. 이것은 원자화되고 합리적인 소비자라는 자유주의 신화를 없애버린다. 셋째, 우리는 개인적 삶 속에서 인생행로의 어떤 시기에는 우리 자신이 의존적인 위치에 있다는 것을 발견한다. 우리는 때로는 보살피는 자이지만 때로는 보살핌을 받는다. 마지막으로 우리는 자연과 상호 의존적인 관계 속에서 존재하는데, 이는 환경에 대해서 책임 있게 행동해 줄 것을 우리에게 요구한다.

트와인의 주장은 시티즌십에 대한 전체론적인 접근이 필요하다는 사실을 지적하는 것으로, 이는 시티즌십이 단지 개인의 자율성만 나타내지는 않는다는 점을 인정하는 것이다. 또한, 그 지위는 우리의 개인성이 공동체에 근거한다는 것을 인정하는 것이다. 대거Dagger(1997: 15)가 주장한 것처럼 자율성과 시민적 덕성을 이행하는 것이 반드시 조화될 수 없는 것은 아니다. 시민적 덕의 목적은, 고대 폴리스에서 이해되는 것처럼, 부패와 타인의 결정에 대한 수동적 의존을 피하는 것이었다. 그래서 시민적 덕을 이행하는 것은 자유와 권리의 중요한 안전장치다. 셀번(1994)이 주장하는 것처럼 만약 우리가 공동체에 대한 개인의 결핍된 책무감을 논하지 않으면 장래에 더욱 억압적인 도덕 질서를 만들어낼 위험이 있다. 따라서 자유주의자들이 시장 권리를 다루는 것처럼 그리고 공동체주의자들이 책임을 다루는 것처럼, 시티즌십의 한 측면만을 물신화할 수 없고, 또 그렇게 해서 시티즌십이 효과적일 것이라 기대할 수도 없다. 시티즌십에 대한 전체론적 이론은 권리와 책임 사이의 상호 의존을 보려고 하는 것인데, 이는 우리가 한 사람이 다른 사람에게 의존적 이게 하여야 한다는 의미가 아니다. 예를 들면, 권리를 근로에 종속되게 만드는 것은 개인에게서 사회에 대한 책무감을 발전시킬 기회를 빼앗는 것이 될 수 있다. 개인이 사회 안에서 갖는 남은 몫을 제거하면, 정말로 그들에게 좋은 시티즌십을 가져다줄 수 있는가? 아니다. 그 대신에 우리는 시티즌십의 이행을 가로막는 장애물을 제거하는 일을 해야 한다. 여기서 중요한 것은 시티즌십의 물적 토대를 인식하는 것과 또 개인들이 가진 자원, 그리고 권리와 책임을 이행하려는 자신들의 의지와 기회 사이에 존재하는 직접적인 관계를 인식하는 것이다. 물론 이것이 사회가 시민들에게 일련의 책임을 요구하는 것을 막지는 못한다. 그러나 책임과 권리가 정당한 것으로 보이려면, 그것들은 자유주의가 주장하는 것보다 더 포괄적인 참여의 윤리와 결부되어야 하며, 이 윤리는 포괄적인 사회적 권리들에 의해 뒷받침되어야 한다(제5장을 보라).

시티즌십의 내용 그리고 권리와 의무 사이의 균형에 관한 문제들은 항상 공동체의 결정을 조건으로 한다. 이런 이유 때문에 사회계약 개념을 시티즌십의 토대로 보는 것은 결함이 있다. 계약 개념은 너무 정태적이다. 대신에 우리는 공동체의 요구와 열망이 시대에 따라 변한다는 것을 받아들일 필요가 있다. 그래서 정치적 참여는 권리와 책임을 결합시키는 중심이 된다. 불의에 대항하는 능동적인 운동을 통해서 이전에 배제되었던 집단에 권리가 확대되고, 공동체 내에서 정의를 증진시켜야 하는 시민의 책임은 완수된다. 책무에 대한 자유주의적 접근은 오직 법에 따를 것만을 요구하는 경향이 있는데, 이는 너무 협소한 관점이다. 책무는 우리가 정치제도에 대해 비판적이기를 바라며 또 체제에서 소외된 이들을 도와 이들의 책무감과 참여를 신장시키어 달라고 요구한다. 여기에서는 책임의 종류를 구별하는 것이 유용하다. 의무duties는 법에 따라 부과되는 책임으로 볼 수 있으며, 개인들이 이를 지키지 않을 때 일종의 제재를 가할 수 있다. 책무obligations는 반대로 자발적이고 다른 이들과의 연대성과 공감을 표시하는 것으로 볼 수 있다. 건강한 사회의 표상은 공동체의 조건을 유지하고자 강요된 의무보다는 책무에 의존하는 능력이다. 셀번(1994) 같은 사회적 보수주의자들이 지적하는 점은 자유주의 사회에서 사는 우리가 필수적인 수준의 사회적 책무를 성취하는 것에서 너무 멀리 떨어져 있다는 점이다. 이것은 시티즌십 권리의 조건을 유지하려면 예견 가능한 미래를 위해서 우리가 더 많은 의무를 받아들여야 한다는 것을 의미한다(제5장을 보라).

나는 이 장에서 자유주의적 시티즌십의 상당한 장점들이 그 이원론적 가정에 의해 훼손되었다는 것을 보여주려고 노력했다. 배제적 국가와 시장의 불평등 위에 만들어진 시티즌십은 매우 빈약한 시티즌십이다. 자유주의자는 책임을 배제하고 시장 권리를 옹호함으로써 시티즌십에 대해 불균형한 비전을 제공한다. 그러나 많은 비평가가 권리에 대한 자유주의자들의 강조점을 간단히 뒤집는 잘못을 범하고, 권리를 희석시키면서 의무를 강조한다. 나는 이것이 권리와 책임의 상호 의존적인 속성을 놓친 것이라고 주장했는데, 시티즌십의 실천이 강화되려면 권리와 책임은 함께 가야만 한다. 따라서 제5장에서는 시티즌십의 강화가 이루어질 수 있는 몇 가지 방법들을 고찰할 것이다. 다음 장에서는 시티즌십에 대한 근대적 관점이 다원적이고 다양한 사회가 요구하는 것들을 다루는 데 실패했는지 아니면 성공했는지를 살펴봄으로써 시티즌십의 내용에 대한 분석을 계속할 것이다. 사회적 다양성은 보편적 시티즌십보다 차이를 인정하는 시티즌십을 요구하는가?

제4장

다원주의와 차이

앞의 세 장에서 우리는 시티즌십이 통합적일 뿐만 아니라 배제적일 수도 있음을 보았다. 시티즌십이 특권적인 지위로서 작동하는 것을 가장 명백하게 보여주는 방식은 비국민의 구성원 지위를 부정하는 것이다. 시티즌십이 민족국가와 밀접히 연관됐는 한 그러한 배제는 불가피하다. 그러나 나는 6장에서 세계화가 국가의 경계에 도전하고 있기 때문에 이런 관계가 점차 문제가 되고 있다고 주장할 것이다. 이 장에서는 국가의 경계 안에서 발생하는 다른 형태의 배제를 다루려고 한다. 자유주의 형태의 시티즌십은 보편주의의 이상을 실현한다고 주장한다. 국가의 시민이 될 수 있다고 정당하게 주장할 수 있는 모든 개인은 시티즌십의 권리와 책임을 동등하게 지닌 것으로 생각된다. 그러나 아이러니하게도 몇몇 비판자들에게 강력한 배제 담론으로 작동하는 것이 바로 이 보편성에 대한 주장이다. 보편적 시티즌십이란 개념이 다원적인 사회의 문맥 속에서는 쉽게 유지될 수 없다고 생각한다. 따라서 개인적인 권리뿐만 아니라 특별한 집단의 권리가 요구되며, 이는 일부 개인들이 자신의 젠더, '인종' 혹은 자기 정체성의 또 다른 측면 때문에 시티즌십의 혜택으로부터 배제당하지 않도록 보장해준다. 이 장에서 나는 이 같은 주장을 검토할 것이다. 아이리스 영Iris Young과 윌 킴리카Will Kymlicka의 저작은 일반적으로 이 논쟁에 깊이 공헌한 것으로 인정된다. 따라서 이 장은 그들의 사상에 대한 비판적인 평가를 통해 전개될 것이다. 나는 먼저 시티즌십에 대한 영과 킴리카의 입장을 개괄하고, 두 번째 절에서 이들의 사상에 대한 비판을 전개할 것이다. 마지막 절에서는 평등과 차이의 관계를 분석하고자 한다. 이는 집단의 권리가 일으키는 문제를 이해하는 데 중요하다. 이 장에서 내가 강조하고자 하는 것은 집단의 권리가 일관성을 결여하고 있으며, 개인 행위자 및 안정적인 통치 수행에 부정적인 의미를 내포하고 있다는 것이다.

집단의 권리를 위한 주장

영(1980, 1990)은 자유주의 시티즌십에 반대하는데, 그 주장의 핵심은 시티즌십이 구현하는 보편성에 대한 그녀의 분석에서 발견될 수 있다. 영은 자유주의와 연관된 보편성의 세 가지 의미를 밝혔다. 그녀는 이것들 중 하나를 인정했지만, 나머지 둘은 의심스러워했다. 보편성의 첫 번째 이상은 모든 사회 구성원들이 자신들 삶의 형성에 정치적으로 참여할 수 있다. 이것은 분명히 바람직스러운 목적이며, 모든 민주주의자들이 추구하는 목적이 되어야 한다. 이런 이상에 장벽이 되는 것은 돈, 시간 그리고 정보와 같은 자원의 불평등한 분배와 관련이 있다. 하지만, 자원의 불평등은 문제 일부일 뿐이다. 시민들 사이의 물질적 불평등을 극복할 수 있다고 하더라도, 자유주의가 갖는 다른 두 종류의 보편성은, 영이 주장하는 것처럼 시티즌십이 실제로는 여전히 불평등하다는 사실을 확실하게 보여줄 것이다. 이는 자유주의가 사회적 차이를 부정하는 시티즌십 개념을 갖고 있기 때문이다. 영(1998: 274)에게 자유주의는 참여의 평등이라는 측면에서뿐만 아니라, '보편적 관점'을 적용하는 고도의 추상적인 의미에서의 개인이라는 측면에서도 보편성을 주장한다. 시티즌십은 개인들로 하여금 '그들의 특별한 경험에서 얻은 인식을 뒤에 남겨둘 것'을 요구한다. 요약하면 시민들은 권리와 책임을 실행할 때 자신의 정체성을 부인할 것을 요구받는다. 보편성의 셋째 의미는 이것이 갖는 실천적 해석이다. 시민들 혹은 그들의 대표들이 만든 법은 사회 안에 존재하는 다양한 필요와 불평등에 상관없이 모든 이들에게 적용된다. 그래서 자유주의 사회 내의 정책결정 구조들은 모든 목소리를 효과적으로 경청하는 것을 방해한다. 자유주의자는 서로 다른 개인들 사이의 평등을 나타내는 것이 아니라 차이에 대한 평등 이상의 지배를 나타낸다. 즉 사회를 특징짓는 다양성이 추상적이고 달성될 수 없는 시티즌십 개념에 의해 희생되는 것이다.

영이 주장하는 바에 따르면 개인들은 추상적이고 합리적인 존재들이 아니라 문화적이고 사회적인 구조의 산물이기 때문에, 그들은 자유주의적 시티즌십이 요구하는 객관적인 견해에 도달할 수 없다. 그래서 개인성에 대한 추상적 견해를 기초로 한 민주적 제도들은 잘못된 것이고 개인들의 필요에 대해서도 잘 부응하지 못하는 것이 분명하다. 이는 그 자체로 심각한 문제다. 게다가 영의 시티즌십에 대한 자유주의적 접근은 일련의 불평등한 권력관계를 은폐한다. 이 불평등은 다음과 같은 사실을 숨기고 있는데, 이는 시티즌십이 특별한 정체성 즉 백인 남성의 측면에서 정의되고 이들에게 호의적으로 작동한다는 점이다. 이런 편견은 매우 뿌리 깊은 것이며 역사적으로는 제국주의 그리고 가부장제와 관련이 있다. 앞의 장에서 언급된 것처럼 자유주의 전통에서 시티즌십은 오직 '문명화된' 사람들만을 위한 것으로 간주했다. 더구나 자유주의에서 시티즌십은 객관적인 이성의 용어로 감정과 신체에 반대되는 것으로 이론화되었다. 그래서 자유주의 전통에서 여성은 비합리적이고 감정적인 것의 화신으로서 시티즌십의 책임을 완수할 수 없는 존재로 인식되었다. 이런 불평등의 깊은 뿌리 때문에 이 불평등은 종종 무의식적인 수준에서 재생산된다는 영의 주장은 정확하다. 그러나 '많은 도덕 이론이 정당화의 수단으로 사려 깊은 행동에 초점을 두는 경향이 있기 때문에, 그 이론들은 보통 의도하지 않는 억압의 사회적 근원을 판단의 영역으로 가져오지 않는다'(Young 1990: 11).

시티즌십이 어떤 이들의 이익을 증진시키는 데 이바지하는 반면 다른 이들의 필요는 배제하는 이유를 이해하려면, 영이 주장하는 것처럼, 개인의 의도에 의존하는 이론보다 더 발전된 권력이론을 가져야 한다. 예를 들면 내가 다른 곳에서 권력 구조라고 언급한 계급제와 같은 것은 자유주의 제도에 널리 퍼져 있으며 이것이 물질적이고 문화적인 불평등을 야기한다(Faulks 1999: 14-20). 영(1990: 39-65)은 억압의 유형을 발전시켜 그런 권력 구조를 논의한다. 그녀는 '억압의 다섯 측면'을 밝히는데, 이는 착취, 주변화, 무기력, 문화적 제국주의 그리고 폭력이다. 이것들 중 하나 또는 그 이상을 경험한 집단은 억압의 희생자다. 자유주의자들은 개인들에 초점을 두고, 권력의 구조적 측면을 무시함으로써 시티즌십이 모든 사람들에게 동등하게 기여하는 데 어떻게 실패했는지를 간과하거나 오해하는 경향이 있다. 이는 많은 공화주의 사상가들에게도 해당하는 것인데, 이들은 시티즌십의 지위 안에 보존된 시민적 단일성을 자신들의 이상으로 갖고 있다. 영(1990: 117)은 '이러한 시민공중civic public의 이상이 여성 그리고 다른 것으로 정의된 다른 집단을 배제하는데, 그 이유는 합리적이고 보편적인 지위가 정서, 특수성 그리고 신체에 대한 반감에서 연유하기 때문'이라고 주장한다.

시티즌십을 강화하려면 우리는 집단 정체성을 심각하게 받아들여야 하는데, 왜냐하면 '개인을 구성하는' 것이 집단이기 때문이다(Young 1990: 45). 더구나 사회적 집단이 너무 다양하여 어떤 특정한 집단의 비구성원들은 그 집단의 억압적 속성을 완전히 이해할 수 없다. 시티즌십이 정말 포용적이 되려면 우리는 차이의 정치가 필요하다는 것을 인정해야만 한다. 이를 통해 영은 집단 정체성이 공동체의 정책결정 제도에 포함되어야 함을 언급한다. 영(1990: 184)은 그녀의 제안에 담긴 정책적 함의를 다음과 같이 요약한다.

> 나는 다음의 원리를 주장한다. 민주적 공중democratic public은 억압받고 불이익을 당하는 집단들이 내는 다양한 목소리와 견해를 효과적으로 인식하고 대표하는 메커니즘을 제공해야 한다. 이들 집단을 대표한다는 것은 다음의 것들을 지원하는 제도적 메커니즘과 공적 자원을 의미한다. (1) 집단 구성원들의 자립적인 조직. 이를 통해 그들은 집단적인 권력 위임과 사회의 맥락에서 집단적인 경험과 이익에 대한 반성적 이해를 달성할 수 있다. (2) 제도적인 맥락에서 정책 제안에 대한 집단 분석과 집단 형성. 여기서 정책 결정자들은 그들의 심의가 집단의 견해를 고려하고 있음을 보여주어야만 한다. 그리고 (3) 집단에 직접적으로 영향을 미치는 구체적 정책에 대한 거부권. 예를 들면 여성을 위한 모성 권리 정책이나 인디언 보호구역을 위한 토지 이용 정책.

영은 민주적 시티즌십에 대한 자신의 이론을 고전적 다원주의자들의 이론과 분명하게 구별하는데, 고전적 다원주의자들은 민주주의를 압력 단체들이 대표하는 이미 결정된 지위들 사이의 타협으로 본다. 그녀의 정의에 따르면, 고전적 다원주의와는 달리 사회적 집단은 단지 상호 이익에 의해서만 결정되지는 않는데, 이는 그 구성원이 삶의 특별한 방식을 공유하기 때문이다. 사회 집단에 대한 영의 본질적인 문화적 정의는 이데올로기 집단이 그가 정의한 사회 집단만큼 중요하지 않다는 주장에 의해 강화된다. 주장의 후반부에서 영은 특별한 권리를 가질 자격이 있는 사회 집단의 정의를 더욱 제한한다. 영(1990: 187)은 '특정한 대의'는 오직 '억압받고 불이익을 당하는 집단들'만을 위한 것이라고 단언한다. 또한, 이러한 원리가 권리를 위해 자기 자신만의 상황을 강조하는 집단의 확산을 막을 수 있다고 그녀는 주장한다.

시티즌십에 대한 영의 이론은 다양한 방식으로 자유주의 전통과의 단절을 표출하였다. 영은 자유주의자들이 주장한 보편적 개념으로서의 시티즌십이 소수자들의 억압과 차이에 대한 부정을 가져왔다고 주장했다. 다원주의적인 사회가 질서를 유지하고 공정한 정치체로 나아갈 수 있는 것은 오직 그녀가 '차이를 인정하는 시티즌십'이라고 부르는 것을 강조하는 것인데, 이는 집단의 권리를 토대로 한다. 1장에서 밝힌 시티즌십의 네 측면(맥락, 범위, 내용, 깊이)에서 보면, 영은 자유주의자들보다 훨씬 포괄적인 시티즌십을 그리고 있다. 시티즌십의 내용은 개인의 권리보다 집단의 권리를 강조한다. 시티즌십의 맥락은 동질적인 공동체의 맥락이라기보다는 그리고 차이를 초월하기보다는 그것을 고무하고 보호하는 사회다. 마지막으로 영의 시티즌십은 얇은 것이 아니라 두터운 것이라고 주장할 수 있는데, 이는 그것이 개인을 구성하는 정체성 안에 뿌리를 내리고 있으며, 이런 것이 자유주의가 갖는 협소한 의미의 공공 지향적 시티즌십보다 더 중요한 지위이기 때문이다.

킴리카(1995)는 다소 다른 방식으로 집단 권리를 옹호하는데, 영과는 대조적으로 집단의 권리가 자유주의 전통 안에 확실히 뿌리를 두고 있다고 주장한다. 그러나 영과 같이 킴리카도 차이를 인정하는 시티즌십을 주장한다. 그는 '다문화적 시티즌십'이라고 부르는 것을 주장하는데, 이는 개인의 지위와 정체성에서 문화가 갖는 중요성을 인정하는 것이다. 킴리카는 자유주의자들이 국가와 종족 간의 관계를 국가와 종교의 관계와 같은 것으로 보는 경향이 있다는 점에 주목한다. 이 견해에 따르면, 근대 사회의 다원주의적인 현실을 다루는 가장 좋은 방법은 교회가 국가에서 분리된 것과 같은 방식으로 국가에서 종족적 정체성을 분리해내는 것이다. 특수한 정체성은 사적인 세계에 국한되어야만 한다. 시티즌십은 공적이고, 보편적이며, 문화중립적인 것으로 남아 있어야만 한다. 그러나 이러한 관점의 결과로, '문화적 소수자들은 다수자들 속에서 불의에 상당한 취약해졌으며, 종족문화적 충돌은 악화되었다'(Kymlicka 1995: 5). 자연권에 대한 전통적인 자유주의 옹호방식은 국가 내부에 있는 차이의 문제를 해결할 수 없다. 그래서 킴리카(1995: 6)는 소수자 권리의 이론을 발전시킨다. 즉 '다문화적인 국가에서의 포괄적인 정의 이론은 집단 구성원 지위에 관계없이 개인들에게 주어진 보편적 권리뿐만 아니라 소수 문화를 위한 집단의 차이를 인정하는 권리나 특별한 지위 모두를 포함해야 할 것이다.'

킴리카가 문화라는 용어를 '민족'이나 '인민'과 호환 가능한 것으로 사용한 점은 주목할 만하다. 그는 계급이나 젠더에 근거한 집단보다는 종족 집단을 생각하고 있다. 그러나 그는 자신이 논의하는 민족 집단은 '인종'이나 혈통의 의미에서 정의한 것이 아님을 조심스럽게 주장한다(1995: 22). 종족 정체성이 중요한 것은 그것이 개인들이 성장하는 문화적 맥락을 제공하며, 개인들의 선택을 위한 매개변수를 정해주기 때문이다. 킴리카(1995: 83)에게 '의미 있는 선택의 유용성은 사회 문화에 대한 접근성과 그 문화의 역사와 언어에 대한 이해력에 달렸다.' 민족 문화가 시티즌십을 위해 제공하는 맥락의 중요성을 고려하여, 킴리카는 정치 체제가 구성원들이 중요하다고 여기는 모든 종족 문화를 지원하는 것이 필수적이라고 보았다. 이를 위해 킴리카는 세 종류의 집단 권리를 구상하고 있다.

첫째, 자치 권리는 국가 내의 소수자에게로 권력이 이전되는 것과 관련이 있다. 이는 일종의 연방적인 정치 체제를 형성하도록 하는 것처럼 보인다. 둘째, 다종족적 권리인데, 소수 문화에 대한 법적이고 공적인 재정지원을 통해 집단 정체성을 보호하는 것이다. 셋째, 특별 대표권으로, 공동체의 정치 제도들 안에 소수자를 위한 대표권을 확실히 보장해주는 것이다. 자치권은 확실히 좀 더 포괄적이고, 분리로부터는 한발 물러선 것이다. 그러나 다종족적 권리나 대표권은 분명히 소수자를 정치 체제에 통합시키는 것과 관련이 있다. 이는 문화적 차이를 부정하는 것이 아니라 이 차이를 안정적인 다문화 국가의 본질적인 부분으로 인정하는 것을 통해서 이루어진다.

이러한 차이를 받아들이는 것은, 자유주의적 시티즌십이 전통적으로 '백인이고 정상인이고 기독교인이고 남성'인 이들에 의해서 정의되고, 그들을 위한 것으로 정의되어 왔음을 인정하는 것이다. 아울러 시티즌십이 본질적으로 '집단의 차이를 인정하는 개념'임을 말하는 것이기도 하다(Kymlicka 1995: 124, 181). 국가가 시티즌십을 결정하는 세계에서 누가 그 지위에 대한 자격이 있는지 결정하는 것은 개인이 갖는 집단 구성원 지위에 근거한다. 킴리카의 주장은 우리가 국가 내 집단에게 같은 원리를 적용해야 하며 그들의 요구를 받아들이려고 노력해야 한다는 것이다. 주장은 달랐지만, 영과 킴리카는 다 같이 시티즌십은 사회 집단이라는 개념에 뿌리를 두고 있어야 한다는 결론에 도달했다. 시티즌십은 순수하게 개인적인 지위일 수 없는데, 그 이유는 시티즌십이 오직 집단이라는 더 넓은 문화적 맥락 속에서만 개인에게 의미가 있기 때문이다.

차이의 정치에 반대하여

영과 킴리카는 의심의 여지없이 시티즌십의 보편성과 관련하여 중요하고 어려운 문제들을 제기한다. 두 사람은 자유주의 시티즌십 이론이 어떻게 개인의 사회적 특성을 부인하는 고도의 추상적 개념으로 기울어졌는지를 밝혔다는 점에서 정확하다. 시민에 대한 뿌리 없고 추상적인 정의는 권리와 책임을 행사하는 데 방해가 되는 걸림돌을 무시한다. 일반적으로 소수자 혹은 영이 언급한 억압받는 집단의 경험에 관심을 두면서 두 저자는 자유주의 사회 안에 배태한 불평등이 의미 있는 평등에 대한 약속을 어떻게 부정하는지 확인하기 시작한다. 시티즌십의 맥락에 대한 중요한 문제가 드러나지 않는다면 보편성이 사회적 차이들을 붕괴시킬 수 있는 위험은 항상 존재한다. 취약 집단은 그들의 요구가 무시되고 그들의 목소리가 경청 되지 않을 위험이 존재한다. 영과 킴리카는 시티즌십의 내용을 변화시킴으로써, 즉 개인의 권리와 함께 집단 의 차이를 인정하는 권리도 포함할 것을 주장함으로써 불평등의 도전에 맞선다. 그들은 시티즌십의 해방적인 잠재력을 완전히 부인하려는 유혹을 거부한다. 그러한 거부는 종종 사회적 삶에 대한 포스트모던적 설명에서 분명히 나타나는데, 이는 흔히 시티즌십처럼 많은 중립적인 개념 뒤에 놓여 있는 가정을 통찰력 있게 해체하는 반면, 통치라는 인간의 본질적인 문제를 다루는 데 필수적인 대안적 개념 도구들을 제시하는 데는 실패한다. 포스트모던적 접근이 좀 더 건설적이려면 자유주의의 강점 위에 세워져야 하며, 그것을 실현하는 데 걸림돌이 되는 것을 밝히고 극복함으로써 그 약속을 현실로 만들어야 한다. 영과 킴리카의 이론은 근대성의 문제를 극복하려는 용기 있는 시도로서 환영받아 마땅하다. 그러나 나는 집단 권리에 대한 그들의 주장은 일관성이 없으며 그러한 방식으로는 시티즌십을 증진시킬 것 같지 않다고 주장하고 싶다.

집단에 중심을 둔 시티즌십의 첫 번째 문제는 해당 집단이 특별한 경우임을 정당하게 주장할 수 있는가 그래서 정치 체제의 다른 구성원들에게는 유용하지 않는 추가적인 자격을 받을 만한가를 확인하는 것이다. 집단을 삶의 특별한 방식을 공유하는 이들에 의해 구성된 것으로 보는 영의 정의는 지지할 수 없다. 영은 자유주의 시티즌십에서 본질적인 개인주의라 생각되는 것을 초월하고자 그것을 단지 사회 집단의 본질적인 정의로 교체했을 뿐이다. 영은 분명히 개인을 정태적인 견지, 즉 개인이 성장하고 변화할 수 있다는 사실을 부인하는 정의에 대해 반대한다. 그러나 한 예로 여성들을 반드시 공유된 경험을 가진 것으로 보고 따라서 이들을 하나의 사회 집단으로 분류하는 것은 영이 자유주의자들을 비난했던 것과 같은 오류를 범하는 것이다. 그녀가 억압받고 있다고 본 다양한 사회 집단들 안에 내부적 차이가 존재한다는 것을 무시하는 것은 모든 개인이 다양한 정체성과 사회적 역할을 지닌다는 사실을 간과하는 것이다. 개인에게 이런 정체성은 모두 똑같이 중요하다. 개인들에게 그들의 정치적 입장을 그들의 정체성 중 하나에만 근거하라고 요구하는 것은 그들의 복잡한 개인성을 무시하는 것이다. 더구나 개인의 정체성 중 어느 한 측면은 다른 것과 긴장 관계를 맺을 수 있다. 흑인 여성으로서의 정체성은 어떤 순간 노동자 계급으로서의 정체성과 긴장관계가 될 수 있다. 우리가 개인의 행위 특히 자치의 능력을 완전히 인정하는 시티즌십을 갖고자 한다면, 개인의 정체성 중 어느 하나만으로 정의할 수 없다. 집단 권리에 근거한 시티즌십 이론은 사회적 차이를 동결하고 아울러 비소통적이며, 분절화된 매우 정태적인 정치를 만들어낼 위험이 있다. 이것은 영이 추구하는 억압으로부터의 초월을 이끌어낼 수 없을 것 같다.

영의 정의와 관련된 또 다른 문제가 존재한다. 즉 권리를 요구하는 그래서 정치 체제를 분열시킬 수도 있는 새로운 집단의 확산을 무엇으로 막을 것인가 하는 것이다. 억압의 다섯 측면에 대한 그녀의 논의에서 답을 찾을 수 있는데, 그녀는 이것들을 권리 주장의 정당성을 확인하는 '객관적인 기준'으로 생각하고 있다. 집단의 주장을 정당하게 만드는 것은 억압의 다섯 측면 중 하나 혹은 그 이상에 속하는 경우다. 그러나 억압에 대한 영의 정의는 분명히 객관적이지 않고 모순적이며, 특정한 사회 집단이 경험하는 억압의 형태를 밝히는 데 도움을 주지 못한다. 영은 억압의 형태를 구분하려는 마음에 다소 기이한 결론에 도달하게 되었다. 그녀는 '노동자 계급은 착취당하고 무능력하다. 그러나 피고용인이 백인이라면 주변화와 폭력을 경험하지 않는다'고 기술한다(Young 1990: 64). 이 결론은 분명히 성립될 수 없어서 어떤 설명이 필요 없다. 단조롭고 불안정하고 불안전한 육체노동을 하며, 가난하고 범죄가 많은 공영주택단지에 사는 노동자 계급이 주변화와 폭력을 경험하지 않는가? 더구나 개인들이 자신의 이익을 규정하는 방식이 변화하는 것처럼 억압의 토대도 변화한다. 최근 미국에서 혼혈인들이 자신들도 특별한 대우를 받을 자격이 있는 집단으로 구별해 달라고 강력하게 요구하고 있다. 말하자면 이는 많은 소수 인종 지도자들이 반대해왔던 것이다. 이것이 의미하는 것은 집단 구성원 지위에 따라 권리를 부여하는 것이 매우 자의적인 속성을 지닌다는 것이다. 그것은 또한 특별한 지위를 향해 경쟁하는 집단 간에 잠재적 긴장이 존재한다는 것을 의미한다. 좁케Joppke(1998)는 사실 아시안이나 히스패닉과 같은 미국의 많은 공식적인 '희생자' 분류가 매우 인위적인 구성물이라고 주장한다. 더구나 다문화적 시티즌십의 전략은 또 다른 위험들을 안고 있다. 예로 프랑스의 대大 다문화주의를 요구하는 맥락 속에서 르펭의 신인종주의는 차이에 대한 다문화적 권리를 모방한다(Joppke, 1998: 38). 다른 말로 하면, 집단 정체성의 정치는 강한 자의 손에서 작동할 수도 있다.

그래서 억압은 영이 인식하는 것보다 훨씬 더 복잡한 문제다. 결정적으로 억압은 특성상 상호 관계적이다. 헤겔의 유명한 주인-노예의 관계에 대한 논의가 의미하는 것처럼, 억압자도 그 또는 그녀의 억압에 매여 있다(Williams 1997). 이것은 또한 마르크스가 자본주의는 노동자뿐만 아니라 자본가도 소외시키고 있다고 주장할 때의 요점이기도 하다. 우리가 지배에 근거한 관계를 제거하려고 한다면 우리는 피억압자뿐만 아니라 억압자도 해방해야 한다. 억압의 파괴적 효과를 극복하려면 우리는 단지 집단 안에서 만의 신뢰가 아니라 집단 간의 신뢰를 증진시켜야 한다. 권리와 책무가 잘 작동할 때, 매우 다른 개인들 사이에 공감을 만들어낸다. 물론 이들은 그래도 많은 경험을 공유하며 공동의 삶의 토대를 유지하는 데 상호 이익을 갖고 있다. 그러나 영은 (영이 정의한) 억압을 경험한 이들만이 그 억압을 이해할 수 있다는 생각에서 집단 권리를 옹호한다. 오직 억압받는 자들만이 정말로 믿을 만하며 그들만이 특별한 권리를 요구할 수 있다는 것이다. 안느 필립스Anne Phillips (1993: 84)는 영의 생각에 대해 강력히 비판하였음에도 불구하고, 영이 '다른 이들을 동등한 이들로 인정하는' 정치 체제를 소망한다는 이유로 그녀를 옹호한다. 그러나 이는 영이 억압을 피억압자들이 아니고서는 결코 이해할 수 없는 경험이라며 강조하였을 때 사실상 부인한 바로 그것이다. 이는 민주주의에 대한 영의 접근방식에 중대한 뜻을 지닌다.

고전적 다원주의 이론이 받은 불신의 사정을 고려하면, 영은 예리하게도 이것과 거리를 두었다. 그러나 맥클레난McLennan(1995: 96-7)이 쓴 것처럼 영은 자신의 이론을 달Dahl(1961)과 같은 다원주의 저술가와 차별화하는 데는 성공하지 못했다. 이것은 대체로 그녀가 비판하는 다원주의자들처럼 그녀가 확인한 사회 집단도 이미 정해진 생각을 하고 민주적인 회의체에 나아가기 때문이다. 억압받는 집단으로서의 지위는 그들의 주장에 도덕적인 힘과 백인 남성들을 대표하는 집단이 결여하고 있는 권력에 대한 이해를 제공한다. 그래서 그녀의 주장 속에는 몇몇 목소리가 다른 것보다 더 권위가 있다는 뜻이 내재해 있다. 더구나 거부권을 옹호하면서, 영은 몇몇 중요한 문제를 정치적 어젠다에서 효과적으로 제거한다. 예를 들면 그녀는 여성은 재생산의 권리라는 유일한 권리를 가진다고 주장한다. 그러나 이 입장을 옹호하기 위한 유일한 논리적 근거는 남성과 다른 여성의 생물학적 차이다. 본질주의에 대한 영의 비판을 고려하면 이는 그녀의 주장에서 중대한 모순을 일으키는데, 그 이유는 권리의 주장을 이미 결정된 자연주의적인 기준에 근거하려고 하기 때문이다.

한 집단이 다른 집단의 경험을 이해할 수 있다는 것을 부인하는 것은 심의의 특성과 관련하여 매우 위험한 의미를 함축하고 있다. 그것은 말이 나오기도 전에 민주주의 한계를 정하는 것이다. 예를 들어 남자가 결코 여성의 억압을 이해할 수 없다면, 남성들로 하여금 공감하도록 하고 자신들의 행동에 대해 비판적인 입장을 취하게 하려면 어떤 동기부여를 해야 하는가? 존 호프만John Hoffman(1995: 209)이 말하는 것처럼, '다른 이들을 이해할 수 없다면 누구도 자신을 이해할 수 없다.' 지배로부터 고통받는 이들에게는 다른 이들로 하여금 억압을 보는 방식을 변화하게 하는 것이 특히 중요하다. 다른 이들의 고통에 공감할 수 있는 능력을 부인하는 것은 억압이 계속되도록 놔두는 것이다. 그렇다면, 정치는 집단의 차이를 확인하는 수단에 불과하다(Miller 1995: 132). 이런 이유로 영의 본질주의적인 이론은 심의민주주의로 나아갈 것 같지가 않다. 밀러(1995a: 446)가 주장한 것처럼 영은 다양한 집단들이 어떻게 그리고 왜 화해하는지를 밝히는 데 실패했다. 밀러가 보기에 그녀는 '자신이 억압받고 있다고 확인한 집단들이 자신들의 주장을 피력할 때 억압받고 있다는 상황이 반대자를 압도할 것'이라고 가정하는 것처럼 보인다.

이 문제에 대한 영의 소박함은 사회 집단에 대한 그녀의 낭만적 견해로 말미암아 더 복잡해진다. 필립스(1993: 160)가 주장하는 것처럼 '억압받는 자들은 좋은 행동을 독점하는 것이 아니며, 희생자가 되는 것이 권리를 담보하는 것도 아니다.' 억압받는 집단이 자신들이 처한 상황에 보이는 반응은 긍정적일 뿐만 아니라 부정적일 수도 있다. 역사적으로 이는 건설적인 대안뿐만 아니라 차별을 앞세운 분리주의 운동, 테러리즘 그리고 복수를 가져왔다. 게다가 개인들을 그들 집단의 구성원 지위에 따라 판단하는 것은 개인의 자유를 훼손할 위험이 있다. 이 문제는 모든 집단적 정체성에 내재해 있는 것이다. 개인이 그 또는 그녀의 집단 구성원 지위 때문에 어떻게 고통받는지를 잘 보여주는 예가 정치적 목적의 인질이다. 영국인 인질이었던 존 맥카시는 몇 년 동안 중동의 이슬람 원리주의자들에게 포로로 잡혀 있었다. 그는 인질로 잡힐 때 이것은 자신의 문제가 아니라 '그의 나라의 문제' 때문이라는 말을 분명히 들었다. 우리는 다른 이들이 우리를 특정한 집단의 구성원으로 취급하도록 함으로써, 개인의 권리와 이 집단적 정체성 사이에 긴장을 일으킬 위험이 있다. 권리를 가져야 하는 가장 중요한 이유 중 하나는 개인을 바로 그런 자의적인 취급으로부터 보호하는 것이다. 개인보다 집단에 근거한 시티즌십이 더 큰 억압을 일으키는 것은 당연하다. 또한, 집단 자체가 그 구성원에 대해 억압자가 될 수 있음을 기억해야 한다. 이는 문화의 물신화라는 문제를 일으키는데, 이 문제에 대한 검토는 영의 차이를 인정하는 시티즌십 이론뿐만 아니라 킴리카의 이론에도 도움을 준다.

영처럼 킴리카의 이론에서 집단 권리의 기초는 문화적이다. 그러나 킴리카가 특별한 권리의 자격이 있는 집단을 구성하는 것이라고 간주한 삶의 공유 방식은 억압이 아닌 민족 정체성에 의해 결정된다. 결정적으로 자신의 이론을 정당화하고자 킴리카는 자신이 국가의 유추類推라 칭한 것을 이용한다. 그의 논리는 다음과 같다. 국가는 세상에서 가장 탁월한 정치적 기구다. 그래서 누가 시민이고 아닌지를 정의하는 것은 민족국가다. 결과적으로 시티즌십은 본질적으로 집단중심적인 사고인데, 이는 그것이 문화적으로 정의된 집단의 구성원 지위와 연결되어 있기 때문이다. 이것은 논리적으로 우리가 국가로서의 지위를 갖지 못한 민족 집단들의 집단 권리를 부인할 수 없다는 것을 뜻한다. 그러나 영이 사회적 정체성의 다면적이고 중첩적인 속성을 인정하면서 동시에 특별한 권리를 확정하려면 명확하게 정의된 집단들을 옹호하는 것과 긴장관계에 있는 것처럼, 킴리카의 이론은 문화에 대한 정의에서 너무 주저하고 있다. 문제는 권리가 어떤 물질적인 혜택을 준다는 점에서 비교적 구체적인 데 비해, 문화는 매우 유동적이고 심지어 변화한다는 점이다. 실로 변화하지 않는 문화는 죽은 문화라고 말할 수 있다. 문화에 대한 어떤 관념도, 그것이 억압이라는 공유감각에 의존하든지 민족 정체성에 의존하든지 간에, 시티즌십의 권리를 위한 토대로서는 매우 불안정해 보인다.

킴리카는 자신의 시티즌십 이론을 민족 문화에 근거하려고 할 때, 우리가 앞서 2장에서 밀러의 민족성 이론에 관해 밝힌 것과 똑같은 문제에 직면하게 된다. 그는 시민들이 하는 선택이 오직 민족이라는 맥락 속에서 의미를 지닌다고 가정한다. 킴리카(1995: 69)는 '개인의 자유는 자기 민족 집단 안에서의 구성원 지위와 연관되어 있다'고 단언한다. 그러나 우리가 왜 이것을 수용해야만 하는가? 내가 2장에서 주장한 것처럼 민족 문화라는 개념은 계급과 젠더와 같은 많은 차이를 은폐한다. 더 심하게는 민족적 담론이 엘리트들에 의해 이용되어 종종 이 차이를 숨기고, 불평등의 근원을 밝히는 것을 면제해 준다. 킴리카는 또 의미 있는 선택을 민족 문화와 연결함으로써 의미 있는 선택과 의미 없는 선택을 구별하는 문제에 빠지게 되었다(Fierlbeck 1998). 개인이 가장 가치를 두는 정체성은 종족성이나 민족성이 아니라 그들의 이데올로기적 선택이나 삶 방식의 선택일지 모른다. 킴리카는 역사에 기반을 두고 있다는 이유 때문에 민족 정체성을 다른 근원들보다 더 선호하는 것 같다. 그러나 우리가 보아온 것처럼 역사적인 민족성은 시티즌십과 모호한 관계를 맺어왔다. 현실은 민족 정체성의 옹호가 종종 다른 이들의 정체성에는 반대되는 것으로 이루어지고 또 유지된다는 점이다. 그래서 예를 들면 북아일랜드의 많은 연합론자가 가진 민족 정체성의 본질은 그들의 반가톨릭주의와 북아일랜드에 거주하는 가톨릭들의 시민적 권리에 대한 적대감 속에서 발견할 수 있다. 킴리카가 제안한 것처럼 민족 정체성은 종교, 분리주의 그리고 종족적 적대성으로부터 그렇게 손쉽게 분리될 수 있는 것이 아니다. 킴리카(1990: 172)는 '최고의 선은 … 공동체의 특성이나 전통적인 삶의 방식이 아니라 선택의 배경으로서 문화적 공동체다'라고 썼다. 그러나 민족적 특성들과 많은 민족성에서 중요한 가치들은 종종 인간 행위자에 대한 시티즌십의 강조와 긴장 관계에 있다. 민족에 대한 강한 집착이 가져오는 분열들을 극복하려면, 전수받은 과거의 지혜에 대해 비판적이어야 한다는 점이 시티즌십의 실천에서 필수적이다. 그래서 특수한 문화의 속성이 결정적으로 중요하다. 이는 우리를 매우 논쟁적인 영역으로 이끄는데, 왜냐하면 우리가 어떻게 비자유주의적인 관행들을 개인의 자유라는 자유주의적 이상과 화해시킬 수 있는가 하는 문제가 생기기 때문이다. 킴리카는 내적인 문화적 제약과 외적인 문화적 제약을 구별할 것을 주장함으로써 이 문제를 해결하려고 한다. 자유주의자들은 그가 주장하는 것처럼 집단의 권리를 옹호해야 하는데, 왜냐하면 그들은 문화적 차이라는 현실을 인정하고 다수로부터 소수자의 문화를 보호함으로써 다양성이라는 사회적 선을 장려하기 때문이다. 그러나 자유주의자들은 문화적 집단의 구성원들이 지닌 시민적 권리를 침해하는 내적 제약을 반대한다. 이것은 분명히 킴리카의 주장과 긴장 관계에 있는데, 그에게 중요한 것은 한 문화의 속성이 아니라, 어떤 문화이든 그것이 억압적일지라도 시민으로서의 선택을 위해 제공되는 필수적인 배경이다. 영처럼 그의 이론은 시티즌십의 토대로서 이미 정해진 문화적 정체성에 대한 자신의 신뢰와 타협을 한다.

영과 킴리카는 몇몇 현실 문제가 자유주의 시티즌십이 가진 문제임을 확인했다. 그들이 중요한 사회적 차이를 무시했을 때 일어날 시티즌십의 결과에 대해 염려하는 것은 옳다. 집단 권리의 신장을 통해 취약한 소수자들을 옹호하려는 것은 매력적이다. 그러나 어떤 집단이 그런 대접을 받을지를 결정할 수 있는 비자의적인 방법은 없다. 영과 킴리카는 문화에 대해 개별주의적이고 본질주의적 정의를 주장하는데, 이는 결국 인간 행위자를 거부하는 결과에 다다른다. 그런데 시티즌십이 정말로 포괄적이려면 인간 행위자를 인정해야만 한다. 피어벡Fierlbeck(1998: 99)이 주장하는 것처럼, '사람이 다른 요인보다 그들의 문화적 혹은 특정한 집단의 특성에 의해 정의된다는 점을 단지 알고 있다고 주장하는 것은 문화적 특성이 매우 중요하다고 믿는 것을 거부하는 것만큼이나 억압적인 것으로 보인다.' 영의 집단 권리에 대한 주장은 억압에 대한 공유된 감각에 기반을 두고 있는데, 이는 사회의 분열을 심화시키는 것뿐만 아니라 소수자에 대한 적대감이 증대하는 상황에 직면하게 될 것 같다. 킴리카는 무비판적으로 국가를 타당성 있는 유일한 정치 형태로 포함하고, 이것을 민족 문화와 연결함으로써 무의식적으로 다수와 소수 사이의 긴장을 악화시킬 수 있는 조건을 옹호했다. 확실히 킴리카(1995: 9, 108)는 '국가가 불가피하게 어떤 문화적 정체성을 증진하고 그로 말미암아 다른 이들에게 불이익을 준다'는 점을 인정한다. 그는 또한 세계화가 '문화적으로 동질적인 국가라는 신화를 더 비현실적인 것으로 만들었다'는 점을 인식한다. 그러나 그는 시티즌십의 포스트 국가주의 이론 속에 그러한 비평 논리를 발전시키려고 하지 않는다. 킴리카의 국가 주권에 대한 옹호는 자유주의 시티즌십의 핵심에 있는 모순, 즉 평등한 권리와 민족적 주권 사이의 모순만을 더 강조하는 데 이바지할 뿐이다.

시티즌십, 평등 그리고 차이

이 장의 마지막 절에서 나는 집단 권리가 제기하는 보편적 시티즌십에 대한 몇몇 문제들을 좀 더 자세하게 다룰 것이다. 특히 평등과 차이의 관계를 검토할 것인데, 이는 차이로 구별하는 시티즌십 이론들이 제기하는 가장 중요한 문제인 것처럼 보인다. 내가 바라는 것은 이 논의가 어떻게 시티즌십을 증진시킬 수 있을 것인지에 대한 검토로 자연스럽게 연결되는 것인데, 이는 다음 장의 주제이기도 하다.

페이트만(1992)이 관찰한 것처럼 평등과 차이 사이의 확실치 않은 관계는 특히 시티즌십에 대한 많은 페미니스트 분석을 당혹하게 했다. 여성들은 종종 다음과 같은 선택에 직면하게 되었다. 즉 하나는 본질적으로 남성적인 시티즌십 개념에 통합될 것을 주장하는 것인데, 이 통합은 남성과의 차이를 부인할 때 이루어질 수 있다. 다른 하나는 차이의 정치를 주장하는 것인데, 이는 보편적 시티즌십이라는 개념을 내던지고 그 대신에 특별한 권리와 책임을 강조한다. 그러나 평등과 차이가 본질적으로 대립한다고 주장할 수 있는 근거는 없다. 3장에서 나는 시티즌십에 대한 지배적인 자유주의적 관점이 어떻게 이원론적 관점에서 이해될 수 있는지를 논의했다. 자유주의자들이 개인과 공동체의 관계에 대해 가진 가정 때문에, 그리고 시장 지배적인 사적인 영역을 보존하려는 열망 탓에 자유주의 시티즌십은 형태상 추상적이다. 평등과 차이의 대립은 이런 추상적 개인주의의 산물로 보일 수 있다. 평등과 차이는 우리가 해결해야만 하는 또 다른 거짓 이분법이다. 페이트만은 사실 메리 울스턴크래프트와 같은 여성 시티즌십의 초기 운동들이 어떻게 평등한 권리 그리고 남성들과의 차이가 인정되도록 주장했는지를 보여준다. 이것을 성취할 수 있는 유일한 방법은 시티즌십의 원자론적 이론이 아니라 관계론적 이론을 택하는 것이다. 페이트만이 제대로 주장한 것처럼 평등과 차이의 선택은 거짓된 것이다. 평등과 차이를 상보적으로 보는 관계적 시티즌십의 발전을 방해하는 주요 장벽은 지배의 장벽이다.

영이 억압을 강조하고 집단의 권리를 주장하는 것은 분명히 지배를 문제시하며 이를 넘어서려고 시도하는 것이다. 그러나 내가 주장한 것처럼 지배에 대한 영의 접근방식은 관계적인 것이 아니다. 그녀는 억압자들이 자신의 본성을 이해하고, 그에 따라 피억압자들에 대해 공감할 수 있다는 점을 의심한다. 암묵적으로 영은 평등과 차이의 문제에서 전자보다 후자의 주장에 호의적인 입장을 취한다. 케난 마릭Kenan Malik은 그런 전략과 관련된 문제점들을 설득력 있게 지적했다. 마릭은 해방이 이루어지고 시티즌십이 다양한 정체성을 포함하게 되려면 평등이 급진파들의 본질적인 목표로 남아 있어야 한다는 점을 지적했다. 마릭이 보기에 고전적 자유주의에서 평등은 신에 의해서 천부적으로 주어진 것이고 권리도 신에 의해서 인정되었다. 마르크스는 좀 더 설득력 있게 평등을 사회적 관계에 확실히 뿌리박히게끔 하였다. 마릭(1996: 258)에서 주요 논점은, '일단 본질적인 해석이 그것이 자연적이든 사회적이든 간에 배제되어 버리면, 평등이란 사상도 우세한 정체성의 우연성에 종속된다'는 것이다. 따라서 차이의 정치가 지닌 위험은 다양성의 주장이 정치의 근본 원리가 되는 것이다. 물론 정치는 차이를 가정한다. 다양성과 이익의 충돌이 없다면 우리는 정치를 할 필요가 없다. 그러나 정치의 전체적인 요체는 타협의 영역을 찾고 공통의 이익을 만들고 차이를 평화적으로 수용할 수 있는 평화적인 통치체제를 만드는 것이다. 차이에 대해 너무 지나치게 강조하고 다른 사람의 상황을 이해할 수 있는 인간의 능력을 부인하는 것은 평등의 가능성을 은연중에 거부하는 것이다. 공동의 기획으로서 시티즌십은 다양하지만 본질적으로 사회적인 개인들과 관련이 있으며 이들은 자신들의 삶을 유지하려고 공동의 제도를 건설하는데, 차이를 너무 강조하면 이런 시티즌십이 불가능한 것이 되어버린다. 영은 사회 문제들에 대한 일반적인 견해를 비현실적이라며 거부했는데, 실은 이것이 바로 시티즌십이 우리로 하여금 발전시키어 달라고 요구하는 것이다. 우리가 효과적으로 심의할 수 있고, 사회 질서의 유지를 바랄 수 있는 것은 오직 우리 자신의 경험을 넘어서 조망할 수 있을 때다. 마릭(위의 책: 265)은 차이의 정치로는 배제된 집단의 해방을 달성할 수 없다는 점을 확신한다.

> 차이의 철학은 패배에서 태어난 패배의 정치다. 그것은 사회적 변화의 가능성에 대한 환멸의 산물이며 불평등하고 분열된 세계의 불가피성을 수용한 산물이다… 결과는 주변성, 가부장제 그리고 억압의 축전이었다. 그러한 전망을 극복하려면 단지 지적인 확신만이 아닌 정치적 열망이 필요하다.

그러나 평등을 향한 정치적 열망이 차이를 부정할 필요는 없다. 영(1990: 98)이 관찰한 것처럼 '차이가 관계 혹은 공유된 속성의 완전한 부재'를 의미할 필요는 없다. 논리적으로 평등을 향한 열망은 차이를 이미 가정한다. 평등의 목표는 개인들의 믿음이나 정체성과 상관없이 그들의 권리를 존중함으로써 다양성을 인식하고 보호하는 것이다. 개인의 시티즌십이 정체성이나 구성원 지위의 단일한 측면에 기초하는 것이 왜 위험한지를 말해준다. 이 문제에 대한 킴리카의 입장은 특히 계시적인데, 왜냐하면 영이 자유주의 전통 전체에 대해 분명히 비판적인 데 비해 킴리카는 자유주의적 가치들에 따라 자신의 이론을 정당화하려고 하기 때문이다. 평등과 차이라는 어려운 문제를 자유주의 용어로 해결하려고 함으로써 킴리카는 부지중에 문제의 실제적인 근원, 즉 국가를 드러낸다.

다시 우리는 시티즌십을 본질적으로 집단에 기반을 둔 개념으로 정의한 킴리카에게로 돌아온다. 킴리카가 시티즌십을 이런 식으로 정의했기 때문에 그는 소수자들을 위한 집단의 권리 탓에 개인의 권리가 보완되며 위협을 받지 않는다고 주장할 수 있다. 그러나 킴리카는 원리와 유용성을 오해하고 있다. 민족성에 따라 사회적 구성원 자격을 결정하는 국가가 존재하기 때문에 시티즌십은 오직 문화적으로 정의된다. 피어벡(1998: 102)이 예리하게 기술하는 것처럼, 킴리카가 주장한 많은 부분이 '만약 그것이 존재한다면 그것은 논리적으로 일관됨에 틀림없다'는 전략에 근거하고 있다. 그러나 내가 1장에서 주장한 것처럼 고전적 자유주의자들은 국가를 매우 의심스러워했다. 대조적으로 킴리카는 국가의 본질적 기능 중 하나가 문화적 차이를 보존하는 것이라고 주장하면서 국가의 장점을 말한다. 그러나 다른 곳에서 킴리카(1995: 83)는, '문화는 고정된 중심이나 엄밀한 경계를 갖지 않는다'고 주장했다. 이런 모순의 결과는 우리가 권리를 종족 집단과 연결함으로써 시티즌십을 항상 변화하는 토대 위에 두게 되었다는 것이다. 왈드론Waldron(1992: 781-82)이 논증한 것처럼 인간은 의심의 여지없이 어느 정도의 문화적 맥락이 있어야 한다지만, 왜 우리는 킴리카 이론의 논리가 내포하는 뜻처럼 사회적인 세계는 개개의 다른 문화들로 명백히 나누어떨어진다고 가정해야 하는가? 킴리카가 정의에 이르는 대안적이고 더욱 효과적인 길이 개인의 권리를 국가의 침해로부터 보장하는 것이라는 사실을 보지 못하는 것은 그가 국가에 너무 집중하기 때문이다. 물론 이는 정치 공동체의 속성에 대한 기본적인 재고를 요구하며,

불가피하게 국가를 넘어서는 세계적 통치제도의 발전을 요구한다. 자유주의와 양립하는 것은 킴리카가 주장한 집단 기반 시티즌십 모델이 아니라 바로 이러한 입장이다.

킴리카가 인권 담론이 소수 문화의 문제를 해결하는 데 실패했다고 주장한 것은 옳다. 그러나 이것은 킴리카가 옹호하는 국가가 인권이 동등하게 적용되는 것을 방해하기 때문이다. 더구나 소수 문화는 다수 문화가 소수에게 하는 것처럼 그 구성원들의 필요에 대해 억압적일 수 있다. 개인의 자유가 민족적 집단의 구성원 지위에 매여 있다고 주장하는 것은 '공동체 지도자들'의 독재 아래서 억압을 받는 모든 개인들에게 해당하는 복합적인 문제를 일으킨다. 이는 특히 여성의 문제로서 문화적 관습을 옹호하여 여성 할례나 강제유괴 그리고 남부 에티오피아에서 종종 일어나는 것처럼 아내를 얻는 방법으로 젊은 여성을 강간하는 것과 같은 행위를 넘겨버리는 곳에서 발견된다. 이것이 남아프리카에서 민주주의 이행 기간에 여성 집단이 여성에 대한 차별적인 관행과 관련된 전통과 관습을 넘어서고자 헌법에 내재한 시민의 권리를 얻으려고 열심히 싸운 이유다(Yuval-Davis 1997: 78).

킴리카 자신이 관찰한 것처럼 많은 문화가 비자유주의적이며 개인의 자유에 대해 중요한 문제를 제기한다. 그러나 우리가 일단 집단이 권리를 가질 수 있다는 논리를 수용한다면, 새로운 집단이 잠재적으로는 그들의 신념이 바람직하지 못해도 자신들의 권리를 주장하는 것을 막을 수 있는 도리는 없다. 킴리카는 이 문제의 양상을 밝히려고 시도했다. 그는 자유주의 국가로 오는 이민자들은 자발적으로 들어왔기 때문에 자치의 권리를 요구할 처지가 아니라고 믿는다. 그러나 이는 이주가 일어나는 이유에 대한 매우 소박한 견해다. 이주의 압력과 흡입 요인은 종종 빈곤, 정치적 박해, 종교적 차별 등과 관련이 있다. 이주에 대한 순수한 자발성 이론은 거의 현실적이지 않다. 이는 킴리카가 국가 체제와 신자유주의적 시장개혁의 증진이 어떻게 개발도상국의 많은 사람의 권리들을 침해했으며, 이주의 물결을 강화했는가 하는 문제를 다루는 데 실패했음을 보여준다. 킴리카는 집단의 권리가 공정한 사회의 본질이라고 주장한다. 그는 또한 정치 엘리트들이 그러한 권리를 실용적인 이유에서 거부하는 것이 종종 안정을 위해 정의를 희생시킨다고 주장한다. 논리적으로 킴리카는 국가의 불의로 희생자가 되어 왔던 곳에서 집단 권리를 요구하는 비자발적 이주자들에 대해 반대할 수가 없다. 킴리카(1995: 224)가 '가난한 나라와 부를 공유해야 하는 책무를 감당하는 데 실패했다면 그 나라는 이주를 제한하는 자신의 권리를 단념해야 한다'라고 썼을 때, 사실상 국가의 정의롭지 못한 행위가 권리주장의 정당성을 변화시킨다는 점을 받아들인다. 그러나 이 점을 인정한다 해도 서구 정부의 다수가 분명히 전 세계 공동체에 대한 자신의 의무를 완수하지 않는다는 사실을 고려한다면, 어떻게 이주자들이 특별한 권리를 정당하게 요구할 수 없는지 이해할 수가 없다. 자치권의 자격이 있는 종족 집단으로 인정은 되지만 분명히 자발적으로 오지 않은 집단을 고려하면 이 문제는 더 심각해진다. 예를 들어 미국 내의 흑인단체인 네이션 오브 이슬람Nation of Islam을 고려해보라. 그 역사의 다양한 시기에, 이 운동은 분리주의, 명백한 인종주의, 특히 반유대주의적 입장을 발전시켰다. 그러나 이들은 노예제 결과로 미국에 온 종족 집단이기 때문에 집단의 권리는 과거의 불의에 대한 보상을 표시한다는 킴리카(1995: 126)의 입장을 수용한다면, 그들이 자치권을 위해 내세우는 어떤 주장에도 반대하기가 어렵다. 다른 곳에서 킴리카는 정의에 근거한 집단 권리의 옹호로부터 안정이라는 이름 아래 권리를 거부하는 것으로 비켜가고 있다. 국제연합이 인민의 '자결권'을 옹호한 것을 검토하면서 그(1995: 117)는 이 원리를 실천에 옮기는 것이 '불안정을 일으킬 것'이라고 주장한다. 그러나 킴리카가 주장한 방식으로 집단에 대표권을 부여하게 되면, 자신을 민족이라고 정의하는 어떤 집단이 자신들의 바람대로 정치 조직을 만드는 것을 막을 방법은 원칙적으로 없다.

따라서 평등을 이루고 다양성을 보존하는 데 필요한 상호 소통적 정치를 만드는 데 집단의 차이를 인정하는 시티즌십은 주요 문제를 제기하며, 평등과 차이의 관계에 대한 검토는 이러한 사실을 잘 보여준다. 영의 이론에서 집단 권리는 개인들을 그들이 갖는 정체성 중 일부만을 나타내는 파편적인 집단으로 동결될 위험이 있으며, 동질성이 아닌 연대성을 목표로 하는 공동의 시티즌십을 발전시킬 수 있는 희망을 거의 주지 못한다. 킴리카가 자신의 시티즌십 이론에서 중점을 둔 민족 집단도 개인의 권리에 억압적일 될 수 있는데, 왜냐하면 정체성이 종종 개인의 선택에 대해 문화적 일체성을 강조하기 때문이다. 킴리카가 자유주의적 관점에서 집단의 권리를 옹호하려는 대담한 시도를 했음에도, 집단 권리는 본질적으로 자유주의가 주장하는 개인의 권리에 대립하는 것처럼 보인다. 우리는 자유주의 사상이 그것이 작동하는 맥락에 의해서 훼손되었다는 이유로 그 가치들도 함께 거부해야 한다고 가정하는 실수를 범해서는 안 된다. 왜 안전, 자율, 평등과 같은 자유주의의 약속이 실현되지 않는지를 이해하는 열쇠는 민족국가가 불가피하다는 자유주의의 가정 안에서, 그리고 시티즌십의 실행에 필요한 자원을 배분하는 데 민주주의보다 시장이 우월하다는 주장 안에서 찾을 수 있다. 이 문제에 대해서는 다음 두 장에서 더 자세히 탐구할 것이다.

제5장

시티즌십의 신장

의심할 여지없이 시티즌십은 한 사회 안의 그리고 여러 사회를 망라하여 존재하는 불의에 도전하는 사상으로서 큰 잠재력이 있다. 자유주의는 평등 그리고 개인의 권리를 옹호함으로써 시티즌십의 범위를 확대하기 시작했다. 이런 자유주의 사상은 전前근대적 사회에서 시티즌십이 갖는 배타적인 의미를 넘어설 수 있도록 했다. 그러나 급진주의자들이 자유주의 한계를 넘어서는 방향으로 시티즌십의 사상을 재구성하려고 하는 의도는 정당하다. 이것은 시티즌십에 대해 완전히 새로운 토대를 추구하는 것이라기보다 자유주의의 기초 위에 건설하는 것을 의미한다. 문제는 자유주의적 시티즌십이 약속한 것을 실현하는 방법을 찾는 것이다. 이 장에서 나는 자유주의적 시티즌십을 실현하기 위한 몇 가지 제안을 살펴보고자 한다.

첫째, 나는 시티즌십의 배경을 고려한다. 특히 시티즌십과 정치 공동체의 관계에 초점을 맞출 것이다. 나는 시티즌십이 민주주의와 밀접하게 관련되어 있다는 것을 주장할 것이다. 참여의 윤리, 그것은 유일하게 민주적 통치체제만이 촉진하는 것이며 권리와 책임을 결합하는 열쇠다. 우리가 가진 개인적 권리의 토대가 정치 공동체이기 때문에 우리는 이 정치 공동체가 유지될 수 있도록 하는 데 매우 큰 책임이 있음을 인정해야 한다. 그러나 그 책임을 수행하는 데 한계를 두지 않고 책임을 증가시키는 것은 더 큰 사회적 불평등을 가져올 뿐이다. 시티즌십의 내용을 신장하는 것은 권리와 책임을 상호성을 가진 관념으로 파악한다는 것을 의미한다. 따라서 2절에서 시민소득의 사례를 살펴볼 것이다. 이 제도는 시티즌십을 탈상품화하는 방법으로 사회적 권리를 재구성하는 열쇠다. 마지막으로 나는 '친밀성의 시티즌십'의 사상이 어떻게 강화될 수 있을지를 탐색할 것이다. 이 개념은 시티즌십에 대한 권리와 책임이 우리의 공적인 삶뿐만 아니라 개인적인 삶에서도 기능을 할 수 있다는 것을 함축한다.

시티즌십과 정치 공동체

시티즌십은 개인과 정치 공동체의 관계를 매개하는 위치에 있다. 또한, 시티즌십은 시민사회 내에서 개인들 간의 상호 작용을 위한 하나의 틀을 제공한다. 여타의 사회적 정체성에 비해 시티즌십이 가진 강점은, 그것이 계급, 종교, 인종 등 여타 정체성이 결여하고 있는 포괄적인 성격이 있다는 것이다. 최근 급진주의자들 사이에서 시티즌십이 인기를 얻고 있다는 것은, 배타적 정체성에 기반을 둔 사회적 투쟁이 본래 권위주의적인 성격이 있다는 광범위한 인식에 의해 부분적으로 설명될 수 있다. 예를 들어 필립스Philips(1993)가 지적하듯, 마르크스주의자들 사이에는 사회적인 차이가 계급 간의 가장 중요한 갈등을 모호하게 한다고 보는 경향이 있다는 것이다. 이러한 생각에서, 공산주의를 이루려면 계급 이외의 다른 정체성은 억제되어야 한다는 결론이 도출된다.

그러한 집단 배타성이 갖는 위험이, 그것이 계급에 근거했던지 인종성에 근거했던지, 왜 내가 이 책의 제4장에서 집단적 권리의 관념에 반대했는지에 대한 주요한 이유다. 개인들이 가진 긍정적인 혹은 부정적인 특성이 그들이 소속된 사회 집단에 근거한다고 보는 것은 위험한 생각이다. 그 대신 우리는 개인적 지위로서의 시티즌십을 강조하는 자유주의적 시각을 건설해야 한다.

비록 개인이 항상 인지하고 있는 것은 아닐지라도, 시민들 사이의 관계뿐만 아니라 정치체와 시민들 사이의 관계는 상호적이고, 상호의존적이다. 이것은 시티즌십의 권리와 책임이 논리적으로 밀접하게 관련되어 있다는 것을 의미한다. 권리란 공허한 진공상태에서 존재하는 것이 아녀서 권리는 책임을 함축하고 있다. 사실상 타인들은 우리의 권리를 인정하고 존중해야 하며, 우리 역시 같은 책임을 지니고 있다. 권리는 또한 그것을 가능하게 하는 정치 공동체가 유지되는 것에 그 실재가 좌우된다. 결과적으로 우리는 권리가 공동체의 선에 근간이 되는 이곳에서 우리의 권리를 행사해야 하는 책임이 있다. 따라서 건강한 정치 체제는 능동적인 시민들을 필요로 한다. 능동적인 시티즌십은 개인들에게서 출발하는데, 이는 건강한 정치체란 시티즌십의 구조적 조건들이 재생산되고 개선되는 개인적 행동을 통해 가능하기 때문이다. 그러므로 정치적 개혁은 참여의 윤리를 촉진하여 시민들이 그들의 권리와 책임을 행사할 기회를 증진시키는 것을 추구해야 한다. 권리와 책임 간의 그릇된 대립관계를 없애는 것은 오직 능동적으로 시티즌십을 행사함으로써 가능하다. 또한, 개혁은 개인성이 갖는 상과 이것이 갖는 관계적인 속성에 대해 더 많이 알아가는 것을 목표로 해야 한다. 자유주의의 자연권 강조와 관련하여 가장 해로운 영향 중 하나는 원자론 또는 권리에 대한 기능주의적인 태도를 부추겨왔다는 점이다. 이것이 자유주의에 대한 공동체주의의 비판이 적절한 지점이다. 만일 우리의 권리가 살고 있는 공동체와 관련이 없다고 믿는다면, 우리는 자신의 권리가 부여된 바로 그 지점을 위태롭게 하는 것이다.

시민의 책임이 갖는 목적 중 하나는 개인들 사이를 좀 더 강하게 연결하는 것이며, 그를 통해 자유주의의 원자적인 경향을 상쇄하는 것이다. 오늘날의 자유주의 사회에서 시티즌십의 행사를 위한 기회 구조는 분명히 이 목적을 달성하는 데 실패하고 있다. 정치적 참여의 연구 결과는 정치체제와 대표자들에 대한 시민들의 신뢰가 우려할 정도로 무너지고 있다는 것을 보여준다(Dalton 1996). 지난 몇 년 동안 서구 국가들에서 투표자의 수는 감소했으며, 많은 정당이 당원 수의 감소를 경험했다. 이 시기는 대중적인 고등교육과 대중매체가 공급하는 정보의 범위와 영향력이 급속히 커지면서 시민들의 정치에 대한 일반적인 의식을 고양한 때다. 제2차 세계대전 이후 많은 사회가 반사회적인 행동 사례들이 지속적으로 증가하는 것을 봤다. 범죄행위는 그 명백한 예다. 이러한 행동은 부분적으로는 사람들이 공동체로부터 느끼는 소외감에 의해 설명될 수 있다. 이러한 문제는 점차 증가하는 공동체주의 운동의 의미를 설명하는 데 큰 도움이 된다(Tam 1998). 공동체주의자들은 1945년 이래 국가의 정당성을 약화시켜 온 권리 혁명에 대한 개선책으로서 사회가 시민들에게 더 큰 책임을 요구할 것을 강조해왔다. 그들의 주장으로 볼 때 국가의 정당성이 계속 늘어나는 국민의 요구와 항상 맞아떨어지기를 바랄 수는 없기 때문이다.

시민의 책임 의식의 필요성을 강조했다는 점에서 공동체주의자들은 옳다. 그러나 시민의 책임을 중시한다고 해서 권리를 희생시켜서는 안 될 것이다. 우리는 사회의 문제를 많은 공동체주의자들이 흔히 시도하는 것처럼 문화적 영역의 문제로 돌려버릴 수는 없다. 에치오니Etzioni를 비롯한 학자들이 부정적으로 바라보는 여러 형태의 발전한 모습들, 예를 들어 1960년대 성적 해방이나 가족 구조의 변화 등은 여성과 성적 소수자들에 의한 평등한 시티즌십을 위한 투쟁을 반영한다. 터너 Turner(1994: 166)가 주장해왔듯이, 우리가 현재 사는 분명한 포스트모던적 문화 양상은 개인성과 평등을 강조한 자유주의의 논리적 결과라고 해석될 수 있다. 사실 자유주의의 가치는 역사상 가장 다양하고 다원적인 공동체를 촉진했다. 전후 사회의 성, 젠더 정치, 음악과 예술 등의 영역에서 일어난 긍정적이고 평등주의적인 많은 사회적 변화들에 저항할 수도 없고, 저항해서도 안 된다. 포스트모던의 사회적 조건과 문맥에서 전통으로 회귀란 더는 가능하지 않다.

벡 Beck(1997: 95)은 그가 개인화라고 부른 서구 사회의 일련의 변화과정을 조사해왔다. 종교, 계급, 민족 혹은 안정적인 고용과 같은 전통적인 기준의 붕괴나 몰락은 개인들이 '자신의 삶 이야기를 함께 만들고, 계획하고, 수정해나가야 한다는 것'을 의미한다. 개인화에 대한 해석 중 하나는 '차이 인정의 정치'를 옹호하는 사람들에 의해 발전한다. 극단적인 개인주의에 대해 우리가 내릴 수 있는 결론은 사회 안의 수많은 이익이 보편적 시티즌십을 통해서 조정되기에는 너무 다양하다는 것이다. 그러나 앞 장에서 주장했듯이, 아이러니하게도 이러한 견해에 찬성하는 사람들이 정치의 주요 행위자로서 집단 정체성을 주장하며, 그들이 옹호하려고 하는 개인성을 부정하는 경향이 있다는 것이다. 그럼에도, 사회가 점차 분열되고 파편화되는 현상은 어떤 방법으로든 대처해야 한다. 정치 공동체가 유지되려면 개인화된 시대에 시티즌십은 정체성을 재구성하는 중요한 역할을 해야 할 것이다.

공동체들을 묶는 끈은 문화적 형태가 될 수 없다. 왜냐하면, 다양한 개인들이 그들의 인종성에 집착할 것이라고 가정할 만한 이유가 없기 때문이다. 따라서 우리는 시티즌십의 보편적 이상에 전념함으로써 시민들 간의 의사소통을 위한 통로를 정치적으로 높여야만 한다. 이것은 차이의 정치를 주창한 몇몇 사람이 주장하는 것처럼 좋은 삶을 구성하는 것이 무엇이냐에 대해 모든 시민이 같은 생각을 공유한다는 의미는 아니다. 그것이 의미하는 것은 올드필드Oldfield(1990: 25)가 주장하듯이 '한 사람을 위한 좋은 삶이라는 것이 반드시 다른 사람을 위한 좋은 삶을 뜻하는 것은 아니지만, 개인들 각자를 위한 좋은 삶은 정치 공동체를 지속 가능하게 하는 행동을 포함해야만 한다'는 것이다. 호혜적인 권리와 책임의 형태를 보이는 시민들 간의 결합은 최소한 두 가지 측면에서 정치 공동체를 지지한다. 첫째, 시민들 간의 결합은 사회 구성원들 간의 연대성을 건설한다. 여기서 중요한 것은 거버넌스의 제도들에 의해 서로 결합한 다양한 개인들 사이의 연대성과 몇몇 공동체주의자들의 이론이 함축하고 있는 숨 막히는 일치성을 구분하는 일이다. 둘째, 시티즌십의 행사는 교육적 과정이다. 개인들은 시티즌십을 행사함으로써 정치의 기술을 배운다. 이것은 시티즌십과 민주주의의 긴밀한 관계성을 인정한다는 것을 의미한다. 사실 시티즌십은 민주주의의 전제조건으로 여겨질 수 있다. 비록 형식적으로 제도화되지 않았을지라도, 민주적 거버넌스 체제는 권리와 책임을 내포하고 있다. 민주주의는 참여를 위한 동등한 권리라는 사상을 내포하고 있다. 또한, 민주주의는 언론·결사·집회의 권리와 같이 자기 의견을 표현하는 데 필요한 시민의 권리들을 포함하고 있다. 바꿔 말하면 민주주의는 신민성에서 시티즌십으로 정치체제에 대한 소속감을 전환하는 것이다. 이것은 개인들을 능동적인 시티즌십이 가능한, 즉 자치를 할 수 있는 자율적인 행위자로 인정하는 것을 통해서만 가능하다.

최근의 사회적 조건의 맥락에서 볼 때, 민주주의는 안정적인 거버넌스를 위해 점점 더 중요해지고 있다. 사회과학에서 포스트모던 이론이 긍정적으로 이바지한 것 중 하나는 인간 해방에 관한 많은 근대적 이론들이 근거하고 있던 목적론적 가정을 폭로하는 데 도움을 주었다는 것이다. 따라서 고전적 마르크스주의의 사회변혁 이론은 하나의 사회집단—프롤레타리아—을 낭

만적으로 보았으며, 고민하는 입장을 중재하기 위한 정치와 시티즌십의 필요성이 사라지는 시기에 역사가 종말에 이른다는 것을 자명한 사실처럼 가정했다. 그러나 혁명이 필연적으로 희생시키는 것은 개인의 권리다. 엥겔스가 주장하듯, '혁명은 분명히 가장 권위적인 것이다'(Marx and Engels 1962: 639). 반대로 포스트모더니즘은 진리에 관한 주장의 본질이 사회적으로 구성된 것이라는 것을 강조하고 있다. 이는 차이점을 조화시키고 대다수 사람이 함께 살기 위한 정책결정에 도달하는 유일한 방법이 민주주의 제도임을 논리적으로 함축하고 있는 것이다. 민주주의는 보편적인 진리를 목표로 하지는 않는다. 그 대신 다양한 시민들 간의 관계를 건설하는 것을 추구하고 있다. 만일 완전론이 차이를 부정하는 인간 갈등의 최종적 해결책을 지향하는 정치적 논의를 의미하는 것이라면, 포스트모더니스트들은 완전론적 정치이론에 관심을 두고 있다는 점에서 옳다. 하지만, 만일 우리가 완전론을 인간에게 본성적 한계란 없으며 민주주의를 통해 인간의 환경을 창조적으로 변화시키고 그 변화를 통제하는 능력이라는 의미로 받아들인다면, 이런 문제가 발생할 필요조차 없는 것이다. 민주주의는 목적론적인 혹은 진화론적인 이론을 해방을 위한 수단으로 대체한다. 이 해방이란 지속적이고 역동적인 과정이어야 하는 것이다.

권리와 책임의 정확한 성질은 또한 민주적으로 논의되어야 한다. 그러나 민주주의를 상호 관계적으로 보는 견해는 다수가 소수를 간단하게 짓밟지 못한다는 의미를 함축하고 있다. 민주주의가 포용적인 성격을 갖고 있다면 민주주의는 제로섬 게임을 의미할 수는 없다. 대신 사회의 다양한 목소리들을 수용하고 가능한 한 포용적인 입장을 추구해야만 한다. 이것은 필연적으로 시민의 권리와 정치적 권리에 대한 존중이 있어야 한다. 그러나 여기에는 위험이 존재한다. 자유주의 사회에서 개인들이 정치적 권리의 행사를 선택하지 않을 가능성이 있다는 것이며 이에 따라 대중적 제도의 기반이 침식당할 수 있다는 것이다. 만일 인간 행동에 관한 편협한 합리적인 선택 모형을 받아들인다면, 그러한 선택이 개인에게는 전적으로 합리적으로 보일지도 모른다. 즉 개인은 그들의 손해가 가능한 한 최소화되도록 결정할 것이며, 이것은 개인들이 참여에 대해 무관심하게 만들 것이기 때문이다. 이는 최근 몇 년간 선거인 명부에 등록된 유권자의 4분의 1의 지지만 받고 선출되는 대통령이 있는 미국과 같은 나라에서 분명히 나타나는 위기다. 대다수의 미국 민중이 정치 제도로부터 소외당했다는 증거가 나타나고 있다(Dalton 1996: 269-71). 이 문제는 부분적으로 자유주의 사회의 정치 제도 본질과 관련되어 있다. 대부분 일은 개인과 먼 거리에서 작동하고 있으며, 개인의 권리를 실현하기 위한 기회는 주지 않는다. 따라서 권력을 지역적 차원으로 넘겨줄 수 있는, 아울러 단순한 투표를 넘어서는 더 심의적이고 심화한 새로운 형태의 참여 실험을 강력히 옹호해야 한다. 그 중 한 예가 시민 배심원제다. 이것은 영국, 미국 그리고 독일에서 큰 성공을 거두고 있다. 이 제도는 보통 사람들로 하여금 보건과 교육과 같은 정책 영역에서 정부 관료들에게 정책에 대한 심의와 조언을 하도록 하고 있다. 예를 들어 영국에서 시민 배심원제는 지역적 단위에서 국가건강서비스National Health Service가 어떤 방법으로 합리화될 수 있을 것인지와 같은 사안을 다루려는 방법으로 사용되고 있다. 때때로 이들 배심원은 해당 정책에 특별하게 영향을 받는 개인으로 구성된다. 예를 들어 스코틀랜드의 파이프에서는 노인복지재단이 의료인력, 자원부문, 사회복지인력에 의해 공급되는 서비스와 관련된 문제점을 해결하고자 75세 이상의 노인들로 구성된 배심원단을 만들었다. 이 배심원단은 스스로 논의 의제를 결정하고 병원의 퇴원 정책과 같은 사안을 숙의한다. 이러한 숙의를 통해 무엇이 바람직한 행동인지에 대해 14개 항의 계획을 만들게 되었고, 이는 정책에 반영되어 파이프의 병원 퇴원정책을 보강하는 데 활용되었다(Ivory 1998: 13).

공공정책이 특정 결정과 직접 영향을 받는 사람들에 의해서만 만들어지도록 하는 것은 분명히 위험하다. 그러나 이러한 제도는 투표와 같은 최소주의 참여모델이 종종 결여하고 있는 권한신장 의식을 경험하도록 한다. 시민 배심원제는 또한 세심하게 고려된 통찰력 있는 정책이 제안되도록 한다. 심의의 실험은 두터운 의미의 시티즌십에서 가장 중요한 참여의 윤리를 어떻게 고양할 수 있는지에 대한 한 가지 예에 지나지 않는다.

정치 제도의 개혁뿐만 아니라 정치적 권리와 책임의 관계에 대해서도 더 고찰할 필요가 있다. 이 절을 결론짓고자 두 가지 제안을 하고자 한다. 이들 제안은 시티즌십과 정치 공동체에 대한 일반적인 서술 내용으로부터 논리적으로 도출되며, 시티즌십의 관계론적인 관점이 수반될 수도 있는 일련의 정책 변화에 대한 실례를 제공한다. 첫째는 강제투표에 관한 문제다. 이 강제투표제는 오스트레일리아와 같은 몇몇 나라들에서 이미 주장되고 있다. 강제투표제의 이점은, 만일 권리가 그 실체를 가지려면 그 권리들이 행사되어야 할 필요성을 깨닫게 한다는 것이다. 대표자를 결정하는 것과 같은 중요한 분야들에서 투표하지 않음으로써 다른 사람들이 갖는 권리의 의미를 실제로 손상하고 있다는 주장이 제기될 수 있다(Dagger 1997). 강제투표는 어떻게 권리와 책임이 밀접하게 연관될 수 있는가에 대한 좋은 사례다. 즉 권리가 그 의미가 있으려면 투표에 관심이 있어야 하는 책임이 있는 것이다.

강제투표에 반대하는 주장에는 일반적으로 두 가지 종류가 있다. 첫째, 강제성은 무관심이나 저항심으로 정치과정에 참여하지 않을 개인의 권리를 침해한다는 주장이다. 둘째, 강제투표는 정치인들로 하여금 '당나귀 투표'donkey vote, 유권자들이 투표용지에 기록된 후보자의 순서대로 투표하는 행위—즉 사람들이 투표소에

가는 동안 그들의 귀에 따라야 한다는—를 무시해도 된다는 면죄부를 줄 수 있다는 주장이다. 그러나 첫 번째 반대 주장은 투표란 개인적 권리임과 동시에 시민의 책임이라는 주장과 부딪친다. 더 나아가 투표용지에 '위 후보자 중 지지하는 사람이 없음'이라는 선택옵션을 넣어 개인들이 불만족을 나타내게 할 수 있다. 투표를 강제하는 것은 투표의 의미를 반감시키는 것이라는 주장은 그다지 설득력이 없다. 사실 강제의 요소를 통해 시민들을 다른 방식으로 정치에 참여하도록 장려하거나, 시민들이 정치적으로 각성하도록 하는 것은 하나의 좋은 기회다. 최근 정치인들은 많은 시민의 선호를 무시할 수 있다. 왜냐하면, 시민들이 투표에 참여하지 않기 때문이다. 또한, 투표 불참의 정도는 사회경제적 상태와 밀접한 관련이 있다. 특히 위험한 것은, 정당들이 사회의 가난한 사람들의 필요를 점점 더 무시하거나 중산층을 만족하게 하려고 그들의 정책을 조정할 것이라는 점이다. 이런 점에서 강제투표는 참여 불평등의 문제를 깊이 있게 다룰 수 있을 것이다. 또한, 정당들이 현재 투표에 참여하지 않는 수백만 명의 시민들을 무시할 수 없음을 의미하는 것이기도 하다.

권리와 책임의 균형을 고찰하는 또 다른 정책은 공동체 봉사다(Barber 1984, Dauenhauer 1996). 많은 나라가 시민들로 하여금 병역의 의무를 수행하도록 요구한다. 공동체의 필요에 따라 일정한 시간을 헌신해야 한다는 원칙이 사회적 삶의 다른 여러 영역으로 확장되지 못할 까닭이 없다. 이러한 봉사는 장애인이나 노인들을 돕거나, 환경보호를 위해 일하거나, 공동체 문화 활동의 증진을 위해 하는 일을 포함한다. 중요한 것은 공동체 봉사가 시민들 상호 간의 연대성을 건설할 것이라는 점이다. 특히 계급 간, 인종집단 간에 일어나는 바람직한 사회적 교류를 보장하는 방식으로 기획된다면 더욱 그럴 것이다. 공동체 봉사는 시민 공동체를 유지하고 시민들에게 가치 있는 서비스를 제공하도록 할 것이다. 다우엔하우어는 학교 졸업 이후, 즉 아동기에서 성년기 사이를 잇는 시기에 1년간 봉사기간을 제안하고 있다. 공동체 봉사를 시티즌십에 대한 교육 프로그램과 밀접하게 연관시키는 것은 매우 중요하다. 이러한 교육 프로그램은 재학 기간에 의무적으로 이루어져야 하며 고등 교육에서도 역시 일정한 부분을 차지해야 한다. 최근 교육에서 강조점은 개인적인 자기계발과 직업 준비에 맞춰지는 경향이 있다. 교육은 시민적 책임과 사회적 감각을 형성해야 할 필요도 있다.

물론 이상적으로는 시티즌십의 책임이 자발적인 책무의 형태를 띠어야 할 것이다. 그러나 아무것도 없는 무의 상태에서는 발달할 수 없다. 공동체는 개인 행위자의 구조적 배경이며, 모든 시민이 공동체의 유지를 위해 일정한 책임을 다할 것이라고 기대하는 것은 결코 부당한 것이 아니다. 비판자들은 강제투표나 공동체 봉사와 같은 의무들이 개인의 자유에 대한 침해라고 염려한다. 그러나 개인의 자유는 추상적인 권리만을 강조하는 편향적인 시티즌십 관점에 의해 위험에 빠질 가능성이 더 크다. 우리의 권리가 공공 제도들을 지키는 것에 달렸다는 점을 받아들인다면, 우리는 의무가 증대되어야 할 필요성을 더 쉽게 받아들일 수 있다. 내가 여기서 제안한 것들은 결코 개인적인 선택의 자유를 파괴하는 것이 아니다. 사실 자유주의 사회에서 정치 체제는 우리의 시간을 거의 요구하지 않는다. 법에 복종하고 세금을 내며 배심원으로 봉사할 의무를 제외하고는 시민들은 이행할 의무가 거의 없다. 그럼에도, 더 많은 책임 때문에 권리가 희생되지 않을까 염려하는 것은 정당하다. 만일 시티즌십이 신장하여야 한다면 사회적 권리도 또한 고찰되어야 한다.

사회적 권리의 재검토

시민들은 정치적으로 참여할 기회와 책임을 갖는 것과 동시에, 참여할 수 있도록 자원을 요구한다. 공동체는 모든 시민의 기본적인 필요조건을 충족시켜야 하는 의무를 갖고 있다. 마샬Marshall(1992)의 시티즌십에 대한 자유주의적 설명에 따르면, 국가는 전후 시기에 사회적 권리의 제도화를 통해 이 책임을 수용했다. 복지국가는 누구도 그가 혹은 그녀가 직업을 갖고 있느냐의 여부와 상관없이, 빈곤한 상태에서 살지 않도록 보장하는 것이었다. 사회보장에 대한 권리는 자본주의를 문명화하고 불평등을 정당화할 것이다. 마샬에 따르면 사회적 권리는 시티즌십에 진정한 바탕을 제공했는데, 왜냐하면 사회적 권리는 시티즌십을 공적인 재원에 기초하도록 했기 때문이다. 그러나 사회적 권리는 항상 시티즌십의 다른 권리와 불편한 관계에 놓여있었다. 바바렛Barbalet(1988: 67)은 '사회적 권리가 시티즌십의 권리가 될 수 있는지' 질문을 해야만 한다고 주장해왔다. 그는 시티즌십을 정치 체제에 '참여할 수 있는 권리'로 본다. 사회적 권리는 시티즌십 자체의 구성요소라기보다는 정치체의 참여를 쉽게 하는 수단이다. 나아가 '시티즌십 권리는 필연적으로 보편적이다. 반면 사회적 권리는 그것이 실체를 가졌을 때만 의미가 있다. 그리고 실질적인 권리는 결코 보편적인 것이 될 수 없다.' 마지막으로 사회적 권리는 관료적인 그리고 재정적인 기반을 필요로 하기 때문에 결코 권리라고 볼 수 없으며 대신 '조건부 기회'다.

분명히 사회적 권리는 자본주의 사회에서 그것이 취하는 형태에서 심각한 결함을 갖고 있다. 바바렛이 시티즌십에 핵심적인 참여의 윤리와 복지국가에 의해 형성된 사회적 권리의 수동적 본질 사이의 긴장을 밝힌 것은 정당하다. 사회적 권리의 수행이 복지 제공자의 자의적이고 차별적인 결정에 달린 것이다. 특히 소득보조와 같이 구제대상자에 대한 소득조사 조건부 수혜의 경우, 이는 많은 보조금 수혜자들에 의해 시티즌십의 권리가 아니라 정부에서 주는 적선으로 간주했다. 사회적 권리는 종종 수혜자들의 힘을 북돋기보다는 오히려 오명을 씌워왔다. 이에 따라 많은 사회적 지원금이 상당 부분 청구조차 되지 않는다. 사회보장 보조금과 관련한 사기행위에 대한 단호한 조치가 보조금에 대한 더 까다롭고 간섭이 심한 정책을 입안하도록 하는 것처럼, 사회적 권리와 관련된 행정 결정은 개인의 시민적 권리에 대해 부정적인 뜻을 내포해왔다. 결과적으로 사회적 권리의 전반적인 상태는 나빠지게 된다. 복지국가에서 성립된 사회적 권리는 시민들 사이의 교량을 건설하기는커녕, 취업을 통해 시장에서의 권리를 행사할 수 있는 능동적 시민들과 끊임없이 '무가치한 사람들' 또는 '빈민들'이라고 분류된 '수동적' 시민들 사이에 분열을 조장한다.

그러나 사회적 권리는 원래부터 시민적·정치적 권리와 긴장관계에 있다는 바바렛의 주장을 우리가 꼭 받아들일 필요는 없다. 왜 사회적 권리가 마샬과 같은 자유주의자들이 소망했던 기능을 달성하는 데 실패했는가를 이해하는 데 열쇠가 되는 것은, 사회적 권리가 자본주의의 논리에 파괴적이기보다는 오히려 보완적인 것으로 이해되었다는 점이다. 따라서 1945년 이후 나타난 시티즌십과 복지국가 간의 연결고리는 상대적으로 허약한 것이었다. 개인들 간의 기본적인 관계는 권리와 책임의 호혜적 관계라기보다는 계약에 의해 지배되는 시장에서의 상호 작용적 관계로 이해된다. 사회적 권리는 시티즌십의 본질적인 부분이라기보다는 실업자들에게 급여를 주는 것으로 이해되는 경향이 있었다. 유급 고용과 사회적 권리의 연계는 사회적 시티즌십이 남성 편향적이었다는 것, 그리고 남자들은 정규직에 남아 있으려 하고 그에 따라 세금납부액이 늘어나는 만큼 수혜금도 늘어나야 함을 요구할 수 있는 것을 의미했다. 그러나 사회적 권리란 바바렛이 주장하는 식으로 원래 성질상 선별적인 것은 아니다. 여기서 중요한 것은 노동과 사회적 혜택과의 연관성이다. 바바렛이 확인하고 있는 사회적 권리와 '시티즌십 권리' 사이의 세 번째 긴장은, 시민적·정치적 권리가 어떤 의미에서 공동체보다 우선한다는 가정에 의해 그의 입장이 지지가 된다는 것을 보여준다. 사회적 권리가 자원의 존적이라는 주장은 맞는 이야기다. 그러나 그것은 다른 권리도 마찬가지다. 우리가 자유주의의 추상적인 논리—이는 시장 관계를 지지하는 권리를 특권화하고 자연적인 것으로 만든다—를 받아들일 때만 사회적 권리가 시티즌십의 여타 권리와 다른 본질을 갖고 있다고 주장할 수 있을 것이다.

시민적·정치적 시티즌십을 물신화하고 사회적 권리와의 필연적 연계를 부정하는 것은, 사회적 권리가 극도로 침식되기 쉽게 하는 위험성이 있다. 사실 사회복지에 대해 1980년대와 1990년대에 가해진 신자유주의 역습에 따라 엄청난 양의 논문이 복지국가의 위기에 관해 저술되었다(Pierson 1998). 의존 문화가 도덕성에 미칠 부정적 영향, 높은 과세가 경제의 경쟁력에 가져올 해로운 결과, 노인 인구의 문제 등에 관한 관심은 모두 서구 사회의 중요한 정치적 의제였다. 콕스Cox(1998)는 가장 발달한 복지 제도에서조차 복지 지원과 시티즌십의 관계가 심각하게 약화하는 현상을 발견했다. 토니 블레어Tony Blair와 빌 클린턴Bill Clinton과 같은 정치인들이 사회주의적 국가주의나 신자유주의적 시장근본주의를 피해 사회를 통치하는 '제3의 길'을 기획하기 위한 시도에서 시티즌십이라는 말을 잘 사용했던 것처럼, 이것은 아이러니한 것이다. 그러나 시티즌십이라는 말을 제3의 길의 주창자들이 사용할 때, 이 말은 흔히 권리를 조건 없는 주장이라고 헐뜯으며, 그 대신 의무 특히 노동을 하거나 최소한 일을 찾는 의무를 이행하지 않는 사람들은 권리는 인정되지 않을 수 있다고 주장한다. 그러나 이것은 시장의 명령에 종속된 사회적 권리

체제의 취약성을 다시 한 번 부각시킨다. 만일 사회적 권리가 노동 의지에 달렸다면 논리적으로 노동을 거부할 수 있을 정도로 부유한 사람들은 공동체에 대한 그들의 책임도 거부할 것이다.

따라서 책임은 부에 기초하여 계층화된다. 조던Jordan(1989: 82)이 강력히 주장하듯이, '노동에 대한 시티즌십 책무를 창조하는 유일한 방법은 재화를 생산하는 노동의 전 과정에 걸쳐 공동의 이익을 창조하는 것'이다. 복지국가에 의해 관리되는 권한과 정치적 시티즌십 사이의 취약한 관계는, 복지예산을 삭감하고 경제의 비교우위를 '세계' 시장에서 유지하고자 하는 정치인들이 행사하는 광범한 전략에 대해 사회적 권리가 힘을 잃게 한다. 만일 사회적 권리가 좀 더 튼튼한 기초를 갖고자 한다면, 우리는 사회적 권리가 수행하는 기능 그리고 사회적 권리와 시티즌십의 관계에 대해 좀 더 광범위하게 재검토해야 한다. 만일 우리가 시장에서의 불평등한 계약관계보다 정치적이고 평등주의적인 시티즌십의 관계를 우위에 두게 되면, 사회적 권리는 마샬Mashall이나 바바렛Barbalet에 의해 정의되는 복지의 권리와는 매우 다른 형태를 띠게 된다. 사회적 권리에 대한 바바렛의 관심 중 많은 부분과 합치하는 것은 시민소득citizen's income: CI이다. 이번 절의 남은 부분은 이 시민적 소득이라는 개념을 탐색하는 데 집중할 것이다.

종종 기본소득이라고도 표현되는 시민소득은 성인 시민들 각자에게(아동에게는 좀 낮은 수준으로) 고용 여부와 상관없이 일정한 수입을 보장하는 것이다. 이것은 사업체들과 개인들에게 세금을 부과함으로써 재원을 확보할 수 있을 것이다. 시민소득의 첫 번째 이점은 그것이 보편적인 사회적 권리라는 것이다. 따라서 시민소득은 사회적 권리가 근본적으로 선별적인 성질을 갖고 있다는 데 대해 바바렛이 염려한 사항의 두 번째 것과 일치한다. 시티즌십을 증진시키는 것과 관련하여 시민소득의 의미는 노동과 상관없이 소득을 준다는 것보다는 오히려 시티즌십을 시장의 제약으로부터 해방한다는 데 있다. 에스핑-앤더슨Esping-Anderson(1990: 21)이 언급했듯이, '사회적 권리의 특징은 그 권리가 사람들의 생활 표준을 순수 시장 원리로부터 독립시켜 주는 정도일 것이다.' 시민소득은 사회적 권리의 탈상품화를 달성할 수 있는 정책으로 보인다. 나아가 시민소득은 보편적인 권리이기에 한번 제도가 만들어지면, 그것은 고용 형태의 변동에 연결된 사회적 권리보다 더 안전하다. 이에 따라 공공정책의 목표는 시장에 봉사하는 사회적, 경제적 정책을 기획하는 것이 아니라, 바람직한 시티즌십을 증진시키는 조건을 지탱하는 방향으로 움직일 수 있을 것이다.

파커Parker(1998: 162)는 사회적 시티즌십을 탈상품화하는 것의 또 다른 결과는 한층 덜 생산주의적인 사회라고 주장한다. 왜냐하면, 사람들이 자신들의 기본적인 필요를 충족시키려고 환경을 파괴하는 직업을 구하려고 하지는 않을 것이기 때문이다. 시장의 기준이 아니라 정치적 구성원 지위에 기초하여 사회의 우선순위를 다시 설정하는 것은 또한 생태적으로 건전한 경제 관리를 가능하게 한다.

사회적 권리와 참여 사이의 관계에 대한 바바렛의 주장은 어떠할까? 시민 소득제도의 몇몇 주창자들은 시민소득을 책임의 수행, 즉 내가 앞서 주장한 바 있는 공동체 봉사와 연관시킴으로써 이러한 의문에 대답한다. 그러나 이런 식으로 시민소득을 조건부로 만들 경우에 근로복지프로그램과 관계된 문제를 다시 일으킬 위험이 있다. 부유한 사람들은 그 기획에서 아주 쉽게 빠져나올 수 있다. 그 대신 나는 시민소득이 공동체 구성원들의 기본적 필요를 충족시키는 공동체의 의무를 인식한다는 의미로서 지급되어야 한다고 주장하고자 한다. 만일 시티즌십이 개인과 공동체 간의 관계를 표현하는 것이라면, 시민소득은 공동체의 우선 사안이 시장의 요구가 아니라 그 구성원들의 복지라는 것을 보여줌으로써 개인과 공동체 간의 관계가 갖는 중요성을 반영할 것이다. 시민소득은 상호 의존, 그리고 개인의 자율성 모두를 인정하고 증진시키는 까닭에 사회적 권리의 다른 방법보다 분명한 이점이 있다.

시민소득의 지급은 부의 창조가 가진 사회적 속성을 기꺼이 인정한다. 부의 창조를 주로 역동적인 기업가와 개인의 창의성에 귀착시키는 신자유주의의 우세는 정치 공동체의 공유된 구성원 지위에 근거한 사회 정책에 의해 도전받을 수 있다. 나아가 허스트Hirst(1994: 182)가 주장하듯이, '만일 부가 대부분 사회적인 성격을 갖고 있다면, 가난이 전적으로 개인의 수치가 될 수는 없다.' 시민소득은 사회의 이익을 좀 더 공정하게 분배할 수 있도록 해 줄 것이다.

전통적인 사회적 권리가 갖는 문제점 중 하나는 그 권리가 노동과 밀접하게 연계되어 있다는 것뿐 아니라 유용한 노동을 매우 협소하게 정의 내린다는 것이다. 이것은 전통적인 복지 구조에서 여성에게 그다지 이익이 돌아가지 않는 이유를 부분적으로 설명해준다. 여성이 돈을 받지 않고 수행하는 가사노동과 사회적 책임에 어울리지 않을 정도로 많은 시간을 소모하는 것은 지금까지 인정받지 못했고 저평가됐다. 나아가 노동 시장의 불평등한 구조로 말미암아 여성은 소득과 관계된 여러 이익을 주장할 만큼 충분하지 못한 것 같다. 예를 들어 1991년 영국에서는 국가 연금을 요구한 여성 중에서 15%만이 매주 52파운드의 최대 연금을 받을 수 있는 보험료를 불입했다(Parker 1993: vii). 시민소득은 암묵적으로 여성들의 사회적 기여를 인정함으로써 많은 여성의 기회를 상당 정도로 향상시킬 수 있다는 것을 의미한다. 이것은 여성들이 정치적 참여에 필요한 시간을 획득하는 데 사용될 수 있는 더 많은 자원을 줄 수 있다는 것을 뜻한다. 또한, 시민소득은 여성을 그녀들의 결혼 상태, 성별 혹은 가족 관계와 관련된 존재로서가 아니라 자율적인 개인으로서 대우한다. 따라서 남성이 생계를 책임지는 핵가족 제도의 보편성이 점점 줄어드는 이 시기에 시민소득은 가족 구조의 사회적 변화에 민감한 사회정책이다. 리스터Lister(1997: 189)는 시민소득이 여성을 가사일에 더욱 밀착하게 하여 결과적으로 여성에 대한 남성의 경제적 우위를 강화시킬 가능성이 있다고 염려한다. 그러나 이것이 필연적인 결과는 아니다. 시민소득은 남성과 여성의 역할이 평등하도록 계획된 다른 사회정책 수단을 배제하지 않는다. 또 어떤 하나의 정책이 모든 불평등의 문제를 다룰 수 있는 것도 아니다.

사회적 권리에 관한 바바렛의 세 번째 초점은, 연금이나 수당의 지급과 관련하여 해당 권리가 차별을 할 수도 있는 관료적 결정에 의존하고 있다는 것이다. 시민소득은 이 문제에 관해 매우 실제적인 이점을 갖고 있다. 시민소득은 조세 제도와 급부 제도를 훨씬 단순하게 만들 수 있다. 이들 제도는 대부분 국가에서 복잡하고 혼란한 상태에 놓여 있다. 시민소득은 상대적으로 관리하기가 쉬우며, 복지관련 관료제를 축소하여 큰 비용을 절약할 수 있다. 또한 시민소득은 국가 관료들의 결정에 대한 수혜자들의 의존을 줄여줄 수 있다. 시민소득은 보편적인 혜택이므로 시티즌십의 기본적 권리로 향유될 수 있으며 어떤 낙인도 수반하지 않는다.

사회적 권리를 제공하는 전통적 방법보다 시민소득이 가진 이점에도 시민소득이 그 자체로는 만병통치약이 아니라는 픽슬리Pixley (1993)의 지적은 옳다. 시민소득이 권력의 약화 그리고 국가와 경제의 민주화를 동반하지 않는다면 시민 소득의 효과는 국가에 의해 강탈될 수 있다. 이를 통해 실업문제를 해결하는 것을 꺼리고 국민에 대한 책무를 줄이려고 열심인 국가에 의해 시민소득이 왜곡된 형태로 이용될 수 있음을 픽슬리는 언급하고 있다. 픽슬리에게 자본주의 사회는 노동을 통한 시장 참여를 통해서만 변환될 수 있을 뿐이다. 시민소득에 기초한 사회정책은 많은 시민을 주변인화 하는 위험을 감수해야 하고, 자본주의적인 노동 계약을 개혁 없이 내버려두는 결과를 초래할 수 있다. 더욱이 개인들 상호 간의 책무와 의사소통의 네트워크를 발전시키는 것은 노동을 통해서다. 이런 이유로 픽슬리(1993: 1999)는 이렇게 주장한다.

> 임금과 노동의 관계는 시티즌십과 유급노동의 관계에 비해 정치적으로나 사회적으로 덜 결정적인 사안이다. 그 이유는 근대 사회에서 정치적 참여를 위한 기본적인 조건이 정규 고용과 강하게 연관되어 있기 때문이다.

그러나 픽슬리의 주장은 전후 포드식 생산체제의 특징인 완전고용이 1980년대와 1990년대에 좀 더 유연한 고용과 시간제 고용으로 이동하게 된 문제를 다루는 데 실패하고 있다. 만일 사람들이 필요로 한다면 노동 시장에서 일어나는 그러한 변화를 반드시 비난할 필요는 없다. 픽슬리는 오히려 많은 사람에게 가해지는 노동의 소외적 요소를 과소평가하고 있다. 시민소득은 권리와 책임을 온전히 행사하는 데 필요한 시간적 여유가 없는 사람들로 하여금 능동적 시티즌십의 토대를 다분히 무너뜨리는 소외적이고 근력 소모적인 노동으로부터 자유롭게 해줄 것이다. 그러나 대다수 사람은 여전히 유용한 일에 고용되길 바라고 있다는 것 또한 분명하다. 신자유주의 권리가 통속화시킨 의존적인 문화의 존재를 밝힐 증거는 사실상 없다. 그러나 시민소득은 고용과 다른 활동들—그중 많은 부분은 평생교육, 자원봉사 그리고 정치적 참여와 같이 시티즌십의 행사에 핵심적인 것들이다—의 균형이 파괴되게 할 가능성도 있다. 또 고용주에 대한 의존으로부터 사람들을 자유롭게 해줌으로써 시민들의 다양한 필요에 부응할 수 있는, 좀 더 노동자 친화적인 정책들을 채택하도록 고용주에게 압력을 가할 수 있을 것이다.

사회적 권리의 측면에서 시민소득은 시티즌십을 위한 안정적인 기반을 가장 쉽게 제공할 수 있다. 몇몇 비판자들은 이 정책이 경제적으로 실행되기 어렵다는 것을 지적한다. 그러나 그런 주장은 언제나 보편적인 혜택을 반대하는 데 이용되었다. 예를 들어, 제2차 세계대전 이후에 영국에서 국가건강서비스 제도가 만들어졌을 때 많은 보수주의자는 특히 재정적으로 실현 가능한지를 문제를 제기했다. 시민소득의 핵심은 만일 그것을 실행하기 위한 정치적 의지가 있다면 실행할 수 있다는 것이다. 진정한 문제는 우리가 시티즌십을 어떻게 바라보느냐 하는 것이다. 우리는 위와 같은 권리와 책임을 협소한 경제적 기준에 맞추어 희생시키려고 하는가? 이것은 우리에게 하나의 도전적인 문제제기이다. 우리가 시티즌십의 물질적인 기반에 대해 인식해야만 한다는 것이다. 반 파리지스Van Parijs(1995: 232)는 시민소득은 '정의로운 사회경제 체제의 가장 중요한 항목이다'라고 적절하게 주장한다. 불명예스럽고 착취당하는 일자리를 찾을 수밖에 없는 조건을 제거함으로써 시민소득은 사람들의 물질적 필요뿐 아니라 비물질적인 필요까지 다루는 시티즌십 개념의 본질적인 요소가 된다. 메도우Meadows 등이 주장하듯이, '사람들은 대형차를 원하는 것이 아니다. 그들은 존경받기를 원한다'(Twine 1994: 83). 시민소득을 중심으로 하는 사회정책은 이 요구를 가장 잘 충족시킨다.

물론 시민소득은 처음에는 특수한 정치 공동체의 구성원들에게 제한될 가능성도 있다. 시민소득 정책은 사회 곳곳에 산재하고 있는 불평등의 문제에 역점을 두어 다루지는 않는다. 그러나 제6장에서 이 문제들을 설명하기 전에 '친밀성의 시티즌십'intimate citizenship의 개념을 설명함으로써 이 장을 마무리하고자 한다.

친밀성의 시티즌십

시티즌십이 고양되어야 하는 또 다른 영역은 켄 플러머Ken Plummer(1999)가 적절하게 표현한 '친밀성의 시티즌십'이다. 친밀성의 시티즌십이란 사람과 사람 간의 관계에 시티즌십의 원칙을 적용하는 것을 의미하는 것으로 생각된다. 자유주의적 전통에서 시티즌십은 이성이 좌우하는 엄격히 공적인 사안으로서 파악된다. 사적 영역은 가족적 삶(감정적 영역), 그리고 수요와 공급의 법칙에 지배받는 시장에서의 교환에 기초해 있다. 앞서 사회적 권리에 관한 논의에서, 나는 이미 시장 규범에 굴복한 시티즌십은 그 토대가 손상된다고 언급한 바 있다. 시민소득의 도입은 이 문제에 대응하는 데 중요한 단계다. 여기서 나는 시티즌십의 개념이 가족 관계와 폭력의 통제와 같은 문제에 적용될 수 있는지 논의할 것이다.

사실상 자유주의 이론에서 사적 영역은 비정치화된다. 즉 정치적인 공적 세계와 비정치적인 사적 영역—페미니스트들로부터 도전받는—의 명확한 구분이다. '개인적인 것은 정치적이다'는 구호는 사적 영역이 매우 정치적인 권력관계와 결부되어 있다는 것을 잘 표현하고 있다. 나아가 공과 사의 명확한 구분은 그 자체로 남성들의 이익을 편파적으로 두둔하는 정치적 구조물이다. 페미니스트들이 주장하듯 이러한 구분은 가족의 삶 가운데에서 종종 일어나는 폭력—특히 여성과 어린이들에 대한—을 대중의 시선으로부터 감추는 결과를 가져온다. 총체적 시티즌십의 중요한 측면은 이러한 사적 영역에 시티즌십의 개념을 적용하고자 하는 것이다. 그렇다고 이것이 시티즌십에 의해 형성된 관계가 총체적인 인간관계를 형성한다는 것을 의미하는 것은 아니다. 또한, 공·사 구분을 완전히 없애는 것을 의미하지도 않는다. 그러나 권리와 책임의 상호적 개념을 보편적인 인간관계에 적용하기 위한 좋은 사례가 있다. 깊은 의미의 시티즌십은 우리가 한편으로는 인간으로서 갖는 정체성과 다른 한편 시민으로서 갖는 정체성 사이의 명확한 구분을 할 수 없다는 것을 의미한다. 다른 맥락에서 이것은 마르크스가 『유대인 문제에 대하여』에서 말하고자 한 바로 그 문제이기도 하다. 시티즌십의 권리와 책임이 협소한 인간관계의 영역에 제한될 수 있다는 생각에는 시티즌십의 중요성을 완전히 손상할 위험성이 있다. 우리가 공적인 모임에서는 합리적으로 논의하고 타협한 후 집에 돌아가서는 가족들을 학대할 수는 없다. 자유주의를 넘어선 시티즌십은 그보다 더 많이 달라고 요구한다. 그것은 우리가 관계를 맺은 모든 사람들의 권리, 그리고 그들을 향한 우리의 책임을 존중하여 달라고 요구한다.

이런 문제는 개인주의가 발달했으나 아직 평등한 사회를 이루지 못한 곳에서 필연적으로 발생한다. 시티즌십에 대한 전체론적인 접근은 자유주의의 핵심적인 원리와 일치한다. 여성, 성적 소수자들 그리고 그 밖의 배제된 집단이 인정을 받고자 투쟁할 때, 공·사의 구분은 분명히 문제가 된다. 때때로 공과 사의 관계는 심지어 모순된 것으로 보이기도 한다. 시티즌십과 성에 대한 논의에서 윅스Weeks(1998: 37)는 이 문제를 잘 표현하고 있다.

> 성적 관심이 강한 시민은 사적 영역의 한계를 공적인 영역으로까지 확대할 것을 주장한다. 공적인 영역으로 나아가는 것은 필요하다. 하지만, 공적 영역으로 나아가는 것도 좀 더 포용적인 사회에서 사적인 삶과 사적인 선택을 지키는 것과는 모순되는 것이다.

이것이 의미하는 바는, 우리가 개인적인 영역과 정치적인 영역 사이에 확고부동한 경계선이 존재한다고 추측할 수는 없다는 것이다. 사실, 그러한 경계선은 권리에 대한 정당한 요구를 배제하거나 억누르는 것을 의미한다. 동성애자들이 처음에는 그들의 성을 해금解禁하는 것이 목표였으나, 곧 이성애자들과의 평등을 추구했다는 것은 전통적으로 사적인 도덕성의 문제가 공적인 영역으로의 진입을 보여주는 좋은 사례다.

이와 밀접하게 관련된 문제이자 친밀성의 시티즌십의 핵심적인 구성요소는 사적인 영역의 민주화다. 이 문제를 다룬 사람은 기든스Giddens와 호프만Hoffman이다. 기든스(1998: 93)는 일반적인 민주화의 과정과 밀접하게 연관되어 '가족도 민주화되고 있다'는 것을 거의 의심하지 않았다. 남성과 여성 사이의 더 많은 평등 그리고 어린이들의 권리에 대한 더 민감한 반응은 논의의 원칙 및 '폭력으로부터의 자유'에 기초한 인간관계를 필연적으로 다시 취급하도록 한다. 권리와 책임이 법적으로 형식화되든 그렇지 않든, 권리와 책임의 개념은 이러한 관계들 속에 깊이 침투하게 된다. 기든스는 사회정책이 가족 구성원들 사이의 권리와 책임의 네트워크를 제공함으로써 친밀성의 시티즌십이 견고하게 이루어지는 것을 목표로 해야 한다고 믿고 있다. 예를 들어 기든스는 점점 더 많은 남녀가 혼외 관계에서 자녀를 낳게 됨에 따라 결혼 서약과는 다른, 자녀에 대한 서약이 요구된다는 것을 설명하고 있다. 이러한 서약은 부모 모두에게 그들 자녀의 복지에 대한 동등한 책임을 부여할 것이다.

기든스는 시티즌십의 개념을 개인 간의 관계에 적용함으로써 우리가 일반적인 사회적 삶 속에서 폭력의 역할에 대해 문제를 제기할 수 있다고 주장한다. 사회정책을 개인들 간의 타협과 양보를 장려하도록 조정함으로써 우리는 모든 인간관계로부터 폭력을 제거하기 위한 작업을 할 수 있는 정치적 틀을 마련하게 된다. 기든스(1994: 119)는 다음과 같이 썼다.

자신의 감정적 특징을 잘 이해하고 개인적 기초 위에서 타인과 효과적으로

의사소통할 수 있는 개인들은 시티즌십의 더 넓은 과제에 대해 매우 잘 준비된 사람이라고 할 수 있다. 개인적인 삶의 장소 안에서 발전한 의사소통 기술은 더 넓은 문맥 속에서도 매우 잘 일반화될 수 있다.

개인적인 인간관계와 공적인 삶 사이의 밀접한 유사성을 지적했음에도 기든스는 그의 이론이 갖는 논리를 그다지 잘 따르지는 않았다. 즉 인간관계에서 폭력에 대한 비판은 국가에 대한 비판을 가능하게 한다. 기든스는 공과 사의 정적인 견해를 넘어서기를 거부하는 이원론적인 논리의 함정에 빠진다. 그는 한편으로는 가족 안에서의 폭력이 상호성과 민주주의를 파괴한다는 것을 인정하면서도 다른 한편으로는 국가—그 권력을 폭력에 의지하는—가 없는 사회는 대혼란에 빠질 뿐이라는 견해를 유지하고 있다. 그는 '국가가 어떤 적도 갖고 있질 않으나 오직 분산된 위협—잠재적일 뿐 실제적이지는 않은 비우호적인 국제 환경—에만 직면한 상황에서는 내부적인 붕괴의 경향이 다시 강해진다'고 썼다. 민주적인 가정을 위한 그의 제안과는 정반대로, 기든스는 여기서 평화를 보장하려면 국가는 반드시 전쟁을 준비해야만 한다고 주장하고 있는 것이다!

존 호프만(1995)의 생각은 그가 국가와 인간 사이의 필연적인 결합 관계를 형성해왔다는 측면에서 선구적이었다. 이 관계는 기든스에게는 국가중심적인 가정 때문에 형성될 수 없었던 것이다. 호프만은 시티즌십이 그 해방적 잠재력을 실현하려면 국가를 넘어서는 것이 필요하다고 주장했다. 이것은 시티즌십과 밀접하게 연관된 민주주의적인 이상이 정치적인 문제를 폭력적인 방법—권력의 독점을 주장하는 국가가 암암리에 승인하는—으로 해결하는 것을 반대하기 때문이다. 폭력의 사용은 그 효과에 관계되어 있는데, 왜냐하면 그것은 폭력의 희생자뿐만 아니라 폭력의 행사자 모두를 비인간화하기 때문이다. 호프만은 다음과 같이 지적한다.

> 폭력의 행사자는 그들이 타인들에게 폭력을 행사할 때 그 자신에게도 잔인한 처사를 행하는 것이나 마찬가지다… 국가중심적인 사회에서 모든 개인은 법 전체가 물리적 폭력에 의해 지지가 되고 있다는 것을 알고 있다. 이는 모든 사람들이 폭력에 대한 공포에 사로잡히지 않고 규범에 따르는 것을 불가능하게 만든다.

호프만은 공적인 것과 사적인 것 사이의 긴장관계는 필연적이라고 주장한다. 그러나 중요한 것은 이 긴장관계가 폭력에 의해서가 아니라 민주적으로 해결될 수 있다는 것이다. 친밀성의 시티즌십을 포함한 민주화, 민의를 좀 더 반영하는 정치 제도의 발전, 정치적 참여의 새로운 형태들은 모두 국가중심주의 이후의 시티즌십을 향한 전진의 모습들이다. 호프만 이론의 핵심은 폭력과 강제의 구분이다. 폭력은 선택을 부정한다. 반면 강제는 타인의 권리를 존중하지 않거나 반사회적인 행태를 드러내는 개인들에게 비폭력적인 사회적 압력을 가하는 것을 뜻한다. 비판자들은 호프만 이론의 이러한 측면을 공상적이라고 주장한다. 그러나 호프만의 이론은 적어도 세 가지 점에서 공상적 이상주의의 비난에 직면한다. 먼저 국가를 넘어선 시티즌십의 진보적인 미래를 향한 호프만의 이론은 현실적으로 세계화의 문제와 결부되어 있다. 이 세계화는 전 세계적인 거버넌스 체제를 향한 중요한 계기를 만드는 것이다. 다음 장에서 나는 시티즌십이 새로운 세계화 시대에 어떻게 개념을 재설정할 수 있는지 논의할 것이다.

둘째로, 민주주의와 국가의 관계를 문제시함으로써 호프만의 이론은 민주주의를 향한 모든 운동은 폭력에 의지하는 국가를 약화시킬 것이라는 사실을 암시하고 있다. 국가가 하룻밤 사이에 사라지지는 않지만, 그럼에도 개인적인 영역과 세계적인 영역 모두에서 일어나는 민주화의 과정에 따라 점점 변화하게 된다. 셋째로, 폭력이 아닌 강제의 필요성을 받아들임으로써 호프만은 모든 사회에는 사회적인 상호 작용이 적용되고 어느 정도 규제 형식을 요구하는 규범과 가치가 존재한다는 사실을 인정한다. 물론 어떤 가치체제는 보수적이고 억압적이다. 그러나 공·사 구분에 대한 문제점과 마찬가지로, 이 문제를 다루는 해결의 열쇠는 규범이 결정되고 실천에 옮겨지는 메커니즘이 민주적·심의적일 수 있도록 보장하는 것이다. 국가에 의해 지배되는 사회든 그렇지 않은 사회든 모든 사회는 그 구성원들의 행동에 대한 제한이 있어야 한다. 안정적인 정부는 사회적 강제가 있어야 한다는 호프만의 주장은 개인의 자유를 침해하지 않으며 오히려 자유의 중요한 측면으로 이해된다. 이 지점이 자유가 사회적 개념으로 받아들여지는 곳이다. 호프만 이론과 자유주의적 원칙의 일관성은 존 스튜어트 밀J. S. Mill(1974)과 같은 자유주의자들이 실질적인 폭력이 아닌 사회적 압력의 역할에 대한 유사한 견해를 가졌다는 사실에 의해 입증된다. 『자유론』On Liberty에서 밀은 자신들의 삶을 어떻게 이끌어 갈 것인지 선택할 권리를 존중해야 한다는 것을 하나의 원칙으로서 주장하고 있다. 그러나 이것은 그 자신이나 다른 사람에게 해를 끼치는 방향으로 행동하는 개인에게 강제력을 행하는 것까지 금지하는 것은 아니다. 사실 많은 경우에 우리는 타인들에게 그들의 행동이 부정적인 결과를 가져올지도 모른다는 것을 이해시키고자 노력해야 하는 도덕적인 책무를 지고 있다. 최근까지 공동체주의자들은 시민들의 행동에 대한 비공식적인 제약의 중요성을 강조해왔다. 에치오니(1997: 120)는 좋은 사회의 척도란 '그 사회가 비공식적인 사회적 메커니즘과 내가 소위 도덕적 목소리라고 하는 것—국가나 법 집행 강제 수단과 대비되는—에 어느 정도

의지하고 있는가'하는 것이라고 주장한다.

호프만의 강제의 이념은 돌봄의 윤리와도 개념적으로 연결될 수 있다. 이 돌봄의 윤리는 많은 페미니스트가 시티즌십을 세련되게 만들기 위한 하나의 방법으로 주장하는 것이다. 이것은 호프만이 강제라는 단어에 대해 편협한 그리고 부정적인 의미의 도덕적인 개념을 가진 것이 아니라 오히려 건설적이고 자애로운 관점을 갖고 있기 때문에 가능하다. 타인의 복지를 위한 관심으로서의 강제가 가진 긍정적인 관점은 따라서 돌봄의 이념과 밀접하다. 돌봄과 자애의 개념을 친밀성의 시티즌십과 관련된 논쟁 속에 끌어들임으로써 페미니스트들은 이성과 감정—자유주의에 대한 포스트모던 비판가들이 관심을 두고 있는—의 이원론 사이에 다리를 놓으려고 한다. 부벡Bubeck(1995)의 견해는, 우리가 여성의 행태를 자연스럽게 보는 것은 피해야 함에도, 일반적으로 여성이 가진 어머니로서의 경험과 가족들을 돌보는 경험은 남성보다 그들이 훨씬 더 정치에 대해 상관적인 관점—타인의 필요와 관심에 민감한—을 갖게 한다는 것이다. 부벡(위의 책: 27)은 "돌봄과 정치는 둘 다 타인의 복지와 관련하여 '그런대로 해내는' 유형의 행동"이라고 주장한다. 돌봄의 윤리는 또한 자유주의에 따라 발전한 관념적 형태의 독립이라기보다는 오히려 상호의존을 의미한다. 시티즌십에 돌봄의 가치를 도입함으로써 우리는 공적 영역과 사적 영역 모두에 교감할 수 있는 관계를 좀 더 쉽게 건설할 수 있게 된다. 이그나티에프Ignatieff(1991)와 같은 비판가들이, 만일 돌봄과 시티즌십을 연결하는 것이 공식적인 사회적 권리에 대한 현안들을 무시하는 것이라면 문제가 있는 것이라고 지적하는 것은 옳다. 그럼에도 이그나티에프(위의 책: 34)가 '복지는 권리에 관한 것이며 돌봄에 관련된 것은 아니다'라고 썼을 때, 그는 잘못된 선택을 우리에게 보여주는 것이다. 권리에 대한 단순히 공식적인 표현은 우리의 권리와 타인에 대한 우리의 책무 사이에 어떤 연결관계도 없다고 보는 추상적인 도구주의로 우리를 이끄는 것이다. 친밀성의 시티즌십이 우리에게 제기하는 문제는, 공식적인 용어인 권리와 책임의 전통적인 표현을 강화하는 것과 공적 세계나 사적 세계의 모든 관계를 특징짓는 자애와 책무의 의미를 서로 연결하는 것이다.

이 장에서 나는 시티즌십을 강화시킬 수 있는 그리고 개인의 권리와 평등과 같은 자유주의 힘을 건설할 방법을 소개했다. 권리와 책임은 다양한 개인들, 그럼에도 공동의 제도들을 유지하는 데 이해를 같이하는 개인들을 용인하도록 한다. 따라서 연대성과 호혜적인 노력의 개념을 건설할 수 있도록 개혁되어야만 한다. 나는 자유주의 사회의 개인주의가 점차 확장되어 가는 상황에서 최근의 많은 공동체가 보여주는 것보다 더 많은 의무를 이행해야만 한다고 제안했다. 강제투표제와 공동체 봉사는 참여의 윤리를 장려할 수 있는 사례라 할 수 있다. 참여의 윤리는 내가 시티즌십의 분명한 정의를 위해 핵심적이라고 주장했던 것이다. 시민 배심원제처럼 심의적인 방법을 통해 정책을 결정하는 것과 같은 실험들은, 정치적 권리가 좀 더 뜻 깊고 시민 상호 간의 협력을 의미하는 것으로 만든다. 또 다른 방법이다. 시티즌십에 대한 전체론적 접근은 또한 효과적인 참여의 윤리가 물질적인 기반에 의해 지지가 되어야만 한다는 것을 인정한다. 사회적 권리에 대한 전통적인 접근은 개인의 자율성을 보장하는 데 실패했다. 반대로 시민소득은 시장에 대한 시티즌십의 의존을 없애고, 좀 더 능동적이고 진보적인 시민들을 장려하는 방법을 통해 권리를 탈상품화한다. 결론적으로, 나의 주장은 두터운 의미의 시티즌십은 우리로 하여금 우리의 공적 관계뿐만 아니라 개인적 관계도 재고하여 달라고 요구한다는 것이다. 친밀성의 시티즌십을 발전시키는 것은 사회를 더욱 민주화하고 국가를 초월하여 시티즌십을 개념화하는 데 매우 중요하다.

제6장

세계화 시대의 시티즌십

세계화는 시티즌십과 마찬가지로 후기 현대의 유행어다. 발전한 통신체제, 세계시장의 성장 그리고 다국적기업의 확산 등이 결합하여 지금까지 사회 구성원 지위를 규정해왔던 경계를 지속적으로 허물어뜨리고 있으며, 이러한 주장을 연구하는 논문, 저서, 그리고 정치적인 연설이 급격히 늘어나고 있다. 따라서 이런 현상을 통해 우리는 세계화라는 개념이 얼마나 대중화되었는지 알 수 있다. 역사적으로 폐쇄적인 정치 공동체와 긴밀히 연결된 시티즌십의 개념이 새로운 세계화 시대의 투과성 있는 경계에 부적합하게 되어버린 지금, 이제 그 개념은 쓸모없어질 것인가? 우리는 앞서 밀러(1995)와 같은 민족성의 옹호자들이 시민과 이방인 사이에 별개의 민족 문화를 규정하는 심리적 장벽이 없다면 시티즌십은 단지 피상적인 개념—좋은 거버넌스에 필수적인 시민적 덕성의 가치를 낳을 것 같지는 않은—에 불과하다고 어떤 식으로 주장하게 되는지 살펴본 바 있다. 요약하자면, 세계화는 물질적이고 심리적인 경계—이것이 근대 사회에서 시티즌십을 의미 있게 만들어왔다—를 희미하게 만듦으로써 시티즌십이 가진 지금까지의 의미에 도전하고 있는 것으로 보인다.

이 장의 첫 번째 절에서 나는 세계화가 시티즌십에 주는 충격에 대해 분석할 것이다. 세계화의 경제적·문화적인 효과가 종종 과장되거나 잘못 해석됨에도, 세계화는 특히 전 세계적인 위기의 모습으로 사회 구성원 지위에 대한 전통적인 가정에 질문을 던지고 있다. 특히 보편적 권리와 주권(근대 사회에서 시티즌십에 한계를 설정했던) 사이의 긴장이 이러한 과정 탓에 주목을 받고 있다. 전통적인 국제관계이론은 더욱 상호의존적으로 되어가는 최근의 사회적 변화의 본질을 개념화하지 못하고 있다. 만일 우리가 세계화 시대의 요구사항에 적절한 방법으로 시티즌십을 고쳐야 한다면, 우리는 안보에 대한 전통적인 개념을 넘어서야만 한다.

야세민 소이살Yasemin Soysal(1994)과 같은 몇몇 학자들은 세계화의 맥락에서 시티즌십은 인권에 의해 대체되고 있다고 주장해왔다. 즉 이제는 보편적인 권리의 보호가 개인의 자율성을 보장하는 열쇠라는 것이다. 이번 장의 두 번째 절은 인권이 정말 소이살이 말하는 대로 시티즌십을 대신하고 있는지를 역점을 두어 다룰 것이다. 나는 거버넌스가 권리의 보전과 함께 정치적인 참여와 책임의 이행을 요구하기 때문에 인권은 시티즌십을 대체할 수 없다고 주장한다. 마지막으로 거버넌스와 시티즌십의 관계를 탐색하고 아울러 시티즌십이 세계화 시대에도 어떤 장래성을 있는지를 논의할 것이다. 국가 안에서 시티즌십을 강화하고자 하는 것도 물론 중요하지만, 국가의 한계를 넘어서는 방법으로 자유주의적 시민권의 평등주의 논리를 충족하는 다양한 거버넌스의 현장을 건설하는 노력이 반드시 함께 수반되어야 한다고 주장할 것이다.

세계화와 시티즌십

세계화는 일반적으로 형식상 문화적, 경제적, 정치적인 사회 변화의 과정을 포함한다고 이야기된다. 워터스Waters(1995: 3)는 세계화에 대해 '사회적·정치적 제도의 지리적인 제약이 사라지고, 그 사라지는 현상을 사람들이 점차 깨닫게 되는 사회적 과정'이라고 간결하게 정의 내렸다.

인공위성, 컴퓨터, 제트기 여행, 디지털 텔레비전과 같은 정보와 통신 기술의 혁신은 과거에 비해 다른 문화에 대한 접근을 더 쉽고 빠르게 만들고 있다. 오마에 게니치(1995)가 주장하듯이 이는 사람들이 편협한 민족적인 자기 이익 추구를 넘어 세계적 문화의 발전을 추구하게 되는 결과를 가져왔다. 물질적인 생산물뿐만 아니라 문화적인 상징과 기호의 소비자로서 개인들은 국가의 경계를 넘어서기를 원하고 있으며 또한 민족적 정체성보다 개인적인 취향에 따르는 선택을 하고 있다. 전 세계 소비자들의 세상은 세계 무역의 성장과 세계 시장의 건설에 의해 촉진되고 있다. 이러한 시장 권력의 기본적인 매개체는 다국적기업이다. 다국적 기업은 국익의 방향과 관계없이 점차 국가와 관계를 끊고 그 대신 전 세계에 걸친 새로운 기회를 찾아 나서고 있다. 그러나 다국적기업의 성장이 가진 의미는 세계화가 잘못 정의된 과장된 개념이라고 주장하는 사람들에 의해 비판을 받고 있다. 예를 들어 허스트Hirst와 톰슨Thompson(1996)은 경제적 세계화의 개념에 대해 비판해왔다. 그들은 세계 무역과 투자 패턴은 여전히 유럽, 일본, 미국에 집중되었으며 다국적기업들은 국가가 만들어 놓은 법, 훈련, 교육, 연구, 그 밖의 기반에 의존하는 바가 크다고 주장한다.

더구나 거의 전 지역이 자본 축적을 통한 이익으로부터 배제되어 있기 때문에 세계화가 아닌 양극화가 세계 무역의 양상을 가장 잘 표현하는 것일 수 있다. 예를 들어 아프리카, 라틴 아메리카, 동유럽에 있는 국가들은 최근 세계 시장에서 그 점유율이 하락해 왔다. 이러한 증거들은 오마에—모두에게 이익을 가져다주는 전 지구적 규모의 자본주의 승리를 주장하는—가 언급하는 낙관적인 세계화에 대한 설명과 모순되는 것이다. 많은 지역에서 무역이 자유화됨으로써 이익을 본 것은 서구의 국가들임을 현실은 잘 말해주고 있다. 나아가 기술 혁신과 저작권을 통제하는 것과 같은 상업적 영역—서구가 기득권을 가진—에서 엄격한 규제가 남아 있다. 예를 들어 코텐Korten(1995: 180-81)은 국제적인 특허권이 종자나 천연 약물과 같은 유전 물질에까지 이것이 어떻게 확장되는지를 강조하고 있다. 이것은 '소수 회사가 모든 종種에 대한 그리고 모든 유용한 생산물에 대한 유전적 연구에 독점적 권리를 갖고 있다는 것'을 뜻한다. 이런 이유 때문에 세계화라는 것이 사실상 국가의 종말이 아니라 자유주의 국가들의 정치·경제 엘리트의 이익을 수호하는 것이며, 이를 목적으로 하는 특정 국가의 전략을 뜻하는 것이 아니냐는 주장에 많은 진실이 담겨 있는 것이 사실이다.

오마에가 세계 문화를 말하는 것에 대해 우리가 의문을 제기하는 또 다른 이유가 있다. 사실상 오마에의 세계 문화라는 생각은 개인주의, 시장원리, 그리고 서구 소비자들의 기호라는 자유주의적 가치의 확산을 뜻하는 것이다. 많은 문화가 냉전 종식 이후에 뒤이은 자유주의의 분명한 승리에 대해 부정적인 반응을 보이는 것이 사실이다. 종종 이러한 반발은 소비자 자본주의의 피상적이고 불안스런 가치에 대해서 근본주의적인 반발의 형태를 취하게 된다. 아프리카와 아시아의 곳곳에서 일어나는 이슬람 근본주의의 부상, 구소련과 동유럽의 많은 지역에서 벌어지는 인종 갈등, 중국 공산당의 계속된 지배 등은 단순한 세계 문화의 명제와 모순된 것이다(Faulks 1999: 53-70).

프랜시스 후쿠야마는 세계화를 자유주의적 가치의 승리로 보는 또 다른 사람이다. 그러나 후쿠야마의 그 승리는 시장 원리의 확산뿐만 아니라 아시아, 아프리카, 동유럽과 같은 지역에서 일어나는 민주화의 과정이기도 하다. 이것은 자유민주주의에 대한 대안이 무너지고 있다는 증거로서 인용된다.

> 자유민주주의는 세계 곳곳의 지역과 문화에 걸쳐서 유일하게 분명한 정치적 열망으로 남아 있다. 게다가 경제 분야에서 자유주의적 원칙—'자유시장'—은 확산하여가고 있고 또 경제적 번영에서도 전례 없는 성공을 거두고 있다.

오마에와 후쿠야마의 주장을 연구하는 것은, 우리가 이 책 전체에 걸쳐 규정해온 자유주의 내부에 존재하는 긴장관계를 밝힘으로써 세계화와 관련된 과정의 본질을 규명하도록 해준다. 또한, 이 긴장은 시티즌십의 형태와 발전의 모습을 구체화하는 데 도움을 준다. 오마에의 세계화 시대 비전에서 민주적 시티즌십은 별로 중요하지 않게 다루어진다. 많은 신자유주의자와 마찬가지로 오마에는 민주주의의 가치에 대해 무척 회의적이며, 그 대신 시장이야말로 사회를 통치하고 자원을 분배하는 데 가장 확실한 방법이라고 생각한다. 후쿠야마는 시장과 민주주의의 가치가 매우 밀접한 관계가 있다고 보며, 자본주의와 시티즌십이라는 두 제도가 결합하여 개인의 자유와 안정적인 정부를 위한 가장 좋은 조건을 창조할 것이라고 믿고 있다. 그러나 내가 이미 언급했듯이 사실은 자본주의와 시티즌십의 가치 사이에는 아주 큰 모순이 존재하고 있다. 즉 시장의 가치가 지배적인 곳에서 시티즌십은 매우 빈약하고 취약한 지위를 갖게 된다. 세계화는 이러한 모순을 몇 가지 측면에서 더욱 심각하게 만들고 있다.

첫째, 세계 경제가 그 단어가 가진 포용적인 의미에서 볼 때 실제로 세계적이라고 표현될 수는 없지만 점점 더 국제적으로 변모하고 있다고 할 수 있다(Hirst and Thomson 1996). 국가는 국제 체제 속에서 시장 점유율을 높이려고 경쟁한다. 세계은행, 경제협력개발기구, 그리고 국제통화기금과 같은 기구들은 세계 경제에 어떤 체계를 세우려고 시도하고 있으나, 이러한 기구들은 전적으로 신자유주의의 옹호자들에 의해 지배되고 있다. 나아가 경제의 가장 중요한 행위자들 중 어떤 행위자들은 별다른 규제를 받고 있지 않다. 예를 들어 다국적기업의 활동은 어떤 국제 헌장의 지배도 받고 있지 않으며, 그 기업들은 그들의 행위를 규제하는 국제연합과 같은 기관의 시도에 대해서도 계속 저항해왔다. 이를테면 국제연합의 다국적기업위원회UNCTC—이것은 다국적기업의 활동을 비판하고 심사하는 데 초점을 맞추고 있다—는 강력한 기업들로부터의 압력에 의해 계속 축소됐다. 다국적기업의 활동을 제대로 규제하지 못한다는 것은 강력한 다국적기업들이 고용과 국외의 투자를 요구하는 가난한 국가들을 착취하는 데 확고한 위치가 있다는 것을 의미한다. 다국적기업의 흥미를 끄는 국가들은 기업의 활동에 대한 민주적 감시가 제한되고, 복지와 노조의 참여를 위한 권리와 같이 기초적인 사회적·시민적 자유가 제한되는 곳이다. 따라서 국가 간의 경쟁이 심해질수록 국가의 권익과 보편적 권리 그리고 자본주의와 민주주의 사이의 긴장은 점점 더 고조되게 된다.

둘째, 시티즌십에 대한 시장의 지배는 세계적인 위기가 전개되는 데 중요한 요소가 된다. 이러한 위기는 세계적인 변화의 가장 중요한 모습이다. '세계' 시장의 이익 혹은 추상적인 개인주의의 가치와 달리, 위기는 그 효과 면에서 진정으로 전 세계적이라고 말할 수 있다. 세계적 위기란 어떤 한 국가에 의해 제대로 관리될 수 없는 문제를 의미한다. 이는 이민, 전염병, 국제 범죄, 핵위협, 생태환경의 파괴와 같은 문제를 포함한다. 이런 문제는 모두 개별 국가가 수호하고 있는 국경선을 조금도 고려하지 않는다. 현대의 통신 기술은 이런 유형의 문제들을 악화시켜 왔으며 국가와 개인들로 하여금 이러한 문제의 존재를 더 잘 알 수 있게 하고 있다. 예를 들어 이민과 범죄는 교통체제의 발달로 말미암아 더 쉬워졌다. 약삭빠른 텔레비전 방송망은 가장 최근의 난민들의 위기나 테러리즘의 행위를 일반적인 시민들의 가정에 방송해 준다. 세계적 위기의 전개는 국가의 역할과 시티즌십을 보장하는 국가의 능력과 밀접한 관계를 하고 있다. 고전적인 국제관계이론에서는 주권의 형태로 권력을 집중시킨 국가가 질서 유지를 위한 유일한 방법으로 간주한다. 국가의 기본적인 정당성은 해당 국가의 시민들에게 안전을 제공하는 것이다. 이것이 세계화와 관련한 최근의 사회적 변화에 의해 도전받는 홉스식 논리이다.

현실주의자들은 오직 국가만이 거버넌스를 가능하게 하는 제도이기 때문에 개별 국가의 관할권을 벗어나는 개인들의 요구보다 시민들에 대한 국가의 기본적인 의무를 이행하는 것이 더 중요하다고 주장한다. 실질적으로 현실주의자들은 질서와 정의에 대한 요구 사이에 놓여 있는 국제적 영역에 대해 근본적으로 반대하고 있다. 그러나 전 지구적 위기가 심화함에 따라 이러한 반대는 더는 지속할 수 없다. 위기와 연관된 많은 문제는 국가 간에 존재하는 높은 수준의 세계적인 불평등과 밀접하게 관련되어 있다. 오마에와 같은 신자유주의자들에 의해 지지가 된 경제적 세계화와 연관된 과정은 이 불평등을 계속 증가시켜 왔다. 예를 들어, 규제 폐지에 의하여 불안정한 금융시장의 성격은 특히 가난한 국가들에서 시티즌십 유지에 부정적인 영향을 끼치고 있다. 이는 불안정과 전쟁의 가능성을 높이는 더 심각한 빈곤의 문제를 일으킨다. 현대 무기의 파괴력이 증가하면서 전쟁은 더는 한 국가나 한 지역에 국한되지 않는다. 개발도상국들이 단기간에는 그다지 이익이 되지 않는 지속 가능한 개발 방법을 찾기보다 산업의 생산성을 높이려고 혈안이 되어 있기 때문에 환경 파괴는 빈곤의 문제와 연관되어 있다.

이러한 기본적인 권리와 자유의 불평등이 낳는 결과는 가난한 국가들은 물론 부유한 국가들에게도 점차 직접적인 영향을 미치고 있다. 예를 들어 이민과 국제 범죄는 이런 불평등과 관련되어 있다. 빈곤한 지역을 떠나 부유한 지역으로 가고자 하는 경제적 난민 현상은 자유주의 국가들을 불안하게 하고 있다. 따라서 이 문제는 21세기 핵심적인 정치적 문제 중 하나가 되어가고 있다(Bali 1997). 가난한 지역에 머무르는 사람들은 마약과 같은 불법적인 물건을 거래하도록 유혹을 받고 있다. 왜냐하면, 대부분의 적법한 상품들의 기준단가가 서구에 의해 통제되는 통화 시장에 의해 낮은 가격으로 유지되고 있기 때문이다. 이러한 문제들은, 현실주의자들이 주장해온 국가 내부의 사안과 국제 정치의 단순한 이분법이 점점 설득력을 잃고 있다는 사실을 보여준다. 부스Booth는 전통적인 국제관계이론을 비판하면서 안보 이익은 국가의 이익이라는 말로 정의되는 경향을 띠어 왔다고 주장한다. 이러한 접근법은 사실상 세계 질서를 위협하는 진정한 위기의 문제를 은폐하고 있다. 예컨대 핵의 저지와 관련하여 부스(1995: 335)는 많은 국제관계이론이 '핵전략과 관련해 완곡한 전문 용어들이 사용됐으며, 따라서 우리는 문명의 멸망을 가져올지도 모르는 중요한 문제에 대해 완전하게 격리되어 있었다'고 말한다.

그러나 위험성이 더 커지고 분명해지고 있는 이 세계화 시대에 만일 국가들이 다른 공동체의 개인들이 가진 권리를 고려하지 않는다면, 그 국가는 자기 시민들의 권리를 보장하라고 설득력 있게 요구하지 못할 것이다. 몇몇 학자가 개인의 자율성에 대한 기본적인 보장으로서 인권이 시티즌십을 대체하고 있다고 주장하는 것도 이런 이유 때문이다.

인권과 시티즌십

야세민 소이살은 후기 현대에서 강화된 인권의 역할을 알아낸 사람들 중 하나다. 자신의 책인 『시티즌십의 한계』The Limits of Citizenship에서 소이살은 '새롭고 더 보편적인 시티즌십의 개념이 전후 시대에 전개됐는데, 그 조직과 정당성의 원리는 국가에 소속되는 것이 아니라 보편적인 인간성에 기초한 것'이라는 강력한 주장을 했다(Soysal 1994: 1). 이러한 변화의 배경에는 국제법, 국제연합의 조직망, 세계 시민사회 그리고 유럽연합과 같은 제도에서 발견되는 지역적 거버넌스 체제를 망라하는 세계 체제의 발전이 존재한다.

국가가 자국 내의 시민들과의 관계를 지배한다는 생각, 혹은 타국이나 국제기구가 이 근본적인 관계—국가와 그 국가 내의 시민들—에 개입할 아무런 권리가 없다는 생각이 개인에 대한 존중이라는 생각에 따라 도전받고 있다. 그에 따라 결과적으로, 인권이라는 용어는 세계의 문제를 다루는 정치의 현장에서 점점 더 중심으로 자리 잡아가고 있다. 이런 변화와 관련하여 소이살이 제시한 증거는 유럽 이주노동자의 경험에 초점을 맞추고 있다. 이들은 시티즌십의 지위를 획득하지 못하고 수년간 외국에서 살면서 노동하는 사람들이다. 그러나 점점 더 강조되는 인권의 중요성은 시티즌십이 주는 이익이 덜 중요해지고 있음을 의미한다. 이주 노동자들을 대변하는 조직들은 기본적인 사회적 권리와 시민적 권리의 확대를 위한 지원을 할 수 있다. 따라서 시티즌십의 중요성은 '비시민들'이 가진 권리가 시민들이 가진 권리와 그다지 차이가 없게 되는 지점까지 감소해 왔다(위의 책: 119). 이처럼 사회 구성원 지위는 점차 탈국가적으로 되어가고 있으며 시티즌십이 아닌 인간성에 그 기초를 두고 있다(위의 책: 44). 심지어 역사적으로 자유주의적인 가치와 긴장관계 속에서 살아온 이슬람과 같은 집단조차도 "예배할 권리, 문화적 인정을 받을 권리와 같이 '현대 개인의 욕구'에 대해 말하는 식으로" 인권의 담론을 이용하고 있다(위의 책: 116).

중요한 것은, 소이살은 시티즌십의 지역적 범위 확대—거주지 기준과 함께 국적에 기반을 둔 권리의 기준을 확대함으로써 시민들뿐만 아니라 귀화인을 포함하는—의 수혜자로서 이주 노동자와 그들의 경험을 바라보고자 하는 주장을 거부한다. 그러한 관점은 소이살이 주장하듯 '민족국가 모델의 범위 안에 머물러 있는'(Brubaker 1992) 것이다. 그런 것이 아니라 이주 노동자들에게 일어나는 일들은 '제도적인 논리나 적법화되는 방식으로 시티즌십의 제도 안에서 일어나는 좀 더 심대한 전환을 반영하고 있다. 이 변화를 제대로 자리매김하려면 우리는 민족국가를 넘어설 필요가 있다'(Soysal 1994: 139).

나는 국가와의 연결고리를 끊는 방식으로 시티즌십의 개념을 재구성할 필요가 있고 이를 긴급한 일이라고 보는 소이살의 주장에 대해 전적으로 동의한다. 시티즌십의 권리를 개인의 동등한 평등이라는 자유주의적 주장과 맞도록 확장하는 것이 이를 위한 유일한 방법이다. 소이살은 또한 국제 정치에서 인권의 중요성이 증대하고 있다는 것을 분명히 밝혔다는 점에서도 옳다. 제2차 세계대전 이래 인권과 관련한 국제법은 빠르게 확장됐다. 1948년 UN총회에서 채택된 UN인권선언*은 인권법에서 핵심적인 법이다. 그 이후로 고문, 여성과 아동에 대한 차별을 불법화하고 이민자들의 권리를 신장시키는 사안들을 다루는 여러 협약이 폭넓은 국제적인 지지를 얻게 되었다

* 역주 'Universal Declaration of Human Rights'(세계인권선언)라고도 불린다. 1948년 12월 제3차 국제연합총회에서, 국제연합헌장의 중요한 원칙을 구성하는 기본적 인권의 보호를 위해 보호해야 할 인권이 어떤 것인지 구체적으로 규정하고자 채택되었다. 전문(Preamble)과 30개의 조항(Articles)으로 이루어졌으며, 1966년과 1976년에 각각 개정, 보완되었다.

(Bretherton 1996: 251). 1993년에 171개국이 빈에서 개최한 국제인권회의는 경제적, 사회적, 문화적 권리를 '보편적이고 불가분하며 상호 의존되어 있고 상호 관련되어 있다'는 선언을 했다(Broadbent 1997: 6). 나아가 특히 유럽에서는 국가 내에서 벌어지는 불법행위는 개별 국가의 수준을 넘어서서 다루려는 경향이 증대하고 있다. 가장 좋은 사례는 1999년 9월 27일 스트라스부르에서 열린 유럽인권재판소the European Court of Human Rights*에서 동성애자들과 레즈비언들에 대한 영국군의 신병모집금지조치에 문제를 제기한 4명의 동성애자들(3명의 남성과 1명의 여성)에게 호의적인 판결이 내려졌다는 것이다. 재판소는 사생활은 고용의 적격성을 판단하는 근거가 되어서는 안 된다고 판시하고, 영국정부가 기본적 인권을 침해했다고 판결했다.

또한, 국가들이 점차 세계 위기의 문제와 국가에 의한 인권 침해가 어떻게 국가 간의 경계를 넘어 영향을 미치는가에 대해 인식하기 시작했다는 증거가 있다. 터너Turner(1993)가 지적하듯이, 위기는 공동의 이익을 만들고 인간 존재의 연약함을 깨닫도록 하는 데 도움을 준다. 위기는 인권에 대한 높은 수준의 합의를 위한 근거를 만들게 된다. 터너가 말하듯(1993: 184), '연약함은 인간 존재의 보편적인 특성이다.' 터너에게(위의 책: 187) 세계화는 '인권과 관련된 논쟁이 학술적인 그리고 정치적인 측면 모두에서 시티즌십과 관련된 논쟁을 대체하기 시작할 것'임을 의미한다. 과연 강화된 인권의 역할이 터너와 소이살 두 사람 모두가 말하듯이, 유용한 개념으로서의 시티즌십의

---

* 역주 1950년 11월 4일 로마에서 열린 유럽의회에서 서명된 유럽인권조약(European Convention on Human Rights)에 따라 1959년 프랑스 스트라스부르에 설립되었다. 위원회는 41개 동맹국의 판사들로 구성된다. 인권위원회 또는 조약 당사국의 제소를 인정하며, 제한된 범위에서나마 개인에게도 국제적 절차에 의한 제소를 인정하고 있다.

종말을 의미하는 것인가? 우리는 소이살의 주장이 가진 몇 가지 취약성을 분석함으로써, 이들이 주장하는 것처럼 인권이 시티즌십을 대체할 수 없다는 사실을 보여주려고 한다.

소이살의 주장이 가진 첫 번째 문제점은 많은 이주노동자가 사회적 권리와 시민적 권리를 점점 더 누리게 될지라도 그들은 정치적 권리를 갖고 있지 못하다는 것이다. 내가 주장해 왔듯이 만일 우리가 시티즌십의 특징으로 참여에 큰 강조점을 둔다면, 이것은 큰 문제가 된다. 이주자들의 집단이 공식적인 투표권이나 공직담임권이 없이 시민사회의 맥락에서 그들 자신을 정치적으로 조직할 수는 있겠지만, 이때 이주자들은 그들의 사회적인 권리의 획득이나 시민 자유에 부정적인 영향을 미칠 수 있는 정책의 형성과 이행에 거의 관여할 수 없게 된다. 비시민은 따라서 적극적인 참여자가 아니라 오히려 국가 정책의 대상자가 되어버리는 것이다.

인권 그 자체로는 거버넌스의 일반적인 제도를 유지하는 데 필요한 참여의 네트워크를 발전시키지 못한다. 그러나 그러한 네트워크들은 이민자 집단 그리고 한 정치체 내에 존재하는 지배적인 문화들 사이에 다리를 놓는 데 매우 중요하다. 시티즌십을 국적으로부터 분리시키고자 노력하는 것은 옳다. 하버마스의 헌정적 애국주의 개념에서 표현되듯이, 탈국가적인 시티즌십의 모델은 여전히 공동체의 모든 구성원들이 그들의 통치기구에 참여하고 충실하여 달라고 요구한다. 공동체 내에서 많은 사람이 일하고 살아가면서도 그 공동체의 미래에 대해 결정할 기회가 없다면 건강한 민주주의라고 할 수 없다. 정치체의 구성원 지위는 권리와 함께 책임을 포함하고 있다. 만일 어떤 집단이 공동체에 참여하지 않으면서 시티즌십의 사회적 측면으로부터 이익을 얻는 것처럼 보이게 된다면 그것은 소수자들에 대한 적대감만 심어줄 뿐이다. 시티즌십은 참여와 책임을 포함하고 있는 개념이기에 인권은 소이살이 주장한 것처럼 시티즌십을 대체할 수 없다. 이런 이유로 '비시티즌십은 잠정적으로 용인될 수는 있으나 원칙이 될 수는 없다'(Joppke 1998: 29).

소이살은 이주자들이 사회적 권리와 시민적 권리를 실질적으로 누릴 수 있는 정도에 대해 과도한 낙관주의를 하고 있다. 공동체 내에서의 이주자들의 위치는 이민정책이나 난민정책이 좀 더 엄격하게 변할 때 쉽게 도전받거나 침식될 수 있다. 이주자들에 대한 적대심은 이미 그 국가 안에서 사는 소수자들의 안전과 권리를 무너뜨릴 수 있다. 나아가 바바Bhabha는 이렇게 주장한다.

> 인종적 학대나 폭력은 유럽연합 국가들에서 여전히 자행되고 있다. 경찰의 차별적인 태도나 게토화는 유럽의 대도시들을 특징짓고 있다. 고용과 공공서비스 공급에서 인종주의 확산은 유럽연합 전체에 걸쳐 예민한 공적 사안으로 남아 있다. 형식적인 법적 권리의 부여에도, 유럽에 사는 국민의 1/3은 '자국민'이 누리는 수준의 완전한 시민적 권리를 누리고 있지 못하다. 이러한 증거는 유럽에서의 인권신장이 유럽의 설계와 함께 발생하는 분열의 문제들을 해결하는 데 특효약이 될 것이라는 소이살의 낙관주의를 반박하고 있다(Bhabha 1998: 602-3).

유럽 바깥의 나라들은 소이살이 윤곽을 잡은 탈국가적 시티즌십의 모델에도 미치지 못하고 있다. 예를 들어 1996년 미국의 개정된 복지관련 법률은 이민자들이 모든 현금 지원을 받는 자격요건을 실질적으로 제한했다. 슈크Schuck(1998: 192)가 언급하듯이, 이 법률은 '합법적인 영구거주자들의 지위를 약화시키는 반면 미국 시티즌십의 가치를 뚜렷하게 강화시켰다.' 슈크는 또한 저임금 공장 노동자나 가사 노동자들과 같이 경제에서 매우 중요한 역할을 하는 거의 500만 명에 이르는 불법 이민자들이 있음을 지적한다.

이들은 소이살이 묘사한 탈국가적 질서로부터 얻는 것이 거의 없다.

유럽에서 이주 노동자들의 경험은 탈국가적 시티즌십으로의 대폭적인 변화로 쉽게 일반화될 수 있는 것이 아니다. 죱케Jopkke(1998: 25)가 노동자들의 경험에 초점을 맞추면서 주장하듯이, 소이살은 '작은 경험을 주요한 경험으로 과장하는 위험에 빠져 있다.' 또한 독일처럼 이주 노동자들이 많이 있는 국가에서 오래도록 거주한 사람들에게 시티즌십을 부여하지 않는 것이 바람직한가 하는 논쟁이 계속되고 있다. 1999년에 슈뢰더 총리가 이끄는 사회민주당 정부는 독일인의 혈통과 국적의 관계를 끊고 이주 노동자들이 시티즌십을 획득하기 쉽게 하는 새로운 법을 통과시켰다. 새 법은 외국인 거주자들에게서 태어난 자녀들에게 자동으로 시티즌십을 부여한다. 이것은 많은 이주 노동자가 있는 독일 같은 국가에 수백만의 비시민권자들이 오랜 기간 그 나라에 기반을 두고 산다는 것은 문제가 있는 것이며 이러한 주장으로 말미암아 큰 부담이 있음을 보여준다. 나아가 죱케는 대다수 사람은 이주하려고 하지 않으며, 그들의 권리를 지키는 데 그들의 국가에 의존하고 있다는 것을 지적한다. 그러나 인권은 세계 곳곳에서 국가에 의해 침해받고 있으며 안정적인 탈국가적 질서는 권리를 국제적으로 보장하는 거버넌스기구를 모색해야 할 필요성이 있다. 인권이 주권 아래의 부차적인 위치로 남아 있지 않게 하려면, 이는 좀 더 강력하게 국가 권력에 비판적으로 개입하는 것을 필요로 한다. 죱케(위의 책: 29)가 주장하듯이, '만일 질서의 문제를 해결하지 않는다면, 탈국가적 시티즌십은 국가들이 존재하는 세계에서 공상적이거나 이례적인 것으로 남아 있어야 할 것이다.'

인권이라는 논제는 거버넌스라는 광범위한 정치적 논제와 분리될 수 없다. 최근의 현대사회에서 국제 정치를 이룬, 소이살이 역설하는 바는, '정치는 국경을 경계로 폐쇄적임에도, 권리는 국경을 넘어 확대되고 있다'는 것이다

(Soysal 1994: 157). 하지만, 문제는 비록 메커니즘은 국가중심주의적 정치의 벽을 넘어서고 있지만 인권은 불안정한 상태에 놓여 있다는 점이다. 소이살은 온갖 노력을 해 초국가적 질서를 옹호하지만 실제로는 권리를 지탱하는 사회적·정치적 구조로부터 이 권리를 분리시키는 아주 추상적인 견해를 지지하고 있다. 지속 가능한 초국가적 시티즌십 모델은 인권을 추상적으로 옹호하는 것 이상이어야 한다. 왜냐하면, 내가 주장해왔듯이 거버넌스는 권리뿐만 아니라 참여와 책임도 요구하기 때문이다. 이런 관점에서 볼 때 소이살이 '시티즌십의 한계'에 대해 말할 수 있는 것은, 그녀가 시티즌십을 매우 협소하고 수동적인 개념으로 정의했기 때문이다.

시티즌십 그리고 국가를 넘어선 거버넌스

인권이라는 교의가 중요한데도, 시티즌십은 거버넌스의 문제를 고찰할 때 매우 중요한 논제로 남아 있다. 여기에는 두 가지 큰 이유가 있다. 첫째, 세계화가 국가가 통치하는 환경을 바꾸어 놓았음에도, 국가는 경제·군사·통신 권력을 집중시킬 수 있는 최고의 기구로 남아 있기 때문이다(Faulks 1999). 따라서 국가는 개별 시민들에게 기본적인 배경을 형성한다. 권리와 책임은 여전히 국가의 수준에서 행사된다. 다국적기업과 같은 국제적인 행위자나 세계은행, 국제통화기금과 같은 조직은 뿌리가 없는 행위자가 아니라 국가에 의해 결정되는 규칙의 구조에 의존하고 있다. 이것은 시티즌십을 향한 다양한 전략이 계속 추구되어야 함을 의미한다. 또 시티즌십을 강화하기 위한 압력은 시티즌십의 가치—평등과 같은—를 국가의 경계 안에서 확장시키는 방식으로 국가를 더욱 민주화시키는 것을 목표로 삼을 필요가 있다는 것을 의미한다. 나는 5장에서 이러한 개혁의 사례들을 언급했다. 둘째, 시티즌십은 어떤 거버넌스 형태에도 불가결한 권리, 책임, 참여 간의 관계를 나타낸다. 인권은 문제가 인권이 정치 공동체의 개념과 연계되어 있지 않다는 것이고, 인권이 실현될 수 있는 효과적인 메커니즘을 결여하고 있다는 것이다. 권리 그 자체는 사회적 질서를 위한 적절한 문맥을 만들기 어렵다. 시티즌십을 인권으로 대체하자는 소이살과 터너의 주장은 소이살의 경우에는 개별성에, 터너의 경우에는 인간의 연약함을 인정하는 것에 근거를 두고 있다. 그러나 이런 주장은 우리를 매우 수동적인 권리모델에 머물러 있게 하며 또 상호 책임의 필요를 고찰할 수 없게 한다.

나아가 모든 국제 정치 분석가들이 보편적 권리가 유지될 수 있고 심지어 바람직하다는 소이살과 터너의 주장을 받아들인 것도 아니다. 최근 새뮤얼 헌팅턴(Huntington, 1998)은 인권의 형태로 정의에 대한 보편적인 기준을 추구하는 것은 역효과를 가져온다고 주장함으로써 국가중심적인 세계질서모델에 새로운 생명을 불어넣었다. 헌팅턴의 신현실주의는 세계화와 시민권의 관계를 어떻게 이해해야 하는지에 대한 질문에 대해서 인권 모델과는 분명하게 대조되는 두 번째로 가능한 전략을 제시한다. 헌팅턴은 세계가 분명하게 다른 문명들로—그 문명들은 서로 필연적으로 의심하고 있다—나뉘어 있기 때문에 보편적인 인권을 기초로 하여 세계적인 거버넌스를 구축하는 것이 불가능하다고 주장한다. 대신 세계의 안전은 세계적인 다문화성을 받아들이는 것이 필요하다(Huntington 1998: 318). 이런 문명들의 가장 주요한 보호자는 국가다. 따라서 인권 신장을 통해 주권을 침해하려는 시도는 더 심각한 갈등만을 가져올 뿐이다. 헌팅턴에게 세계화 시대 통신기술의 발달은 문화 간의 차이를 줄이기보다는 오히려 한층 심화시켜 왔다.

헌팅턴은 자유주의에 대한 공격적인 대안으로 근본주의, 특히 호전적인 이슬람이 일어나는 데 대한 두려움에 자극을 받았다. 헌팅턴이 제대로 이해하지 못한 것은 신자유주의적인 형태를 띤 서구적 근본주의가 훨씬 더 위험한 영향을 미치고 있다는 사실이다. 이 서구적 근본주의는 세계무역의 자유화라는 강박 관념에 사로잡혀 있으며, 자본주의에 대한 종교적인 그리고 인종적 근본주의의 모습을 띤 극단적 대안을 부채질해왔다. 물론 민주적 개혁에 대한 서구의 요구를 의심하는 국가들에 인권이 쉽게 강제될 수 없다는 헌팅턴의 주장은 맞다. 그러나 인권에 대한 헌팅턴의 대안, 즉 서구 국가들이 국내적으로는 다문화주의를 거부하고 국제적으로는 자신의 정체성을 주장하는 식으로는 결국 공동의 이익을 만들 수 있을 것 같지 않다. 만일 헌팅턴의 접근방법이 국가에 의해 채택될 수 있다면 자기충족적인 예언이 될 것이며, 그가 두려워하는 경쟁하는 문명들 사이의 제로섬적인 갈등을 자극할 것이다.

헌팅턴은 문제가 다양한 문화에 있는 것이 아니라 바로 국가라는 것을 이해하지 못했다. 이는 1945년 이래 세계 정치에서 일어난 많은 갈등이 같은 문화를 공유한 국가들 사이에서 일어났다는 사실로써 증명된다. 한국 전쟁 그리고 1980년대와 1990년대의 두 차례 걸프전이 그 예다. 갈등은 국가 체제에 존재하는 고유 속성이다. 국가들, 심지어 공통의 문화나 인종적 기원을 공유한 국가들 사이에서도 상호 간의 의심은 존재했다. 또한 헌팅턴은 인권 옹호자들이 어떻게 매우 다른 문화를 갖는 국가들에서도 보편적인 권리를 지지하려고 하는지에 대해 무지하다. 예컨대 1999년 미국이 이끄는 북대서양조약기구는 이슬람교도들이 다수인 코소보 인민들에 대한 세르비아의 인권유린을 막으려고 군사적으로 개입했다. 헌팅턴의 문명 충돌 이론이 갖는 논리로는 이런 행동들을 이해하기 어렵다. 헌팅턴의 이론이 가진 핵심적인 문제는 그것이 문화결정론이라는 것이다. 세계가 문화적으로 다양하다는 사실은 당연히 필연적이고 또한 바람직한 것이다. 그러나 만일 이러한 차이를 평화적으로 화해시키려고 한다면 이때 중요한 것은 국가가 상호 작용하는 정치적·경제적인 연결 관계의 성격이다. 이것은 또한 한 국가 내에서 서로 다른 문화적 집단이 맺는 관계에서도 마찬가지다. 자유주의 국가가 한걸음 진보하기 위한 다문화적인 제도에 대한 헌팅턴의 거부는, 예컨대 서구 국가들에 거주하는 2천만 명의 이슬람교도들을 어떻게 평등한 시민들로 간주할 수 있는지에 대한 이해를 어렵게 한다. 넓게 볼 때 헌팅턴은 인권의 옹호자로서 위선적으로 자처하면서, 다른 한편으로는 기본 인권을 침해하도록 하는 그래서 세계무역에 대한 지속적 규제완화를 조장하는 자유주의 국가들의 범죄를 간과한 것이다. 서구는 또한 1980년대 사담 후세인 치하의 이라크와 같은 권위주의적인 체제에 대해 상당한 지원을 해 왔다. 이러한 위선 그리고 그러한 행동에서 비롯되는 불평등은 자유주의적 가치에 대한 근본주의적인 반발로 소수자들을 몰아갈 뿐이다. 월러스틴Wallerstein(1995: 161)의 말을 빌리면, '자유주의 이데올로기의 자기모순은 절대적이다. 만일 모든 인간들이 평등한 권리를 가진다면… 우리는 자본주의적 세계 경제가 항상 그래 왔고 앞으로도 그러할 불평등한 체제를 유지할 수 없을 것이다.'

세 번째로 소이살의 시티즌십에 대한 수동적인 관점과 보편적인 인권에 대한 헌팅턴의 거부에 대한 효과적인 대안이 존재한다. 나는 시티즌십의 뿌리는 개별 공동체 안에 있고, 권리와 책임은 주로 이러한 지역적인 맥락 안에서 표현될 것이라고 주장할 것이다. 그러나 세계화는 시티즌십의 뿌리가 다른 공동체에 대한 책무 그리고 다양한 배경 속에서의 권리 행사를 망라하여 뻗어나가야 함을 요구한다. 리스터Lister(1997: 196)가 주장하듯, 시티즌십에 대한 포용적인 생각—모든 사람들의 평등을 추구하는 자유주의적 열망을 실천하고자 시도하는—은 필연적으로 국제적이고 다층적이어야만 한다. 리스터가 언급하는 것처럼 시티즌십은 '각 지역으로부터 세계로 확대되는

스펙트럼'이라는 말로 가장 잘 표현된다. 시티즌십 개념의 다층적 구조가 요구하는 유연한 태도는 다양한 시티즌십이 킴리카나 영에 의해 주장되는 집단적 정체성에 기인한 시티즌십과는 공존할 수 없게 한다. 히터Heater(1990: 320)가 주장하듯이, '개인이 다양한 시민적 정체성을 가질 수 있고 다양한 충성심을 가질 수 있다는 생각이 진정으로 가능함을 받아들일 필요가 있다.'

이러한 시티즌십에 대한 세 번째의 접근방법은 데이비드 헬드David Held(1995)와 같은 학자들이 발전시킨 세계시민적 민주주의cosmopolitan democracy 이론에서 핵심적이다. 세계시민적 민주주의는 세계적인 태도를 보인, 권리의 보호뿐만 아니라 국가를 넘어서는 책임의 확장 그리고 세계적인 차원의 거버넌스 기구의 발전을 포함하는 시티즌십의 이론화를 추구한다. 이것은 인간적 삶의 거버넌스가 질서의 문제 그리고 물질적·문화적 자원 배분의 문제와 관련되어 있기 때문이다. 국가를 넘어서는 수준으로 점차 증가하는 사회 질서에 대한 위협 탓에 새로운 정치 기구들은 이러한 문제에 대처할 것이 요구된다. 마찬가지로 세계화는 세계 전역에서 불평등의 수준을 심화시켜 왔으며 또한 자원 배분의 불평등이 더 분명하게 드러나게 했다. 헬드(1995: viii)가 바라보듯이, 오늘날의 정치 이론이 당면한 가장 핵심적인 과제는 국가와 관련된 과거의 제도와 개념을 이러한 세계적 차원의 문제를 처리하려면 어떻게 적용해야 하느냐는 것이다. 지역적인 그리고 세계적인 거버넌스 조직 모두에 시티즌십의 구성요소들, 즉 권리, 책임, 참여를 적용하려는 방법이 필요해질 것이다.

어떤 방식으로 세계시민적 민주주의 모델의 개념을 재정립한다 해도 권리는 결정적으로 중요하다. 권리는 인간의 존엄성과 자율성을 위해 우리가 가진 최고의 메커니즘이다. 그러나 자유주의 전통의 문제는, 자유주의가 옹호하는 권리가 아주 추상적이며 현실과 유리되어 있다는 것이다. 자유주의자들은 국가를 정치의 기본 단위로 받아들이면서, 권리를 상호의존적인 인간관계로부터 분리시키고 오직 특권적인 국가들 안의 특권적인 개인들에 향유되는 것으로 보는 경향이 있었다. 만일 우리가 권리에 내재한 기본적인 관계적 성격을 인정하지 않는다면, 그리고 모든 권리가 타인을 인정하는 것에서 시작된다는 것을 인정하지 않는다면, 권리는 세계적인 문제를 해결하는 데 제한적인 영향만을 미치게 될 것이다.

그러나 세계화의 과정은 권리의 본질에 대한 우리의 인식을 바꾸기 시작했다. 내가 주장했듯이, 먼저 핵위협 혹은 생태적인 재앙과 같은 국경을 넘어서는 위협과 관련된 새로운 안보 난제가 국가를 타인들의 권리에 좀 더 민감하게 만들고 있다. 한 국가 내에서의 불의와 권리 침해는 더는 쉽게 억제되기 어려우며, 국가의 주권은 인권과 관련된 요구의 확산과 좀 더 강력해진 국제연합에 의해 의심할 여지없이 도전받고 있다. 국제연합 헌장은 인도주의적 개입에 대해 말하고 있지 않지만, 여전히 국제연합은 기본적인 인권을 수호하고자 국가 내부의 문제에 개입하고 있다. 1990년대 이라크, 르완다, 소말리아, 보스니아에서 국제연합의 활동이 비록 희비가 엇갈리는 결과를 낳기는 했지만, 인도주의적인 동기에 따른 개입이라는 중요한 원칙은 확고해지고 있다. 유고슬라비아의 붕괴 이후 보스니아에서 전쟁 기간에 자행된 반인륜적 범죄를 수사하고 기소하려고 1994년 국제연합에 의해 국제전범재판소the International War Crimes Tribunals가 세워졌다. 이 기구는 제2차 세계대전 이후 열린 뉘른베르크 재판의 선례를 따른 것이다. 뉘른베르크 재판은 끔찍한 인종 대량학살에 책임이 있는 나치당원들에게 정부의 지시에 따랐을 뿐이라는 변명이 용납될 수 없다는 것을 보여준 재판이다.

유럽연합처럼 세계화와 관련된 문제를 다루기 위한 지역 기구 역시 시티즌십이 개별 국가의 경계를 넘어서 확장되는 데 일조를 하고 있다. 사실

유럽연합은 북미자유무역협정NAFTA이나 동남아시아국가연합ASEAN과 달리 경제적 협력만을 위한 기구가 아니라 정치적 협력을 만들어내는 것을 추구한다는 점에서 지역 경제 기구 중에서도 독특하다. 특히 1990년대에 이르러 유럽연합은 정치적 연합으로 향하기 위한 의미 있는 큰 발걸음을 내디뎠다. 이 계획의 핵심에는 1992년의 마스트리히트 조약을 통해 공식적으로 확정된 유럽연합 시티즌십이 있었다. 이 혁신적인 발전은 유럽 연합의 회원국들에 거주하는 모든 개인들에게 시민적, 그리고 몇몇 정치적 권리를 확대했다. 회원국들의 시민들은 유럽의회—1990년대 이르러 정책 감사와 정책 결정에 대한 영향력이 확대되었다—에 대표자를 보내도록 투표할 수 있게 되었다. 유럽연합에서 시티즌십의 확대에 문제가 없는 것은 아니지만, 그것은 여성, 비정규직 노동자 그리고 특히 맞벌이 부모들의 자원과 자율성을 강화시키는 데 큰 의미를 갖는다(Meehan 1993).

세계화가 권리에 대한 추상적인 관점에 도전하는 두 번째 방식은 생태구조에 대한 위협 그리고 생태파괴로 말미암은 피해에 인간이 취약하다는 것을 확실하게 알리는 것이다. 바로 이것이 세계적 수준의 권리의 존재론은 인간의 연약함을 받아들임으로써 가능하다는 터너(1993)의 주장이 매우 유용한 이유다. 이 생각은 홉스나 로크와 같은 자유주의자들의 원자론적 논리가 이해하지 못했던 시티즌십의 상호 관계적 성격을 깨닫도록 해준다. 권리에 대한 상호 관계적 견해는 우리가 국가의 경계를 넘어서 모든 사람들에게 권리의 이익을 확대하는 방법을 찾도록 요구한다. 그뿐만 아니라 그것은 우리가 다른 공동체와 우리의 자연환경에 대한 더 많은 책임감을 발휘할 때만 권리가 유지된다는 생각을 의미하고 있다. 최근의 생태적 정치사상의 급속한 발전은 우리로 하여금 자연 자원의 보존과 지구 온난화와 산성비와 같은 현상을 가져오지 않는 지속 가능한 개발*을 향한 변화와 관련된 문제들에 대해 민감해지도록 한다. 시티즌십의 생태적 차원은 제5장에서 논의했던 시티즌십에 대한 많은 페미니스트의 설명에 핵심적이었던 돌봄의 윤리를 확장하는 것을 필요로 한다.

첫째, 생태적인 시민은 '살아 있는 유기체로서 지구의 탄생과 성장의 유기적 과정을 점차 깨닫는' 시민이다(Van Steenbergen 1994: 150). 이러한 시티즌십의 개념은 자유주의에서 핵심적이었던, 그리고 권리와 책임에 대한 원자론적인 접근을 강조해온 남성지배적이고 비현실적인 시티즌십에 문제를 제기한다. 둘째, 생태적 시티즌십은 시티즌십에 대한 우리의 이해가 복지의 권리, 재산권, 그리고 시장에서의 거래와 같은 물질적인 관심을 넘어 확대된다는 것을 의미한다(Steward 1991: 68). 생태적인 시티즌십의 고찰은 우리가 친밀성의 시티즌십과 세계적 문제 사이에 있는 개념적인 연계를 깨닫게 해준다. 우리 자신이 맺은 관계, 소비의 패턴 그리고 우리의 환경을 전반적으로 다루는 방법에서 책임을 갖도록 함으로써, 개인들은 인간의 성공을 순전히 양적으로만 평가하는 것으로부터 좀 더 깊이 있고 질적으로 평가하도록—우리가 숨 쉬는 공기의 질, 자연적인 아름다움, 신선하게 생산된 음식을 즐기는 것과 같이—변화될 수 있다(Steward 1991: 67). 시티즌십을 이런 식으로 이해함으로써 편협한 경제적 기준으로 인간의 성취를 평가하는 시장중심적인 언어의 지배에 도전하게 된다. 뉴비Newby(1996: 210)가 언급하듯이 환경은 '경제적인

---

* 역주 지속 가능한 개발(sustainable development)이란 1972년 '로마클럽'의 제1차 보고서 〈성장의 한계〉에서 환경과 개발에 관한 강한 우려를 표명하면서 사용한 용어이다. 이 개념이 공식화된 것은 1987년에 환경과 개발에 관한 세계위원회(WCED)가 발표한 〈우리의 미래〉(*Our Common Future*)라는 보고서에 의해서이다. 여기에서 환경의 보전을 통해 지금 세대뿐만 아니라 이후의 세대들 역시 그들의 필요에 따라 자원을 사용할 수 있도록 해야 한다는 개념을 밝힌다.

풍요 그 자체로는 예절, 사회적 유대, 혹은 심지어 계몽된 자기 이익마저도 촉진하지 못한다'는 사실을 더욱 뚜렷하게 인식하게 해준다.

셋째, 자유주의, 과학적 혁신, 경제 성장 등과 연계된 끝없는 진보라는 사상은 근대성의 한계를 여실히 드러낸 세계화에 의해 분명히 도전받고 있다. 생태학적 시티즌십은 우리가 과학과 경제에서 '진보'만큼이나 중요한 보존이라는 주제를 다루도록 요구한다. 그러므로 우리가 시민으로서 가진 책임은 우리가 현재 정치 공동체나 이 지구상에서 함께하는 사람들뿐만 아니라, 다른 종, 환경 그리고 미래 세대에까지 확장된다. 스미스Smith(1998: 91)는 시티즌십은 인간 중심주의 가치에 대항하여 생태중심적인 가치에 의해 지지가 될 필요가 있다고 주장한다. 심지어 우리가 동물이나 자연이 그런 권리를 갖고 있다는 점을 받아들이기 원치 않는다 해도, 우리는 그것들에 대한 책임을 깨닫고 이행해야 한다.

환경에 대한 염려에 대응하여 시티즌십을 재고하는 것은, 어떻게 세계적 위기가 우리에게 민족국가나 공·사 구분과 같은 제한적인 개념과 결합한 것으로부터 시티즌십을 분리해내 달라고 요구하는지를 보여주는 사례다. 친밀성의 시티즌십 개념이 함축하고 있는 바와 같이 생태적 시티즌십은 가족, 슈퍼마켓(우리가 소비자로서 선택하게 되는) 그리고 작업장의 환경과 같이 과거에는 생각하지 못했던 곳에서 권리와 책임의 개념을 더욱 진지하게 받아들이는 것을 포함한다. 생태적인 시티즌십은 전통적인 자유주의가 제시하는 것보다 더욱 깊이 있는 시티즌십의 개념을 나타낸다. 포스트자유주의 시티즌십의 형태와 관련된 책임의 많은 부분은 강제적인 의무라기보다는 자발적인 책무가 될 것이다. 그러나 재활용과 같은 개인의 행동, 책임감 있는 소비자로서의 행동 등은 세계화에 의해 제기되는 도전에 대한 대답 일부일 뿐이다. 정부는 이러한 새로운 시티즌십이 발전할 수 있는 교육과 정치제도의 체제를 확립하는 것은 물론이고 그들의 경계를 넘어 책임을 이행하려는 자발성을 보여주어야 한다. 최근의 세계 질서는 국가 이익의 주변에 견고하게 구축되어 있으며, 국제법은 여전히 개인들이 아니라 국가의 행위와 관련되어 있다. 따라서 좀 더 전 지구적 시티즌십을 향한 중요한 발걸음을 내딛으려면 국가들이 기꺼이 세계적 차원의 책무를 다하고 다른 국가들과 강한 유대를 건설하고자 해야 한다.

특히 서구의 국가들은 세계의 정치·경제 체제가 자신들의 이익에 따라 조직된다는 것을 인정해야만 한다. 예를 들어 아프리카에서의 끔찍한 빈곤, 채무 그리고 정치적 불안정의 수준은 대부분 서구 회사들의 노예무역, 식민주의 그리고 비윤리적인 행위가 남긴 유산이다. 물론 이것이 국제 공동체는 물론 자국의 시민들에 대한 책무를 이행하는 데 전반적으로 실패해 온 정치·경제 엘리트들을 용서하자는 말은 아니다. 다시 아프리카의 예를 들자면, 모부토 세세 세코Mobuto Sese Seko와 같은 독재자—1965년부터 1997년까지 구 자이레의 부패한 정권을 지배했던—는 아프리카의 고통에 많은 책임이 있다. 그러나 자국민이 아닌 사람들에 대한 책무를 받아들이도록 시티즌십의 책임을 확대하는 길을 통해 세계 질서를 고치는 데 필요한 경제적·정치적 영향력을 지닌 것은 서구의 국가들이다.

국가들이 자기들의 책무를 인정할 방법은 많이 있다. 서구 국가들은 그들에게 빚진 개발도상국의 채무를 탕감해줄 수 있다. 1999년 현재 원조의 형태로 부유한 국가들이 지원한 1파운드에 대해 가난한 국가들은 4파운드로 빚을 갚아야 한다(Jubliee 2000, 1999: 2). 이러한 많은 채무는 제국주의 유산이 남긴 결과이며, 또한 세계 시장에서 거래되는 원자재—많은 개발도상국이 여기에 의존하고 있다—의 낮은 가격의 결과다. 이런 가격은 그 자체로 구매자와 판매자의 불평등한 권력관계를 반영한다. 개발도상국의 농업은 유럽 내 공동농업정책 the Common Agricultural Policy*과 같은 정책에 의해 위기에 봉착해 있다. 이 정책은 농민들에게 엄청난 보조금을 지급함으로써 제3세계의 농민들과 불공정한 경쟁을 하게 한다. 채무의 탕감을 통한 개발도상국들에 대한 원조는 더 의미 있는 것이 될 것이며, 또한 지속 가능한 개발을 장려할 수 있다. 1999년 말 이런 관점에서 긍정적인 조짐이 있었다. 클린턴 대통령이 제3세계의 채무를 탕감하고 제3세계 정부의 건강과 교육 프로그램을 위해 더 많은 금액을 지원하겠다고 선언한 것이다. 채무의 탕감은 이와 함께 더욱 풍부한 지원을 수반해야만 한다. 이 지원은 개발도상국의 경제적 활동을 촉진할 뿐만 아니라 정치적 안정을 유지해 줄 것이다. 아울러 더욱 공정하고 더 엄격하게 규제되는 무역 체제가 필요하다. 이것은 유럽연합의 공동농업정책 CAP과 같은 부당한 정책이 재검토되어야 하며, 농업과 같은 산업분야에 존재하는 독점—원자재의 가격에 대한 압력을 행사하도록 보장하는—이 깨어져야 한다는 것을 의미한다. 환투기를 통해 벌어들이는 돈에 대한 세금은 금융시장과 가격을 안정시킬 수 있을 것이다. 이런 세금을 통한 수익은 국제연합과 같은 국제 거버넌스 기구를 지원하는 데 사용될 수 있다.

다우엔하우어 Dauenhauer(1996)가 주장하듯이 부유한 서구의 국가들은 숙련된 노동자를 가로채는 것과 같은 '두뇌 유출' brain drain을 조장하지 않음으로써 가난한 국가들의 발전을 도울 수 있다. 국가는 이민정책에서 더 개방적이고 더 일관성을 가져야 하며, 순전히 이민 지원자들의 자산 능력에 따라서 그들을

* 역주 1968년부터 시행되고 있는 유럽연합(EU)의 농업 보조금 또는 지원 프로그램 정책을 의미한다. 농작물과 농경지에 대한 직접적인 보조금 지급과 함께 최저가격보장, 유럽연합 외부에서 수입되는 특정 상품에 대한 수입관세와 쿼터세 등의 프로그램이 있다. 현대 이 제도에 대한 개선작업이 진행 중이다.

평가하는 것이 아니라 그들의 필요에 근거한 기준을 마련하도록 변화되어야 한다. 영국정부가 홍콩 주권 양도 후, 가장 숙련되고 부유한 홍콩인들 수천 명에게만 시민권을 부여하도록 한 1990년의 국적법은 냉소적인 이민 정책의 좋은 사례다(O'Leary 1998). 선별적인 이민 정책을 통해 부유한 국가들 쪽으로 더 많은 전문 인력을 받아들이는 것이 아니라, 기술 선진국들은 그들의 혁신을 다른 국가들과 더 많이 공유해야 한다. 이것은 세계 무역에서 더 많은 자유화를 요구하는 몇 안 되는 분야 중 하나다. 최근 대다수 다국적기업에 의해 사용되는 기술은 비밀로 숨겨져 있으며, 다국적기업을 유치한 국가들은 비록 자국의 시민들이 다국적기업에 의해 고용됨에도 그런 전문 기술을 공유하는 데 배제되고 있다. 만일 가난한 국가들이 엄격한 저작권과 특허법에 따라 발명품에 대한 접근이 거부된다면, 그들은 점점 더 기술주도적·지식주도적으로 되어가는 시장에서 경쟁할 수 없게 된다.

이상에서 나는 국가가 타인의 권리를 존중하고 책임을 다하며 다양한 공동체들 사이에서 신뢰를 조성하는 책무를 확장시킴으로써 어떻게 세계화된 시민권을 행사할 수 있는지를 단지 몇 가지 사례들만 간략히 서술했다. 그러나 만약 세계화된 시티즌십의 권리와 책임이 국제적인 사안을 다루는 의사결정조직을 민주화하는 것과 연결되지 않는다면, 이런 권리와 책임은 위기에 처할 것이다. 인권을 예로 들자면, 인권 교의의 선택적인 사용은 서구의 이익을 주장하는 다른 방법에 불과하다는 비서구 국가들의 의심만 증폭시키게 될 것이다. 노엄 촘스키Noam Chomsky(1997)는 어떻게 서구에 의해 인권이 자유주의의 적대국으로 파악된 국가들에 대한 선전 수단으로 이용되었는지에 대한 많은 사례를 제시하고 있다. 반면 서구는 중요한 정치·경제적 협력자로 여겨지는 국가에서 자행되는 인권침해에 대해서는 눈을 감아버렸다. 예를 들어 미국은 1990년 이라크의 쿠웨이트 침공에 대한 대응으로 엄청난 자원을 쏟아 부어 왔다. 그러나 미국은 이스라엘이 불법적으로 점령하고 있는 요단강 서안 지구와 다른 지역들에서 철수하라는 수차례의 UN 포고령을 따를 것을 이스라엘에 강력히 요구하지 못했다. 국제연합, 세계은행, 국제통화기금과 같은 국제 거버넌스 기구가 몇몇 국가에 의해 지배되는 한, 시티즌십의 권리와 책임을 지탱하는 상호 신뢰가 세계화의 난제들을 해결할 수 있을 정도로 확대되기는 쉽지 않아 보인다. 헌팅턴과 같은 보수주의자들이 지적하는 세계 질서에 대한 위협의 대부분 그리고 특히 모든 형태의 근본주의 대부분은 헌팅턴이 말하는 것처럼 문화가 고정되고 갈등을 일으키는 결과라기보다는 오히려 세계무대에서 서구의 정책이 보여준 이중성과 적개심에 대해 비서구 세계가 보이는 반응으로서 어떻게 보면 이는 이해할 만한 것이다. 그러나 민주주의와 인권은 해방을 위한 강력한 사상이며, 권위주의적인 정권은 동티모르, 중국, 이란과 같은 국가들에서 민주주의와 인권의 원칙을 지지하는 대중적인 시위운동을 억압하기가 매우 어렵다는 사실을 알게 되었다. 이 세 가지 사례에서 알 수 있듯이, 1980년대와 1990년대에 걸쳐 민주적 개혁과 기본적 권리의 수호를 위한 대중적 시위가 일어났다. 이것이 말하는 바는 문명의 충돌 이론에 함축된 적개심이 아니라 서구의 건설적인 개입 정책이 국제적 수준에서 시티즌십의 가치를 확대하는 데 오히려 도움이 되었다는 것이다.

그러나 세계 거버넌스 체제를 건설하려고 단일한 세계 국가를 창설하자는 것은 현명하지 못한 목표다. 아렌트Arendt가 언급한 바와 같이, '하나의 세계 주권 국가를 건설하는 것은 모든 시티즌십의 종말을 의미한다'(Baubock 1994: 15). 세계시민적 민주주의 지지자들은 세계적 거버넌스와 권리의 보장을 위해 국가 체제가 제기하는 문제점을 인식한 것으로 보인다. 헬드(1995: 268)는 이렇게 쓰고 있다.

베스트팔렌 모델the Westphalian model*은 효과적인 권력의 원리—이것은 국제 세계에서 현실적 정의를 만들어 내는 원리다—를 형성하는 데 이바지했는데, 이는 지속적인 민주적 협상에 대한 국제공동체 구성원들의 어떠한 요구와도 충돌을 일으키고 있다.

단지 국가의 형태를 더 높은 수준의 조직으로 다시 창조하는 것만으로는, 국가에 근본적으로 집중된 폭력이 민주적 시티즌십에 대해 일으키는 문제점들을 해결할 수 없을 것이다.

중요한 것은 다층적 시티즌십이 개별적인 정치 공동체를 파괴하고자 하는 것이 아니고, 오히려 공동체 간의 관계의 본질을 바꾸려고 한다는 것이다. 헬드(1995: 267-86)는 현대 사회에서 시티즌십을 제한하는 국가의 권력 집중에 반대되는 개념으로 '권력의 중첩적 네트워크'라는 단어를 사용하고 있다. 세계시민적 시티즌십의 원칙에 의하면, 개인은 점점 더 여러 환경과 정치 공동체들 속에서 권리와 책임을 다하는 데 익숙해지게 될 것이다. 이것은 헬드가 암시하듯이(위의 책: 138) 주권을 분할하려는 것이 아니라, 주권의 개념—같은 의미의 시티즌십은 여기에 반대해야 한다—을 초월할 필요를 암시하는 것이다. 호프만은 헬드의 입장이 사실상 일관성이 없다는 것을 보여준다. 호프만은 헬드의 이론이 기본적으로는 탈국가적인 논리이면서도, 헬드가 '국가로부터 주권을 분리하려고 하지 않는다'는 것이다(Hoffman 1998a:

---

* 역주 베스트팔렌 조약은 30년 전쟁(1618-1648)을 끝내려고 1648년에 체결된 조약으로, 종교적으로는 로마 가톨릭 교회 그리고 세속적으로는 신성로마제국을 중심으로 했던 이전의 국제질서를 붕괴시키고 각 지역의 제후들에게 완전한 주권과 통치권을 보장함으로써, 주권국가를 중심으로 한 근대적인 유럽의 국가체제가 형성되도록 하였다.

62). 그는 현대 국가는 소멸한 것이 아니라 '그 이념'이 '국경을 넘어서 확대되도록' 적응되어야 한다고 주장한다. 국가의 개념을 그대로 유지한 채 개혁하려는 것의 위험은 초국가적인 수준으로 시티즌십을 확대함으로써 정치적 연합을 구축하려는 유럽연합의 시도를 통해 잘 나타난다. 유럽연합 계획의 모호성—특히 시티즌십의 형태와 관련해서—은 점차 세계 정치에서 서서히 모습을 드러내고 있으며 이는 광범위한 긴장관계로 나타난다.

앞서 언급했듯이, 유럽연합은 국가를 넘어서 시티즌십의 권리를 확대하려는 독특한 시도를 하려는 것으로 보인다. 이것은 세계시민적 민주주의가 제안하고 있는 다양한 시티즌십의 모델을 향한 바람직한 방향으로 보인다. 비록 증대되는 유럽의회의 권력에도 유럽의 시티즌십은 정당, 압력단체 그리고 국가의 경계를 망라하면서 사회운동 사이의 좀 더 긴밀한 협력을 고무하는 정치적 참여의 새로운 형태와 연결되고 있다. 그러나 유럽연합의 많은 정책결정자들은 유럽연합의 시티즌십 계획이 국가주의적인 배타적 성격을 분명히 갖고 있다는 점도 인정해야 한다. 이것에 의해 긍정적인 발전의 모습들은 대폭 상쇄될 수밖에 없다.

불행하게도 마스트리히트에서의 유럽연합 시티즌십의 탄생은 국적과 시티즌십의 관계를 끊을 수 있는 절호의 기회를 놓침으로써 실패해버렸다. 유럽연합의 법률에 의하면, 회원국들은 그들 공동체의 시티즌십을 결정할 권리를 여전히 갖고 있으며, 결과적으로 유럽연합의 시티즌십은 회원국들의 합법적 시민들로 제한된다. 오리어리O'Leary(1998: 91)가 적절히 지적하는 것처럼, '분명히 유럽연합의 시티즌십의 모든 취지는 그것이 전통적인 민족과 국가의 맥락을 벗어나서 개인의 권리(그리고 의무)를 인정하기 위한 지위여야 한다는 것이 전부다.'

이같이 유럽연합이 가진 배타적인 측면은, 유럽연합을 '가장 정교한 법적 형태의 초국가적 멤버십'으로 바라보는 소이살(1994: 148)의 주장이 가진 취약성을 잘 보여주며, 아울러 헬드에 의해 제시된 분할된 주권 사상에 내재한 모순도 드러내어 준다. 오이어리(1998: 100) 사실상 유럽연합이 초국가적 기구가 되는 것에서 벗어나 시티즌십의 확대에 대한 법적·문화적 한계를 설정하는 배타적인(그리고 신화화된) 유럽의 정체성을 강화하고자 한다고 주장한다. 1997년의 암스테르담 조약*은 공동의 국경 통제를 견고히 함으로써 피난처를 찾는 사람들이나 이주자들에게 유럽연합이라는 초국가적 기구가 부정적인 결과를 가져 왔다는 것을 분명하게 보여주었다. 마스트리흐트 조약은 인권에 대한 유럽연합의 지지를 분명히 밝혔다. 그러나 암스테르담 조약에서는 유럽재판소**가 '국내 안보를 위한 법과 규칙 그리고 긴급한 보호조치' 등에 대해서는 관할권을 갖지 않는다는 데 합의했다(Statewatch 1998: 13). 나아가 1997년 조약은, 유럽연합의 시티즌십은 국가 시민권을 보완하려는 것이며 대체하기 위한 것이 아니라고 언명했다.

만일 유럽연합이 시티즌십과 관련한 자유를 확장하는 진정으로 민주적인 연합으로서 발전하고자 했다면, 유럽연합 시티즌십의 권리를 유럽이 전 세계의

---

* 역주 암스테르담 조약(Amsterdam Treaty)은 유럽연합(EU)의 15개국 정상들이 1997년 6월 네덜란드 암스테르담에서 정상회담을 열고 채택한 것으로, 1999년 5월부터 효력이 발생하였다. 1991년 체결된 마스트리흐트 조약을 개정한 것으로, 2004년까지 영국과 아일랜드를 제외한 전 회원국 간 국경 개방, 이민 또는 망명에 대한 새로운 공동정책 수립, 각국 경찰 간 협력 강화 등을 주요 골자로 하고 있다.

** 역주 유럽공동체(EC)가 발족하면서, 이전에 있던 유럽석탄철강공동체, 유럽경제공동체 그리고 유럽원자력공동체가 각기 갖고 있던 재판소를 통합한 독립적인 재판소로서 1958년 창립되었다. 현재는 유럽연합(EU)의 최고 법원으로서 룩셈부르크에 있다. 모든 회원국이 1인의 재판관을 임명할 수 있으나, 실제로 사건의 심리는 재판관들 중 13인으로 구성된 "Grand Chamber"에서 맡고 있다.

가난한 지역과 환경에 대한 책임헌장으로 보완함으로써 이러한 모순에 응답할 필요가 있다. 여기에는 더욱 광범위한 원조 프로그램, 공동농업정책CAP에서 발견되는 보호주의의 개선, 국적과 시티즌십의 연결 관계를 끊고 이민 정책을 더욱 개방적으로 만드는 시티즌십 정책이 포함되어야 할 필요가 있다. 바바Bhabha는 다음과 같이 논평하고 있다(1998: 162).

> 유럽은 그 자신의 영토 그리고 사회의 경계를 규정함으로써 하나의 역설을 만들고 있다. 즉 인권의 규범을 준수하는 데 실패한 국가는 유럽연합의 구성원 지위로부터 배제된다. 그러나 접근이나 구성원 지위로부터 배제된 개인들은 그 과정에서 핵심적인 헌정적 보호를 거부당한다.

시티즌십의 미래는 유럽연합과 같은 혁신적이지만 동시에 모순적인 거버넌스 기구에 의해 제기되는 문제들을 어떻게 다루느냐에 달렸다. 포크Falk(1995: 140)는 시티즌십의 미래를 설명하면서, 우리가 당장 '현실적으로' 보이는 것에 지나치게 매여서는 안 된다고 분명히 잘 지적하고 있다. 즉 '건설적인 세계적 시티즌십은 현실주의적인 지평을 넘어서는 인간의 능력에 대한 이상주의적인 확신을 의미하지만, 그것은 또한 현실적으로 보이는 것이 지속 가능하지 않다는 아주 실제적인 신념에 근거하고 있기도 하다.' 세계적 시티즌십의 주창자들은 추상적인 몽상가들이 아니다. 그들은 시티즌십에 대한 근대적 접근이 더는 설득력이 있지 못하게 되는 실질적인 사회적 변화를 만들려고 노력하고 있다.

그러나 우리는 잘못된 낙관주의를 가져서는 안 된다. 세계화는 의심의 여지없이 자유주의적 시티즌십이 가진 평등주의적 공세를 확대할 기회를 우리에게 제공하고 있다. 그러나 세계화는 또한 커다란 위험을 동반한다.

라포포트Rapoport(1997: 113)는 포용적인 세계 시티즌십, 무역 전쟁과 인종 폭력이라는 파괴적인 시나리오, 서구와 구공산권 국가를 포함하는 거대한 정치적 블록에 의해 지배되는 세계 그리고 배타적인 서구의 지역 요새화의 진전과 같이 미래에 대한 네 가지 가능한 시나리오들을 고찰하고 있는데, 그는 마지막 시나리오가 일어날 가능성이 가장 크다고 주장한다. 서구의 특권적인 시민들은 그들 주변의 지역을 넘어서는 권리를 가질 것이다. 그러나 이는 세계 곳곳의 가난한 지역의 희생을 대가로 얻어지는 것이다. 이 장에서 그리고 이 책 전체에 걸쳐 내가 제기한 주장의 핵심은 그러한 시나리오를 가지고는 개인의 권리와 안정적인 거버넌스를 보장하는 데 결코 희망을 줄 수가 없다는 것이다.

나는 세계화 시대 시티십의 개념은 그 성격상 포스트모던적이 되어야 한다고 암묵적으로 주장해 왔다. 권리의 보장이라는 견지에서 그리고 어떤 형태든 안정적인 거버넌스가 요구하는 책임의 이행이라는 견지에서 볼 때, 시티즌십과 국가라는 폐쇄적이고 배타적인 형태의 정치 공동체—그 국가의 성격이 민족적이든 지역적이든—사이의 연결 관계를 유지하는 것은 더는 가능하지 않다.

제7장

결론

이 책에서 제시된 주장들은 내가 포스트모던 시티즌십이라고 부른 것의 필요성을 제안하고 있다. 마지막 장에서 나는 이 결론을 이끌어낸 주장을 먼저 검토할 것이다. 그리고 포스트모던 시티즌십의 몇 가지 특징을 대략 설명한 후 그 개념의 미래에 대해 고찰함으로써 마무리하고자 한다.

시티즌십의 발전: 요약

모더니티가 형성되기 이전, 시티즌십은 언제나 배타적인 지위였다. 몇몇 경우에, 특히 고대 아테네의 폴리스polis에서 시티즌십은 시민들이 공동의 정부 기구들 그리고 이행할 것으로 기대되는 책무에 대해 강한 책임감을 느끼고 있었다는 관점에서 의심할 여지없이 깊은 것이었다. 시민들은 스스로 피치자임과 동시에 통치자라고 여겼고, 폴리스의 민주적이고 고도로 참여적인 통치체제는 이것을 반영했다. 그러나 전근대 세계에서 시티즌십의 범위는 전혀 넓지 않았다. 시티즌십은 인구의 많은 부분을 포함하지 않았다. 특히 여성은 시티즌십으로부터 배제되었다. 전근대 사회에서 시민과 비시민의 구분은 자연적이고 불변으로 여겨진 불평등을 의미했다.

17세기부터 시작된 자유주의 발전은 시티즌십의 의미에서 심대한 변화를 가져왔다. 홉스와 로크와 같은 사상가들은 개인과 국가 간의 관계와 관련된 논쟁에 평등이라는 개념을 도입했다. 로크나 페인에게 모든 개인은 생명, 자유, 재산에 대한 불가분한 권리를 갖고 있었다. 이러한 자유를 보장하고 수호하는 것이 정치 공동체의 가장 중요한 임무가 되었다.

물론 자유주의자들에 의해 주창된 평등의 개념은 그 성격상 추상적이었다. 그러나 모든 인간이 공유하는 태생적인 평등의 가치를 확인함으로써 자유주의자들은 급진주의자들이 활용할 수 있는 개념적 공간을 만들어 주었다. 예를 들어, 나는 사회주의를 분명히 포스트자유주의post-liberal 이론이라고 이해하는데, 왜냐하면 사회주의가 모든 사람에게 실질적인 평등, 안전, 그리고 정의를 약속하려고 자유주의 사회에 도전하기 때문이다. 시티즌십에 대한 포스트자유주의적 접근은 시티즌십의 권리와 책임을 공정하게 분배하지 못하는 정치·경제·사회적 장벽을 확인했다. 포스트자유주의자들은 자유주의자들보다 시티즌십의 맥락을 더 심각하게 받아들였다. 그들은 정치적 의사결정, 경제적 생산, 가족과 같은 사회제도들의 구조가 시티즌십의 내용, 범위, 깊이를 결정하는 데 중요한 부분을 차지한다는 것을 인식했다. 자유주의적인 시티즌십의 한계는 무엇보다도 자유주의가 권리와 책임의 이러한 사회적 맥락을 경시했다는 것으로 설명될 수 있다. 왜 자유주의자들은 시티즌십에 대한 장벽을 간과했는가?

제3장에서 나는 권리에 대한 자유주의적 주장이 정치 공동체의 필요보다 어떻게 합리적·이기적·개인적인 자기 이익을 특권화하는 일련의 가정에

기초를 두고 있는지를 살펴보았다. 자유주의자들은 사람들이 심지어 국가가 형성되기 이전에도 자율적인 행위자들이라고 가정했기 때문에 자유주의적 권리를 위한 주장은 그 형태에서 추상적이고, 어떻게 권리가 개인들과 그들의 공동체 간의 책임의 네트워크에 뿌리내려야 하는지를 이해하지 못하거나 간과했다. 사회주의와 마찬가지로, 최근의 공화주의 이론과 공동체주의 이론은 그들이 상호 관계적이고 비계층적인 시티즌십의 성격을 강조하고 있기 때문에 포스트자유주의적이다. 따라서 포스트자유주의자들은 시티즌십의 특성을 규정할 때 자유보다는 자율에 더 강조점을 두고 있다. 자율은 시민의 의무에 대한 요구를 고려함이 없이 자기 이익을 추구하는 방종이 아니라, 뿌리내린 독립성grounded independence이라고 이해된다. 시티즌십에 대한 포스트자유주의적인 접근은 권리와 책임에 대해 자유주의 이론들이 말하는 것처럼 서로 반대되는 것이 아니라 오히려 상호 지지가 되는 것으로 다루어져야 한다고 요구한다.

우리의 개인적인 권리는 우리의 권리를 인정하고 또한 권리를 가능하게 하는 사회적 제도를 만들고 유지하는 사람들 사이의 책무감에 의해 지지가 될 때만 의미가 있다. 이것이 내가 3장부터 5장에 이르기까지 정치 공동체에 대한 책임의 수준을 높여야만 한다고 주장했던 자유주의적 시티즌십에 대한 비판자들에게 동의한 이유다. 포스트모던 사회는 대단히 다양하고 개인적이며, 사회적 책무를 발전시키고 공통의 이익을 창조하는 방법들이 필요한 사회다 (Beck 1997). 근대 사회는 점점 더 파편화되고 효과적인 거버넌스가 어려워지고 있는데 이것이 더 진전되지 않도록 하려면, 시티즌십을 지탱하는 가치에 대한 합의가 있어야만 한다. 투표의 책임이나 공동체 봉사의 수행(이 둘 모두는 내가 지지해왔다)과 같은 의무의 증가가 목표로 하는 바는, 법률적 강제가 다양한 개인들 사이에서의 자발적 책무로 점차 변화하는 조건을 만드는 것이다. 책임을 강조함으로써 우리는 또 시티즌십을 수동적인 지위가 아니라 능동적인 지위로 인식한다. 만일 시티즌십의 내용이 민주적으로 합의된다면, 모든 시민이 최선을 다한 참여는 가장 중요한 것이 된다. 권리와 책임을 참여의 윤리와 연결함으로써 시티즌십은 추상적 권리를 지지하는, 그래서 자유주의에서 볼 수 있는 시티즌십의 이원론적 개념에 반대되는 총체적인 개념으로 재구성될 수 있다.

페미니스트들과 생태주의적 비판가들은 추상적 개인주의에 대한 자유주의적 변호의 여타 측면들이 어떻게 시티즌십의 실현에서 부정적인 의미가 있게 되었는지에 초점을 맞추고 있다. 시티즌십에 대한 페미니스트적 설명은 어떻게 자유주의적 시티즌십이 현실과 유리된 개념이 되었는지 설명하고 있다. 자유주의에서 시티즌십은 계약적인 관계, 시장에서의 교환, 개인의 독립과 관련되는 경향이 있다. 따라서 개인들 간의 관계는 원자론적인 용어로 이해된다. 반면 페미니스트들은 우리가 시민으로서 지니는 권리와 책임은 몸의 중요성을 인정하는 것과 연관되어 있다고 주장한다. 리스터(1990: 70-2)가 주장하듯이, 전통적인 정치 이론에서는 종종 몸, 감정, 성을 지나치게 여성의 특징으로 간주한다. 자유주의자들은 이 특성이 시티즌십의 핵심에 놓여야 하는 이성의 적용을 어렵게 한다고 주장한다. 그러나 성性에 상관없이 모든 개인들이 육체적이고 감성적인 필요를 하고 있다는 것을 깨닫게 되면, 시티즌십을 상호 의존과 돌봄의 가치 측면에서 받아들일 수 있을 것이다. 나아가 생태주의자들이 주장하는 가치는 직접적인 인간의 필요를 넘어서 확장되어야 한다. 특히 인간은 환경, 다른 종, 미래 세대에 대한 책무를 인정해야만 한다. 시티즌십에 대한 포스트모던적 접근방법은 사회주의, 페미니즘, 생태주의와 같은 포스트자유주의와 같은 이론에 기반을 두고 있다.

포스트모던적 시티즌십?

근대 사회에서 시티즌십의 본질은 하나의 역설에 의해 규정되어 왔다. 이 책의 중요한 주제는 민족국가와 시티즌십의 동일화가 어떻게 자유주의적 보편성과 평등주의의 이상을 제한해 왔는가 하는 것이다. 나는 2장에서 어떻게 프랑스혁명이 시민의 정치적 지위를 민족이라는 문화적 개념과 융합하는 핵심적인 사건이 되었는지 설명했다. 전쟁의 압력과 혁명의 격동은 보편적 권리의 옹호를 표현했던 프랑스혁명의 포용적인 요소를 포기하게 하였다. 결과적으로 19세기와 20세기의 시티즌십은 국가 건설 및 군사적 의무와 밀접하게 연관됐다. 국가의 경계선을 확고히 한다는 것은 시민과 이방인들 사이의 거대한 틈새를 의미할 뿐 아니라 국가의 경계선 안에 시티즌십이 한정된다는 의미가 있다. 발리바르(1994)나 유발데이비스(1997)와 같은 학자들은 어떻게 민족국가가 젠더적인 그리고 인종적인 용어로 정의 내려지는가에 대해 분석해왔다. 예를 들어 여성은 그녀들을 보호해주는 남성들에 의해 '순결하게' 보호되고 보존되어야 하는 '국가의 어머니'로 그려진다. 특히 1980년대와 1990년대 유고슬라비아와 같은 나라들에서 벌어진 인종 간의 전쟁에서 군사적 수단으로 이용된 대대적인 성폭행은 여성이 어떻게 남성과 동등한 완전한 시민이 아닌 국가의 상징이자 소유물로 여겨지는지를 보여주는 하나의 사례다. 국가는 젠더화되었을 뿐만 아니라 인종화되었다. 2장에서 내가 분석한 것처럼 대부분의 공화주의 국가들—예컨대 최근의 프랑스와 같이—에서 시티즌십에 대한 분명한 중립성이 사실은 이주자들에 대한 뿌리 깊은 인종주의와 병리현상을 은폐하고 있음을 보여준다.

많은 전통적인 포스트자유주의적인 그리고 나아가 최근의 포스트모던 이론들의 취약성은, 그 이론들이 보편적인 시민권을 만들고자 국가의 존재가 일으킨 문제를 확인하는 데 실패했다는 것이다. 국가 기구들의 민주적이고 포용적인 성격을 강화하고자 국가를 개혁하는 것도 필요하지만, 그러한 개혁들이 시티즌십의 잠재력을 발휘하도록 하는 데 충분한 것은 아니다. 우리가 변함없이 인종화되고 젠더화된 용어로 정의되는 영토국가에 의해 나뉜 세상에 사는 한, 시티즌십의 평등주의적인 논리는 성취되지 않은 채로 남아 있게 될 것이다. 이런 까닭에 나는 진보적인 포스트모던적 시티즌십은 국가와 같은 근대적인 조직으로부터 분리되어야 한다고 주장해 왔다.

시티즌십의 주요기능이란 권리를 지탱해주는 공통의 제도들을 유지하는 역할을 한다. 따라서 타인의 권리와 책무를 존중하는 원칙에 따라 사회를 거버넌스하는 것임을 기억하는 것이 중요하다. 폭력—무엇보다도 국가에 집중된—은 시티즌십의 이러한 원칙을 부인한다. 5장에서 제안했듯이 권리와 책무가 사적 영역 내에서 억압적 관계가 아닌 합의적인 관계를 만들도록 하는 친밀성의 시티즌십을 고찰하는 것은 국가 폭력이라는 더 광범위한 문제를 고려하는 데에까지 나아가야 한다. 폭력의 문제를 인지하는 것은 포스트모던적 시티즌십이 국가 그리고 공·사 분할 모두를 문제시한다는 것을 의미한다. 우리는 한 영역에서는 합의적인 관계에, 또 다른 영역에서는 폭력에 의존해서는 안 된다. 포스트모던적 시티즌십은 권리와 책임이 공적인 성격이던 사적인 성격이든 모든 인간관계에 적용되기 때문에 같은 의미가 있게 된다.

이러한 맥락에서 볼 때 히터(1990)가 주장한 다층적 시티즌십의 개념은 현대 사회의 다원성은 물론이고 시티즌십이 행사될 수 있는 많은 다양한 형태의 사회·정치 제도 모두에 가장 적당한 시티즌십 형태로 보인다. 다양한 맥락에서 시티즌십을 실행하는 데 필요한 유연한 자세는 국적, 인종 혹은 다른 집단적 구성원 지위와 같은 편협한 정체성과 시티즌십을 관련짓는 것이 위험하다는 것을 역설한다. 4장에서 나는 차이를 인정하는 시티즌십—평등하게 존중되는 정체성보다 우리 자신이 가진 정체성의 한 측면을 특권화하도록 요구하는—의 주창자들에 반대했다. 시티즌십의 매력은 우리의 본질적 특성을 구성하는 것이 무엇인지에 대해 선택하도록 강요하지 않는다는 것이다. 대신 시티즌십은 우리로 하여금 숙의적이고 제한이 없는 열린 마음으로 다른 시민들과 관계를 맺도록 고무한다. 집단에 기초한 시티즌십은 상호간 의심을 품도록 하는 경향이 강하고, 또한 집단 내의 '일탈한 개인들'의 권리를 위태롭게 한다. 내가 제안한 포스트모던적 시티즌십은 개인의 권리에 대한 자유주의자들의 옹호를 반대하는 것이 아니라 오히려 이를 더 증진하는 것이다. 개인적 권리를 통해서만 문화적 정체성을 미리 결정하지 않고 개인적인 선택에 기초하는 진정한 다양성이 유지될 수 있다.

따라서 포스트모던적 시티즌십을 위한 최선의 정치 공동체 형태는 문화적인 유대관계가 아니라 애국주의가 충성심과 책무감을 배양하는 곳이다 (Habermas 1994). 이는 다양한 문화나 민족성이 사라지는 것을 의미하지 않는다. 가까운 미래에 시티즌십은 기본적으로 지역적 수준에서 여전히 행사될 것이다. 그러나 포스트모던적 시티즌십이 요구하는 것은 정치 공동체 사이의 경계가 물질적으로나 문화적으로 영원히 닫혀있는 것이 아니며 시티즌십의 권리와 책임이 행정적인 경계를 넘어 확장되어야 한다는 것이다.

시티즌십의 미래

주로 세계화와 관련된 최근의 사회적 변화 과정은 포스트모던 시티즌십의 발전을 위한 기회를 창조해 가는 것으로 보인다. 예를 들어 의심할 여지없이 인권은 과거 어느 때보다도 그 영향력을 확대해가고 있다. 21세기에 들어 국가에 의한 개인의 기본적 권리에 대한 침해는 점점 어려워지고 있다. 이라크나 코소보에서와 같은 인도주의적인 개입이 점차 확대되고 있다는 사실이 증명하듯이 국제 공동체는 인권침해를 더 심각하게 받아들이기 시작했다. 또한, 우리는 최소한 국가주의적인 시티즌십의 모델을 넘어선 잠재력을 가진 유럽연합과 같은 지역기구의 역할이 점점 커짐은 물론, 국제연합과 같은 국제적 거버넌스 기구들이 성장하고 있음을 지켜보고 있다.

포스트모던적 시티즌십을 가능하게 하는 세계화의 중요한 측면은 전지구적인 위기에 의해 야기되는 위협이다. 홉스와 같은 자유주의자들에 따르면, 안정적인 시티즌십 개념의 기초가 되는 안전과 사회질서는 국가에 의해 가장 잘 보장된다. 국제적인 차원의 위기는 시민들에게 안전을 제공하는 국가의 능력을 손상함으로써 시티즌십과 국가의 관계에 문제를 제기하고 있다. 세계시민적 민주주의 이론가들이 주장하듯이, 인간 사회의 바로 그 기초가 생태적 재앙이나 핵 참사에 의해 파괴되지 않으려면 권리와 책임뿐만 아니라 거버넌스 기구들이 국가의 한계를 넘어서 확대되어야 한다(Held 1995).

쇼Shaw(1994)는 세계화가 자신이 명명한 탈군사적 사회라는 현상을 가져오는 데 이바지했다고 주장한다. 나는 시티즌십의 전근대적 그리고 근대적 형태가 어떻게 군사적 의무와 연결됐는지 지적했다. 탈군사적 사회의 도래는 바로 그것에 도전한다. 탈군사적 사회와 관련하여 쇼는 무력 갈등의 종말을 주장하고 있지는 않다. 그러나 핵 재앙의 우려로 말미암아 제1, 2차 세계대전과 같은 총력전이 일어날 가능성은 희박해졌다. 나아가 20세기식의 대규모 징집 군대는—이는 복지 국가의 탄생 및 시티즌십의 확대와 역사적으로 관련되어 있다—더는 필요하지 않다. 현재는 전문적이고 하이테크적인 군대가 전쟁을 수행하고 있다. 이는 병역 의무, 남성다움, 시티즌십 사이에 오랫동안 자리

잡았던 연계가 약해지고 있다는 것을 뜻한다. 시티즌십에 대해 좀 더 돌봄 지향적으로 접근할 기회는, 폭력과 시티즌십 사이의 연계가 계속 문제시될 때 만들어질 것이다.

더욱 중요한 것은, 세계화가 시티즌십의 실행을 위해 물질적인 불평등이 제기하는 문제를 부각시켜 왔다는 것이다. 세계적인 빈곤의 문제는 개발도상국들에서 사는 사람들의 권리를 끊임없이 위협한다. 나아가 통신혁명과 전 지구적 위기의 증대는 위험과 함께 이에 대한 인식을 모든 서구 세계에 확산시켰다. 시티즌십이 의미 있으려면 그리고 개인들에게 그들의 권리를 행사하고 책임을 다하도록 하는 진정한 기회를 주려면 시티즌십이 언제나 자원 의존적임을 깨달아야만 한다. 이 또한 내가 이 책에서 주장했던 바다. 자유주의 사회의 맥락에서, 나는 시장의 명령과 시티즌십의 요구들 사이의 더 나은 균형을 추구하는 사회적 권리에 대해 새롭게 접근하는 사례들을 제시했다. 권리와 책임이 태생적인 불평등이나 자본주의 착취에 의해 손상되지 않도록 가장 잘 보장하는 정책은 시민들의 소득을 보장해주는 것이다. 그러나 나는 6장에서 가난한 국가들의 물질적 조건을 개선하는 방법 역시 찾아야 한다고 주장했다. 이는 정의와 자기 이익 모두의 문제다. 세계화의 맥락 속에서 만일 거대한 불평등이 계속 허용된다면 어떤 공동체의 시티즌십도 보장되지 못한다. 이민, 국제 범죄, 지역 갈등과 환경 파괴 등 이 모두는 불평등에 의해 심화하고 있으며, 이러한 새로운 안보위기의 영향은 점점 더 선진국과 개발도상국들 모두에게 인식될 것이다. 세계적 규모의 거버넌스를 위한 기구들은 따라서 세계은행과 국제통화기금과 같은 기관이 가진 신자유주의적 경제관리 접근방식을 포기해야만 한다. 부유한 국가들은 세계 경제 체제가 그들의 이익을 위해 왜곡되고 있으며, 그들 국가가 이룬 많은 성취가 제3세계 국가들의 희생을 대가로 얻어진 것이라는 사실을 인정해야만 한다.

따라서 부유한 국가들 그리고 유럽연합과 같은 기관은 개발도상국에 대한 책임을 다해야 하며, 전 세계에 걸친 민주적 기관들—이것은 어디에서나 시티즌십의 실현에 필수적이다—의 발전을 돕도록 더욱 폭넓은 지원을 제공해야만 한다.

이 책에서 시티즌십에 대한 나의 접근법은 포스트모던적이었다. 왜냐하면, 포스트모던 시민권은 자유주의를 거부하고 있지 않으며, 오히려 자유주의 약속을 현실화하려고 하기 때문이다. 따라서 자유주의의 강점이라고 생각되는, 특히 평등, 개인의 권리, 완전론,* 보편적 시티즌십 등에 대해 비판적인 포스트모던적 설명을 거부한다. 시티즌십은 점점 더 세계화, 포스트모던화되는 시대에 더 큰 가능성을 갖고 있다. 왜냐하면, 시티즌십의 구성 요소들—권리, 책임, 정치적 참여—이 인간 삶의 거버넌스에 핵심적이기 때문이다. 그러나 우리는 근대성이 시티즌십과 국가 및 시장 같은 배타적인 개념들 사이에 만들어 놓은 연계를 깨트림으로써 비로소 시티즌십의 해방적 잠재력이 실현될 수 있음을 깨달아야 한다.

* 역주 인간은 종교, 도덕, 사회, 정치적으로 완전한 경지에 도달할 수 있다는 학설이다.

해설

세계화 시대 시티즌십과 민주공화주의

이병천(참여사회연구소 소장)

1. 왜 다시 시티즌십인가

참여연대 부설연구기관인 참여사회연구소에서는 수년 전 반년간 잡지인 《시민과 세계》를 창간했다. 이 간행물은 한국에서 매우 뿌리 깊은 신민臣民의 시대, 국민동원의 시대를 청산하고, 시민의 시대, 시민 민주주의 시대를 열기 위한 깊이 있는 공부와 논의의 장을 마련하기 위해서였다. 그러는 동안 일반인들이 쉽게 읽고 이해할 수 있는 '시민정치'론에 대한 책이 있으면 좋겠다는 생각을 하게 되었다. 보통 사람들이 시민적 주체로서 정치의식을 높이는 데 도움을 줄 수 있는 책, 그리고 '시민운동' 단체에서 '시민정치' 교육용으로도 사용할 수 있는 알기 쉬운 책을 생각했다. 때마침 연구소에서는 최현, 신진욱 교수 등을 주축으로 시민정치 분과활동이 진행되었고, 드디어 제대로 된 연구서가 만들어지겠구나 하고 기대를 했다. 하지만, 이것은 상당한 시간이 필요한 작업임을 알게 되었다. 이런 와중에 최근 신진욱의 『시민』, 최현의 『인권』같은 책들이 발간된 것은 그 자체로도 기쁜 소식이지만, 앞으로 더

본격적인 토종 시민정치론의 출현을 예고하고 있어서 기대가 크다.

학계 연구동향은 당대 주요 문제에 부응하기 마련이다. 특히 '시티즌십'citizenship의 개념과 원리에 기반을 둔 민주적 시민정치 연구는 대한민국의 시민권에서 가장 저발전된 사회복지와 여성의 분야에서 활기를 띠는 것 같다. 그렇지만, 이제는 시티즌십이 포괄하는 지평 전체를 시야에 넣으면서 공부하고 활동해야 할 때다. 그런데 유감스럽게도 NGO 단체에서 이에 대한 인식 부족은 물론, NGO 대학원 과정에서조차 인권 강좌와 별도로 '시티즌십 강좌'가 제대로 운영되고 있는지 나는 잘 알지 못한다. 개인적으로는 NGO대학원 차원을 넘어서 한국의 모든 정규대학 커리큘럼에서도 시티즌십 강좌를 개설해야 한다는 생각을 하고 있다. 한국 교육이 이런 방향으로 나아가도록 참여사회연구소의 《시민과 세계》와 같은 간행물이 하나의 마중물 같은 역할을 한다면 더 다행한 일이 없겠다.

근대 이후 시티즌십론 분야의 대표적인 고전으로는 사회 자유주의 계보에서 마샬의 『시티즌십과 사회계급』(1950; 1964 개정판), 그리고 시민공화주의 계보에서 아렌트의 『전체주의의 기원』(1951)을 들 수 있다. 계보도 다르지만 문제의식도 퍽 다른 이 두 저작은 모두 1950년대 초에 출간되었는데, 이를 서로 비교해 보는 것도 흥미로운 일이다. 그런데 시티즌십에 대한 연구는 그간 뜸하다가 1980, 90년대에 걸쳐 폭증하면서 '시민의 복귀'라 할 만큼 큰 관심이 세계적으로 새롭게 일어났다. 이런 현상은 새로운 시대적 배경과 문제 설정에 기인하는 것으로 여러 사정이 겹쳐 있지만, 다음과 같은 네 가지 정도의 요인을 들 수 있다.

먼저 지구화의 시대는 이주의 시대다. 대량의 이주 노동자, 빈민, 난민, 망명자들이 국경을 넘나들면서 다문화사회 현상이 진전되었다. 이는 국민국가의 경계가 갖는 한계와 폐쇄성을 드러내게 하고 국경의 민주화와 '다문화적 시티즌십'(킴리카), 디아스포라적 시티즌십, '세계시민주의' 등의 논의를 떠올렸다. 이 한계에서는 초국적 통합을 지향하는 유럽 연합도 예외는 아니었는데, 왜냐하면 유럽 통합은 다시 유럽인과 비유럽인 간에 장벽을 설정하게 되었기 때문이다. 둘째, 여성, 소수 민족, 장애인 등 그간 추상적 보편주의에 의해 억눌려 왔던 다양한 '사회적 소수자들'minorities 또는 '서발턴'subaltern의 정체성과 차이에 대한 인정의 요구가 봇물처럼 터져 나왔다. 셋째, 사회경제적 수준에서는 신자유주의 세계화와 복지국가의 성격 전환과 관련하여 실업, 질병, 노령 등 구舊사회위험에 노동시장 유연화, 저출산, 고령화 등 '신新사회위험요인'이 중첩되면서 '어떤 복지국가인가'하는 문제가 시티즌십의 전선을 새롭게 달구었다. 마지막으로 미국을 주 무대로 진행되었던 자유주의와 공동체주의 논쟁이 잘 보여준 바인데, 자유주의 사회에서 개인화, 사사화가 가져오는 공동체의 공동화空洞化와 자유에 대한 위협이 공공선, 참여, 시민적 덕목과 능력 등 공화주의적 가치에 대한 관심을 높였다.

우리 한국의 사정은 어떤가. 우리는 다행히 1960년대 이후 약 50년 동안 천신만고 끝에 산업화와 정치적 민주화의 관문을 통과했으나 아직 복지국가에 진입하지 못했다. 그런 상태에서 자본 세계화와 정보화의 파고에 휩쓸렸으며, 이명박 정부 아래서는 퇴행 현상이 일어나 민주 민생 평화를 위기에 빠트리는 '삼중 위기' 현상을 가져왔다. 그렇지만, 우리의 문제는 단지 경제성장 수준과 사회적 시민권 수준 간의 틈이 크다는 데만 있지는 않다. 정작 큰 문제는 그런 갭 속에서도 구성원들에게 책임 있는 시민적 주체로서 공동체를 함께 일군다는 공적 연대의식이 박약하다는 것이다. 복지를 시혜로 생각한다거나 나도 남들처럼 출세하고 부자가 되겠다는 경쟁적 '금의환향'의 의식이 너와 나, 공동체가 더불어 성장하는 시민적 평등주의와 연대주의를 압도하고 있다. 물론 이는 불의不義의 권력의 무책임에 기인하는 바 크지만,

문제의 뿌리는 훨씬 더 깊은 것으로 보인다. 우리는 공적 연대, 즉 자유와 공공성의 상생하는 삶을 가꾸어 본 역사적 공유shared experience 경험 자체가 박약하다. 또 대외적으로 과도한 경제적 개방과는 대조적으로 문화적으로는 자폐적이라 할 정도로 닫혀 있는 게 우리다. 거기에 민족의 평화 통일 문제의 해결도 준비해야 한다.

이처럼 내부적으로 '시민 없는 공화국' 상태에서 이주노동자의 유입에 따른 다문화 혼성사회로의 진입, 탈북자의 유입, 평화 통일 과업의 감당 등 시티즌십을 둘러싼 온갖 세기적 난제들이 한꺼번에 들이닥친, 이른바 '비동시성의 동시성'의 상황에 부닥쳐 더불어 사는 공유가치, 그리하여 우리의 주체성을 새롭게 재구성해야 할 도전을 맞은 것이 우리 대한민국의 자화상이다. 이것은 역설적으로 그만큼 공부하고 연구할 과제도 풍부하다는 이야기이기도 하다.

2. 시티즌십의 문제군

통상 시티즌십은 정치 공동체의 성원자격(멤버십)poltical membership, 또는 마샬의 말을 빌리면 "공동체의 완전한 성원에게 주어지는 지위status"로 정의된다. 시티즌십이 단지 권리로서의 시민권만이 아니라 책임을 동반하는 개념이라는 데 유의하자. 그러나 일단 그 자체로는 누구도 이견을 제기하지 않을 '시민됨'에 대한 이 정의는 아직 형식적 정의에 불과하다. 이 말이 무슨 말인지는 예컨대 1948년 8.15정부 수립 때의 제헌 헌법상의 권리와 당시의 현실 간의 괴리, 그리고 오늘의 대한민국 헌법이 보장하는 구성원의 지위와 이명박 정부 아래 겪는 실제적 지위 간의 갭을 생각해 보라. 그래서 학자 중에는 membership

이나 status라는 말보다는 standing이라는 말을 더 선호하는 사람조차도 있다. 그래서 성원자격이나 지위라는 이 정의는 단지 시티즌십의 방대한 이론으로 들어가는 입구 역할을 할 뿐이다. 이 정의는 시티즌십의 철학, 정치사회학, 정치경제학에서 나타나는 수많은 이론적, 현실적 쟁점, 그리고 현실적 구조와 성격, 동학에 내장된 팽팽한 긴장과 다툼을 아직 드러내지 않고 있다. 그런 면에서 공동체의 성원자격으로서 시티즌십이라는 간결한 정의는 아직 형식적이고 추상적이다. 이 간명한 정의의 입구로 들어서자마자 우리는 다음과 같은 시티즌십의 일연의 문제군과 만나게 된다.

- **외연**extent **또는 경계**: 인간으로서 기본적 권리를 옹호한다. 인류라는 이름만으로는 인권을 보장받을 수가 없다. 인간은 지상에서 발을 붙여 살며, 말하고 행동하려면 낱낱의 권리 이전에 '제권리를 가질 권리'(아렌트)로서 어떤 특수한 구체적인 정치공동체에 소속되어야 한다. 그런데 누가who 공동체 경계 안으로 들어갈 수 있으며 누구는 배제되어 난민難民의 처지가 되는가? 시티즌십의 경계 또는 외연 설정의 문제가 있다extent. 이는 시티즌십이 반드시 장소에 뿌리를 내려 국적을 가져야 하지만 그 장소는 동시에 폐쇄적 벽을 쌓는 것이 된다고 하는 고유한 모순을 가리킨다. 각 국민국가의 시티즌십은 그 경계선에서 얼마나 개방적, 또는 폐쇄적인가, 또 왜 그러한가. 세계화 시대에 우리는 어떻게 시민과 시티즌십을 새롭게 재정의하면서 세계시민주의와 국민국가 민주주의 간의 모순을 조절하는 열린 민주적 시티즌십의 길을 찾아야 하는가.
- **내포**content: 그렇지만 공동체 성원으로 사는 일이 보통 일은 아니다. 난민의 신세도 고통스럽지만, 공동체 안에서도 잘못되면 노예의 처지로 전락할 수 있다. 공동체 안에서 포용과 배제의 문제가 제기된다. 시티즌십

은 어떤 내포를 갖는가. 권리와 책임은 시티즌십의, 공동체 속의 시민적 삶에 따라오는 기본 목록이다. 권리는 단지 주장만 한다고 해서 될 일이 아니고 책임을 수반한다. 그리고 권리와 책임은 정의의 원리에 따라서 분배되어야 한다. 권리와 의무 간에는 균형이 잡혀 있는가. 누가 통치하고 누가 통치받는가. 그러나 두말할 것도 없이 시티즌십은 물질적인 자원에 의존한다. 따라서 우리는 정치 '분야'만이 아니라 사회경제 분야, 무엇보다 노동, 소유, 시장, 기업 등이 권리와 책임의 시티즌십 틀 안에 놓임을 강조하여야 한다.

- **가치**value**와 정체성**identities: 공동체 안에서 함께 지향해야 할 공유 가치는 있는가. 어떤 가치인가. 자유가 최우선적 가치인가. 어떤 자유이며, 누구를 위한 자유인가. 이 물음은 '강-부자'의 자유는 곧 약자의 죽음과 공동체 자체의 해체를 낳을 수도 있기 때문에 매우 중요하다. 그러나 자유만으로 족한가. 선善, the good의 문제를 배제할 수 있는가. 공동선common good과 문화적 정체성identities—민족적 정체성을 위시하여—의 문제를 우회하고서 단지 권리만으로 특정한 정치공동체의 결속을 도모하는 것이 가능한 일인가.
- **깊이 또는 두께**: 가치문제와 직결되는데, 공동의 일에 대한 관심과 참여는 그 성원들의 삶 전반에서 얼마나, 또 어떻게 중요한가. 해당 공동체의 시민으로서 정체성은 근원이 다른 다기한 사회적 정체성들에 비해 얼마나 우선적인가. 주체의 유동화가 심화되고 있는 세계화의 시대에 성원들은 하나의 나라 공동체와 얼마나 운명을 같이하면서 그 개선을 위해 헌신하고 투쟁하려 하는가. 성원들은 사적 영역 지향적인가, 공적 영역 지향적인가. 이것은 시티즌십의 깊이 또는 두께라는 문제다.
- **통치**governance: 너, 나, 그리고 공동체를 서로 관련 지우는 시티즌십의

통치 체제governance regimes와 제도의 문제가 있다. 이는 구성원과 공동체를 동반 성장케 할 수 있는 다양한 정치, 경제 체제와 제도의 능력 또는 효력의 문제이다. 아무리 훌륭한 시티즌십의 이상과 요구도 허약한 체제와 제도로는 실현불가능하며 잘못되면 공멸의 위험마저 가져올 수도 있다. 어떤 실질적·절차적 체제와 제도가 사私와 공公을 상생케 할 수 있을까. 여기에는 정당을 비롯한 이해 매개의 통상적 제도만이 아니라 더 넓게 공공 영역까지 포함되어야 한다. 시민정치는 제도정치, 국가정치와 상호의존하면서 동시에 긴장, 갈등관계에 있는 비제도 정치, 광장의 정치를 포괄해야 한다. 즉 시민정치는 두 바퀴로 가는 이중 민주주의가 되어야 한다.

- **덕목**virtue: 주체 없는 제도는 없다. 주체의 측면에 초점을 맞추면, 시민의식, 시민적 덕목, 시민의 실제적 능력 문제, 그리고 이를 함양해야 하는 공동체 전체 수준에서 교육적, 정치적, 문화적인 공적 과제의 문제가 제기된다. 다른 시티즌십의 이론들에서 이 문제는 얼마나 중요하게 다루어지고 있는가.
- **배경**context, **쟁투**contention, **헤게모니**hegemony: 마지막으로, 그러나 어쩌면 가장 중요할 수도 있는 것인데, 시티즌십은 백지 또는 무지의 베일 위에 그려지는 것이 아니다. 그것은 역사를 가지고 있으며 특정한 지배 시스템 또는 지배블록과 뒤엉켜 있다. 즉 시티즌십이 놓이고 마주하게 되는 배경context의 문제다. 또한, 이로부터 거리로 나선 대중 투쟁을 통해 아래로부터 적극적으로 쟁취 되는 적극적 시티즌십인가, 국가-자본 권력 블록이 대중을 길들이려고 지배와 동원전략의 하나로 위로부터 주어지는 수동적 시티즌십인가 하는 문제가 나온다. 따라서 포용과 배제의 단순 이분법을 넘어서 헤게모니 시스템으로서 시티즌십이라는

문제설정이 필요하다. 이는 시티즌십의 역사적 형성의 문제이며, 각 사회구성에서 국민국가 형성과 산업화 패턴으로까지 소급되는 문제이기도 하다.

3. 마샬과 그 이후

마샬

위와 같은 문제군을 두루 잘 다룬 책, 시민 교육용으로 적절한 짜임새를 갖고 있으면서 동시에 질적 내용도 담보하고 있는 책을 찾기란 여간 쉽지 않다. 마샬의 『시티즌십과 사회계급』Citizenship and Social Class and other Essays (T.H. Marshall, 1950, Cambridge University Press)이 고전이면서도 오늘날 시민 교육용 텍스트로서도 여전히 상당히 쓰임새가 있을 것이라는 생각을 해본다. 마샬은 시티즌십을 시민적(민법적인), 정치적, 사회적 시민권의 세 가지 유형으로 나누고 그 계기적 발전 과정에 대해 언급하고 있다. 그는 시티즌십의 의미를 단지 법적, 형식적인 지위가 아니라 실질적인 현실적 권리의 문제로서 다루고 있다. 자본주의가 가져오는 불평등과 파괴적 충격을 막으려면 시민적, 정치적 권리만이 아니라 사회권이 필수적이며 이를 통해 자본주의와 민주주의가 타협하는 길을 모색해야 한다고 보고 있다. 그리고 연구 방법 면에서도 이론, 역사적 경험, 그리고 정책 연구를 통합하는 하나의 전범을 보여 주고 있다는 면에서 마샬의 책은 지금도 큰 가치를 갖고 있다. 마샬 이후의 시티즌십 연구는 이 같은 기여를 인정한 위에서 그 한계를 짚고 있다고 하겠다.

그러나 마샬은 사회권이 자본주의 야만성을 순치시키는 측면을 일방적으로 과장하고 있다. 오늘날 우리가 잘 본 바와 같이 사회권과 자본주의 간의 타협은 불안정하다는 것, 그 모순적 균형은 얼마든지 흔들릴 수 있고 지배세력은 사회권마저 보편적 권리의 알맹이에 김을 빼서 지배 전략의 목적으로 포섭할 수 있다는 것을 마샬은 간과한다. 이와 관련되는데, 시민적, 정치적, 사회적 권리 목록의 낙관적이고 단선적인 진화론도 큰 허점이다. 나아가 그가 시민적, 정치적, 사회적 권리 삼자를 총체적 시티즌십 묶음으로서 내적 모순 없이 설명했는지 하는 것도 의문스럽다. 소유권 등 시민적 권리를 전前정치적인 자연권으로 파악하면서 동시에 보편적 사회권을 말하는 것은 모순일 수밖에 없다. 또 마샬의 이론은 성차별적이기조차 하며, 국민국가의 틀 속에 갇혀 있다.

마지막으로 우리가 사회자유주의 계보의 마샬에게서 정치적인 자유의 가치, 공동체의 운명을 함께 다스리는 일에 대한 능동적인 참여, 그리고 참여의 자질과 능력을 배양하는 과제의 근본적 중요성에 대한 자각을 기대하기란 어려운 일이다. 이와 관련하여 아렌트가 〈전체주의의 기원〉에서 역설한 '제권리를 가질 권리'의 문제, 그리고 다렌도르프와 이후 많은 학자가 달라붙어 씨름했던 이른바 '독일 문제', 즉 바이마르 공화국 민주주의의 실패와 독일 파시즘 같은 문제는 마샬의 시티즌십론과는 문제의식이 다름은 물론, 그 이론틀과 시야 자체를 완전히 벗어나 있다. 이는 마샬과 같은 사회자유주의적 시티즌십론의 근본적 한계 지점일 뿐만 아니라, 더 나아가 영미적 전통의 시티즌십론의 편향을 나타내는 대목이라고까지 말하지 않을 수 없다.

마샬 이후: 두 권의 텍스트

마샬의 책과 같은 고전적 저작을 뒤로할 때, 오늘의 세계화 시대 시티즌십의 교육용 저서로서 번역해서 사용할만한 우량도서로 휜스테른의 『시티즌십의 이론』A Theory of Citizenship(H. van Gunsteren, Westview Press, 1998)과 포크의

『시티즌십』Citizenship(K. Foulks, Routledge, 2000) 두 권이 특히 돋보인다. 나는 포크와 휜스트렌의 책이 나름대로 '마샬 이후' 시민정치론의 기본 줄기를 상징적으로 보여주는 두 종류의 시민정치 교재라는 생각도 해 보는데, 교육용으로 짜임새가 좋을 뿐 아니라 논의의 질적 수준도 만만찮다는 점에서 좀처럼 보기 드문 책이다. 이번에 먼저 포크의 책을 출간하게 되었으나 기회가 닿는 대로 휜스테른의 책도 번역했으면 하는 마음이다.

네델란드 학자 휜스테른의 책은 명확히 신공화주의적 시티즌십론을 표방하고 있다. 앞서 언급한 대로 본다면 마샬식, 영미식 사회자유주의 시티즌십론의 한계를 넘어서 아렌트적 계보를 잇는 책으로 보아도 좋을 것이다. 휜스테른에 따르면 공화주의는 고전적 형태 그대로는 현대의 조건에 맞지 않으며, 아렌트처럼 사회경제 문제를 공적 사안에서 제외하는 것도 잘못된 일이다. 그는 다문화사회에서 집단수준의 다원성과 차이를 조절하는—제거하는 것이 아니라—문제를 시티즌십의 주요한 과제로 끌어안고 있다. 그렇지만, 모든 공적 영역과 활동에서 정치적 평등, 또는 평등한 자유의 확보를 가장 중요한 가치로 보고 있다는 점에서 그의 책은 뛰어나게 공화주의 사상의 근본 핵심을 이어받고 있다. 또한, 시티즌십의 실제적 실천이라고 하는 것, 능동적으로 참여하고 행동하는 시민과 그럴 수 있는 시민적 능력, 시민문화 바탕을 창조하는 일이야말로 공화국의 발전과 번영의 초석이라고 생각한다. 그렇지만, 신공화주의적 포지션 때문이겠는데, 정치적 평등의 문제를 중심 주제로 하고 있어서 사회 경제적 문제는 비중이 작게 취급되어 있다. 그리스 공화주의 전통에 뿌리를 둔, 불평등의 통제와 소유의 공공성 사고가 휜스테른의 신공화주의와 부합한다고 생각되는데 이에 대한 논의가 빠진 것은 아쉬운 부분이다.

한편, 우리가 이번에 번역한 책 『시민정치론 강의: 시티즌십』Citizenship은 영국의 소장 정치학자 포크가 쓴 책인데, 이리저리 훑어 본 어떤 책들에 비해서도 총론, 각론이 두루 잘 갖춰져 있어 시민 교육용으로는 안성맞춤으로 보이는 책이다. 휜스테른과는 또 다른 각도에서 마샬의 한계를 넘어선 '마샬 이후' 시티즌십론의 한 흐름을 보여 주고 있다. 묘한 부분도 있다. 이 책은 시티즌십론에서 통상적인 구분법처럼 자유주의, 공화주의, 공동체주의 어느 한 곳에 정확히 배속시키기가 쉽지 않다. 이것은 이 책이 갖는 장점이면서 동시에 뭔가 '2% 부족'감을 느끼게 하는 지점이기도 하다.

포크의 책은 모두 일곱 개장으로 구성되어 있다. 제1장에서는 먼저 시티즌십의 개념적 개요와 외연, 내포, 깊이 그리고 배경 등으로 이루어지는 시티즌십의 네 가지 기본구성 요소를 제시하고 있다. 이에 기반을 두어 전근대 그리스 로마 시티즌십과 근대 이후 새롭게 변모된 시티즌십의 내용을 대조하면서 설명한다. 2장 이후부터는 시티즌십의 외연, 내포, 깊이, 배경의 문제를 차례로 다루면서 자신의 견해를 피력하고 있다. 2장에서는 근대 시티즌십의 발전에서 프랑스혁명이 갖는 양면성에 대해 언급하고서, 시티즌십이 민족은 물론 국가와의 결합으로부터도 분리되어야 한다고 주장한다. 대안으로서 하버마스의 헌정적 애국주의constitutional patriotism를 옹호하고 있다. 3장에서는 자유주의적 시티즌십론의 모순된 이원론과 억압성을 비판하고 있는데, 특히 개인과 공동체 또는 권리와 책임의 이원론, 그리고 시민적 권리와 사회적 권리의 이원론이 주된 비판 대상이다. 이 잘못된 이원론을 극복하는 대안으로 총체적holistic 시티즌십론이 제시된다.

4장은 다원주의와 차이의 문제를 다루고 있다. 여기서 저자는 집단의 권리와 차이를 인정하는 시티즌십은 집단의 미리 결정된 정체성을 시티즌십의 기초로 삼고 있기 때문에 자유주의의 보편적 시티즌십 이상과 충돌된다고 하면서 반대하고 있다. 5장의 주제는 시티즌십의 깊이 또는 두께인데, 자유주의 한계를 넘어서는 시티즌십의 신장 방안을 제시한다. 저자는 권리와 책임의 균형을 도모하고 참여 윤리를 장려하려는 방안으로서 강제 투표와 공동체 봉사, 탈상품화와 포스트성장주의의 진전을 위한 새로운 사회적 권리 방안으로서 시민소득제도, 그리고 '사적 영역'의 민주화 방안으로서 돌봄의 윤리에 기반을 둔 친밀성의 시티즌십의 도입 등을 주장한다. 마지막 7장에서는 오늘날 세계화가 시티즌십에 주는 충격과 도전을 다룬다. 저자는 국민국가 경계 안에서 민주적 시티즌십을 강화하는 노력도 해야 하지만 훨씬 더 중요한 것은 주권국가를 넘어선 공적 공간과 정치 공동체를 창출하려는 노력이라고 본다.

포크의 포지션은 자신의 말을 빌리자면 포스트모던 시티즌십의 이론이다. 그가 말하는 포스트모던이란 주류 인문담론에서처럼 자유주의를 일방적으로 거부하는 반反자유주의가 아니라 한편으로 개인의 권리, 평등, 보편적 시티즌십 등을 옹호하는 자유주의의 전향적 측면과 그 해방적 잠재력을 받아들이면서 다른 한편으로 그 근본적 내부 모순과 이원론을 내파內破하는 식으로 극복하고자 하는 포스트자유주의라는 의미다. 포크는 한 권의 '작은 책'으로 우리에게 시티즌십의 세계 전반을 그야말로 압축적으로, 촘촘히 펼쳐보여 주고 있다. 이 점만으로도 그의 책의 기여는 크다. 그렇다 해도 그의 포스트모던, 포스트자유주의 시티즌십론이 얼마나 성공적인지 하는 문제는 좀 더 두고 보아야 하겠다.

주로 정치경제학을 공부하는 나의 위치에서 보자면, 사회적 권리를 시티즌십의 본질적 구성 부분으로 내장시키면서 시민적, 정치적 권리와 병렬되거나 모순되는 방식이 아니라 통합된 총체적 민주적 권리 목록의 하나로 자리 매김하고 있는 부분에 대해서는 높은 점수를 주고 싶다. 이 부분은 일찍이 맥퍼슨이 소유의 공공성을 짚으면서 말한 바 있는 '소유의 정치 이론'과도 친화성이 높다고 생각된다.

그런데 포크가 민족적 정체성, 차이를 인정하는 시티즌십 등 일체의 정체성 담론을 모조리 거부하는 것은 좀 지나치지 않을까. 나는 이 부분에서 포크의 포스트자유주의 시티즌십론의 순수 절차적인, 자유주의적 성격이 잘 드러나고 있다고 생각한다. 거의 전적으로 헌정적 애국주의를 옹호하고 있는 것도 그런 포지션을 말해 준다. 내가 보기에 헌정적 애국주의는 특정한 공동체에 대한 소속감과 애착을 끌어내기에는 아직 추상적이고 엷은 이념인데, 이는 앞으로 더 토론을 진전시켜야 할 부분이다. 또 시티즌십을 민족 그리고 국가로부터 떼어내야 하고 세계시민적 정치 공간을 창출해야 한다는 견해에 대해서는 충분히 동의하는 바이지만, 국민국가 안에서 수행되어야 할 과제, 즉 국가의 시민화 또는 아래로부터 '시민국가'로의 재구성을 위한 과제의 중요성을 과소평가하고 있는 것은 아닌가 싶다. 적어도 지금 우리 대한민국 사람들로서는 국가 권력이 특권세력에 의해 사유화되어온 오랜 역사를 갈아엎고 새로운 시민 공화국을 재창조하려면 가야 할 길이 한참 멀다. 그리고 이 과정에서 공동의 나라, 다시 말해 평민, 못 가진 자, 각계각층 사회적 약자에게 동등한 참여적 자기통치자로서 몫stakes을 쥐여 주면서 너와 나, 나라가 서로 상생하는 '공동의power-in-common나라'를 사랑하는 법을 배우고 익혀가야 하는 과제를 안고 있다. '나라를 사랑한다는 것', 적절히 '순화된 애국주의'purified patriatism(누스바움)는 결코 세계시민주의 더 정확히 말해 '세계시민적 연방주의'와 모순되지 않고 충분히 결합할 수 있을 것이다.

3장과 5장에서 집중적으로 논의되고 있는, 자유주의적 이원론을 극복하고자 하는 총체적 시티즌십론은 어떻게 볼 것인가. 분명히 포크는 정치의 가능성을 국가 훨씬 너머로 확장시킨다. 또 시티즌십의 진보에서 사회적 투쟁이 수행하는 역할을 놓치지 않고 있다. 그럼에도, 솔직히 빈 구석이

느껴진다. 그는 과도하게 국가에 넘겨지고 집중된 정치권력을 탈환하고 시민들 상호 간에 수평적인 참여와 소통, 인정과 연대를 발전시켜야 하는 정치의 사회화 과제는 주변화하고 있다는 생각이 든다. 또 시민적 통치governance 방식에서 합의가 갖는 중요성을 과도하게, 일방적으로 강조하고 있다는 생각도 든다. 그래서 나는 포크의 총체적 시티즌십론, 포스트모던 시티즌십론에는 공공영역의 확장을 통한 정치의 사회화라는 아렌트적 계기, 그리고 공화국의 번영에서 불화discord 또는 쟁투contention라고 하는 마키아벨리적 계기, 그리하여 오늘날 세계화 시대 시티즌십론의 발전에서 우리가 계승해야 할 공화주의적 계기republican moment의 가장 중요한 두 성분이 허약하다고 말하고 싶다. 포크는 공화주의에 대해 말할 때는 언제나 그 부정적, 어두운 측면만 끄집어내곤 한다. 제도정치와 광장정치를 모두 끌어안는 복선적 시민정치의 구상, 데모스가 아웃사이드가 아니라 동등한 참여 통치자로서 몫과 참여의 사회경제적 기반을 가지면서 개個와 공公이 상생할 수 있는 새로운 민주공화국의 구상, 나아가 세계화시대 '순화된 애국주의'와 같이 갈 수 있는 세계시민적 연방주의의 상상력이 요구된다.

찾아보기

ㅅ

ㅇ

ㅈ

ㅊ

ㅋ

ㅌ

ㅍ

ㅎ

U

지은이 |

키이스 포크(Keith Faulks) 현재 영국 센트럴 랭커셔 대학의 교육/사회과학과 학과장으로 있으며 그 곳에서 정치학과 사회학을 가르치고 있다. 정치이론, 영국정치, 정치사회학, 시민교육이론 등에 대해 연구를 하고 있으며, 시티즌십과 관련한 다수의 저서와 논문이 있다. 대표저서로는 본서 이외에 *Citizenship in Modern Britain*(Edinburgh University Press, 1998), *Political Sociology*(New York University Press, 1999) 등이 있으며, 공저로 Ken Phillips 및 Alex Thomson과 함께 쓴 *Get Set For Politics*(Edinburgh University Press, 2003)가 있다.

옮긴이 |

이병천 강원대학교 경제무역학부 교수, 참여사회연구소장. 주요 저서와 논문으로 『개발독재와 박정희 시대』(공저), 『한국경제, 재생의 길은 있는가』(공저), 「한국의 경제위기와 IMF 체제」, 「다시 민족경제론을 생각한다」, 「참여정부의 경제정책: 한국형 '제3의 길'의 난관, 동요, 가능성」등 한국 경제 관련 논문과 『스티글리츠의 경제학』 등의 번역서를 냈다.

이종두 고려대학교 정치외교학과 졸업/고려대학교 대학원 졸업(정치학 석사)/고려대학교 대학원 박사과정 졸업(정치학 박사). 대학원에서 동서양의 정치사상에 대해 공부하면서, 근대 이후 서양정치사상이 한국에 어떻게 수용되고 변화되었는지에 대해 관심을 갖게 되었다. 논문으로는 「아우구스티누스의 교회와 국가의 관계에 대한 연구」(석사학위논문), 「외국인 노동자 정책의 변화와 시민단체 역할」, 「태종의 사정과 왕권」(공저)이 있다.

이세형 한양대학교 행정학과 졸업/고려대학교 대학원 졸업(정치학 석사)/미 위스콘신-매디슨 대학교 박사과정(현). 플라톤과 아리스토텔레스를 읽으면서 정치철학에 흥미를 갖게 되었다. 지금은 정치체제로서 민주주의가 갖는 한계와 가능성, 그리고 종교와 정치, 진리와 정치의 관계 등의 주제에 관심을 갖고 공부하고 있다. 논문으로는 「심의민주주의와 아리스토텔레스」(석사학위논문), 「태종과 공론정치」(공저) 등이 있다.

시민정치론 강의: 시티즌십

1판 1쇄 펴냄 2009년 6월 25일
지은이 키이스 포크(Keith Faulks) | 옮긴이 이병천·이종두·이세형
펴낸이 이형진 | 펴낸곳 도서출판 아르케 | 출판등록 1999. 2. 25. 제2-2759호
주소 서울특별시 마포구 연남동 509-28번지 2층 | 대표전화 (02)336-4784~5 | 팩시밀리 (02)6442-5295
E-Mail arche21@arche.co.kr | Homepage www.arche.co.kr

값 18,000원

ISBN 978-89-5803-088-1 93300